ファイナンス・ライブラリー 5

行動ファイナンス
―― 理論と実証 ――

加藤英明 著

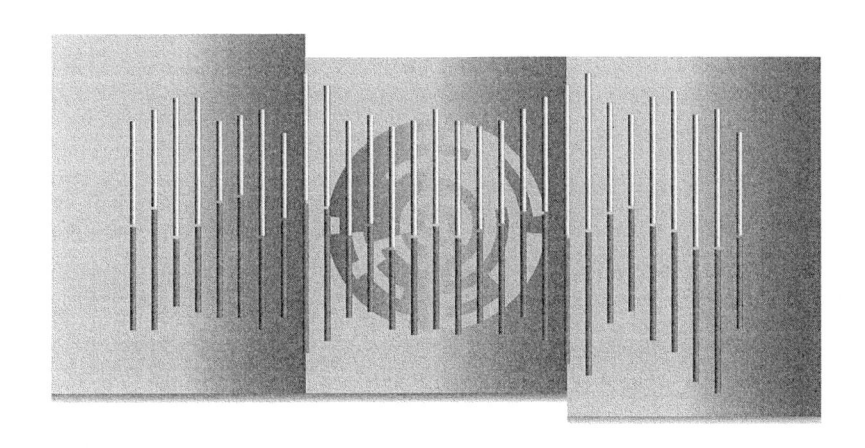

朝倉書店

はしがき

　10年以上前に著者が著した「株価変動とアノマリー」(日本経済新聞社，1990)で，株価の動きに規則性が存在することについて，日本ならびに海外の市場における実証研究結果を報告した．アノマリーとは既存の理論で説明できない現象であるが，それ以降もアノマリーを説明する試みは続き，新しい理論展開の芽がみえはじめてきた．その一つが本書で紹介する行動ファイナンスという領域であり，行動科学という経済学では馴染みの薄い切り口で投資行動を分析している．当時は，産声をあげたばかりで異端視されていた行動ファイナンスが，いまやファイナンスの一分野として確固たる位置を占めつつあることは，学会の発表において行動ファイナンスのセッションが必ず設けられたり，行動ファイナンスのワークショップやシンポジウムが頻繁に開かれたりすることからも明らかである．それに加えて，2002年度のノーベル経済学賞には，この分野で先駆的な研究を行ってきたプリンストン大学の心理学者であるDaniel Kahneman教授が選ばれ，行動ファイナンスが一般的にも認知された研究領域となったことを示した．

　これまでの経済学は感情を抜きにした合理的人間が，自分の喜びを最大化するように行動することを前提にしてきた．ゆえに，人間行動の心理的側面は全く無視されてきたといってよい．このようなアプローチは，モデルを作るうえで非常に便利であること，あるいは，そのようなアプローチで作られたモデル自体が原則的に正しいことを，経済学者は主張してきた．しかしながら，数多くの心理学の実験，ならびに，実証研究によって，人間行動に対して無制限に合理性を仮定することには無理があるということが明らかにされてきた．行動経済学という新しい領域が生まれてきた所以である．行動経済学が対象としているのは，金融市場，労働市場，法律など多岐に及んでいる．行動ファイナンスは行動経済学の一分野で，人間の合理性が最も発揮されると考えられる金融市場に焦点をあてている．

伝統的ファイナンスの世界では，競争と裁定取引による市場メカニズムと自然淘汰が，経済学の教科書に書かれているような効率的な市場を作り出すはずであると考えてきた．すなわち，非合理的な人間は淘汰され，合理的な人間だけが生き残ることができる世界である．しかし，市場メカニズムが非合理的行動を意味のないものにしてしまうという仮定は，金融市場においても楽観的すぎたのではないだろうか．摩擦が非常に少なく裁定取引が容易に行えると考えられていた金融市場においてすら，裁定取引の限界が認められるようになってきた．すなわち，市場価格が歪んでいるとしても，すぐに是正されるとは限らない．ノーベル賞学者を集め，裁定取引を理論通り行っていたヘッジファンド，ロングタームキャピタルマネジメント（LTCM）の破綻は，その端的な例といえるだろう．歴史上のバブルをみてもその期間は比較的長く，合理的投資家の裁定取引によって価格は瞬時にファンダメンタルズを反映するようになるわけではない．結果として，自然淘汰のメカニズムがうまく機能せず，バブルに乗った非合理的投資家が生き残り，バブルに対抗した合理的投資家が退出するという現象が生じてしまうのである．そこで，最後に残るのは人々の学習能力ということになるが，人類が過去の過ちから学ばないのは，歴史をみてみれば明らかである．人類は戦争を繰り返すし，バブルを繰り返す．それは，我々の社会において学習がいかに難しいかを物語っている．過去を振り返ったとき，我々は同じような過ちをしたと気づくが，バブルの最中にバブルと断定できる人はほとんどいない．一つ一つの現象は類似したものであっても，時代，状況，参加者が異なることによって，渦中にある人間には，それぞれが全く異なってみえてしまうからである．経済学の基本である競争，裁定取引，自然淘汰，学習のどれも非合理的人間の退出を約束しないばかりか，非合理的人間の行動が金融市場に大きな影響を及ぼす可能性を示唆している．

　ちょうど，完全資本市場からはじまった資本構成の問題が，市場の不完全性を考えながら発展したように，行動ファイナンスは，これまでのファイナンスの仮定を少し緩めて，理論をより現実に近づけようとしていると考えることができる．資本構成がそうであったように，仮定を緩めていく段階では，全く正反対の結論が導かれる可能性もあるだろう．非合理性を認めた世界では，どのようなリスクが資産の期待収益率を決めているのかではなく，期待収益率がどのようにリスクや投資家のバイアスによるミスプライシングと関係があるのか

はしがき iii

を分析していくことになると思われる．

　本書の第I部「理論編」は，行動ファイナンスについての解説である．第1章では，伝統的ファイナンスのフレームワークである合理的選択理論を簡単に説明し，そのうえで人間の合理性について行動ファイナンスの考え方を述べている．第2章において，ファイナンスの重要な柱である効率的市場について解説した後，ノイズトレーダーリスクをはじめとして，効率性を達成させるメカニズムが不完全であるとする行動ファイナンスの立場を述べる．第3章では，既存の理論では説明できない現象であるアノマリーについて，アメリカ市場における検証結果を中心に概観し，アノマリーを説明するために行動ファイナンスが重要な役割を果たすことを述べている．第4章では，行動ファイナンスのバックボーンともいうべき心理学からの検証結果について説明する．これまで認知心理学の実験で明らかにされた人間行動の非合理的性に基づくバイアスについて，実験結果を中心に述べると共に，期待効用理論に代わる新しい理論，プロスペクト理論についても簡単に触れる．第5章では，心理学からのアプローチが，どのようにファイナンス分野に適用されているのかについて，最新の研究に触れながら議論している．

　第II部「実証編」では，筆者が行った実証研究を中心にまとめている．第6章では，日本の株式収益率の予測可能性について，アメリカ市場で行われた分析結果と比較しながら検証を行っている．日本市場においては，アメリカ市場とは異なったパターンが観察されている．第7章では，投資家行動に着目している．株式市場と商品先物市場という二つの異なる金融市場に焦点をあて，投資家行動と証券価格との関係を分析している．第8章は，エージェントベースアプローチを使って，行動ファイナンスで提案された投資家行動が資産価格にどのように影響を与えているのか，投資家の挙動と人工市場での価格の動きを分析している．第9章は本書のまとめである．

　本書を著そうとしたきっかけは2年ほど前にさかのぼる．東洋大学の飯原慶雄教授，南山大学の徳永俊史助教授と一緒に月に1回の研究会を開いて行動ファイナンスの文献を読み，日本の資本市場についての実証研究をはじめたのである．この2年の間にいくつかの研究結果を生み出し，学会などの機会を利用

して発表してきた．第II部で紹介する実証結果は，それら発表された研究のいくつかをまとめたものである．本書全般にわたって，飯原教授からは懇切丁寧なコメントをいただいた．ここに記して感謝したい．また，徳永助教授には，英語図表から日本語図表への変更，ならびにTexを使った文書への変換を手伝ってもらうと同時に，第6章後半にオリジナル論文を寄稿してもらった．第8章は，筑波大学大学院博士課程に在籍する高橋大志氏の，筑波大学での修士論文の一部をまとめたものである．人工市場のなかで，非合理的投資家の投資行動と資産価格の関係を分析した研究であり，本書のテーマに沿っていると判断したので寄稿してもらった．貴重な研究成果を寄稿してくれたお二人に感謝したい．

研究者としての道を志してから20年以上が過ぎた．その間，非常に多くの方々からさまざまな形でご支援，ご指導を賜わった．それらの方々の名前をすべてあげることはここではできないが，ファイナンス分野では，東洋大学の飯原慶雄教授と南山大学のMarc Bremer教授には，研究，教育を通してあらゆる面でお世話になった．心より感謝の言葉を申し上げたい．また，ファイナンスの研究者以外では，中部大学の大津誠教授，早稲田大学の藤田精一教授，名古屋工業大学の山本勝教授から，公私にわたりひとかたならぬご支援をいただいた．この場を借りて衷心より感謝の意を表したい．

2003年春　茗荷谷にて

加藤英明

目　　次

第Ⅰ部　理論編

1. **伝統的ファイナンスと行動ファイナンス** ………………………… 3
   1.1 伝統的ファイナンスの仮定 ……………………………………… 3
   1.2 不確実性下における合理的選択 ………………………………… 5
   1.3 行動ファイナンスの世界 ………………………………………… 6

2. **市場の効率性** …………………………………………………………… 11
   2.1 効率的市場とは …………………………………………………… 11
   2.2 行動ファイナンスからみた市場の効率性 ……………………… 14

3. **アノマリー** ……………………………………………………………… 19
   3.1 ベンチマークを必要としないアノマリー ……………………… 19
   3.2 株式収益率の予測可能性 ………………………………………… 23
   　　3.2.1 リターンリバーサルとモメンタム ……………………… 23
   　　3.2.2 小型株効果（1月効果） ………………………………… 24
   　　3.2.3 バリュー株効果 …………………………………………… 24
   　　3.2.4 イベントスタディ ………………………………………… 24
   3.3 クローズドエンド型投資信託 …………………………………… 26
   3.4 株式市場全体の変動について …………………………………… 28
   3.5 アノマリーに対する考え方 ……………………………………… 30
   　　3.5.1 データによるバイアス …………………………………… 30
   　　3.5.2 未確認リスクファクターと市場の不完全性 …………… 30
   　　3.5.3 行動ファイナンスからのアプローチ …………………… 31

4. 心理学からのアプローチ …………………………………………… 33
4.1 認識のバイアス ………………………………………………… 33
4.1.1 自信過剰 ………………………………………………… 34
4.1.2 代表性 …………………………………………………… 39
4.1.3 利便性 …………………………………………………… 45
4.1.4 参考値と調整 …………………………………………… 47
4.1.5 横並び行動 ……………………………………………… 50
4.2 選択における評価のバイアス ………………………………… 54
4.2.1 曖昧性の回避 …………………………………………… 54
4.2.2 フレーム効果 …………………………………………… 55
4.2.3 損失回避 ………………………………………………… 59
4.3 プロスペクト理論 ……………………………………………… 61

5. ファイナンスへの適用 ……………………………………………… 67
5.1 株式収益率の予測可能性 ……………………………………… 67
5.2 株価と経営者行動 ……………………………………………… 75
5.2.1 株式発行 ………………………………………………… 75
5.2.2 M & A …………………………………………………… 80
5.3 投資家行動 ……………………………………………………… 81
5.4 空売り規制と非合理的投資家 ………………………………… 83

第II部　実証編

6. 日本市場の実証分析I ― 株式収益率の予測可能性 ― ………… 87
6.1 ウイナー・ルーザー効果の検証 ……………………………… 87
6.1.1 はじめに ………………………………………………… 87
6.1.2 過去のパフォーマンスと将来のパフォーマンスの関係 ……… 89
6.1.3 属性モデルとファクターモデル ……………………… 92
6.1.4 要因分析 ………………………………………………… 99
6.1.5 まとめ …………………………………………………… 103
6.2 小型株と株価の短期リバーサル ……………………………… 103
6.2.1 はじめに ………………………………………………… 103

6.2.2	コントラリアン戦略の要因分析 …………………… 106
6.2.3	ポートフォリオによる戦略 ………………………… 110
6.2.4	個別銘柄要因に対する過剰反応と企業規模 ……… 110
6.2.5	まとめ ………………………………………………… 112

7. 日本市場の実証分析Ⅱ ― 投資家行動 ― …………………… 113
7.1 株式市場 ……………………………………………………… 114
- 7.1.1 はじめに ……………………………………………… 114
- 7.1.2 データ ………………………………………………… 115
- 7.1.3 分析方法 ……………………………………………… 116
- 7.1.4 保有比率の変化と超過リターン …………………… 120
- 7.1.5 感応度分析 …………………………………………… 128
- 7.1.6 まとめ ………………………………………………… 135

7.2 商品先物市場 ………………………………………………… 136
- 7.2.1 はじめに ……………………………………………… 136
- 7.2.2 データと基本統計量 ………………………………… 137
- 7.2.3 分析結果 ……………………………………………… 141
- 7.2.4 まとめ ………………………………………………… 148

8. 人工市場 ― エージェントベースアプローチによる分析 ― …… 150
8.1 はじめに ……………………………………………………… 150
8.2 金融市場の設計 ……………………………………………… 153
- 8.2.1 市場において取引可能な資産 ……………………… 154
- 8.2.2 投資家行動のモデル化 ……………………………… 154

8.3 価格挙動の分析 ……………………………………………… 157
- 8.3.1 すべての投資家がファンダメンタリストな場合 … 157
- 8.3.2 トレンド予測を行う投資家がいる場合 …………… 158
- 8.3.3 リスク資産への投資比率に制約のある場合 ……… 163

8.4 まとめ ………………………………………………………… 168
8.5 補足 …………………………………………………………… 169
- 8.5.1 自然選択の原理のルール …………………………… 169

8.5.2　ベイズ修正モデルの背景と概略 …………………………… 169
　　8.5.3　パラメータ一覧 ……………………………………………… 171

9. 新しいパラダイムへ向けて …………………………………………… 172
　9.1　行動ファイナンスへの批判と反論 ……………………………… 172
　9.2　まとめと今後に向けて …………………………………………… 176

参 考 文 献 …………………………………………………………………… 181
索　　　　引 ………………………………………………………………… 193

第Ⅰ部
理論編

1

伝統的ファイナンスと行動ファイナンス

　ファイナンス理論はこの 50 年間で急速な進展をみせ，経済学の一分野からビジネススクールにおけるコアの領域へと成長した．その成長と発展を確認するように，1990 年に，ポートフォリオ理論を打ち立てた Harry Markowitz，資本資産評価モデル（capital asset pricing model, CAPM）を提案した William Sharpe，資本構成，配当政策の理論を構築した Merton Miller がノーベル経済学賞を受賞，そして 1997 年には，派生証券価格理論の発展に尽くした Myron Sholes と Robert Merton にノーベル経済学賞が授与された．20 世紀のファイナンス理論を築いた巨人達がその功績を認められ，その栄誉に浴したのである．このようにいくつかの優れた理論が展開されたおかげで，ファイナンスは 20 世紀に最も大きく進歩した分野の一つといわれるようになった．ファイナンス理論のカバーする範囲は，経営財務，証券投資，金融サービスなど多岐にわたり，企業，個人レベルでの意思決定の道具として不可欠なものとなった．これらファイナンス理論の基本的前提となっているのが，市場の効率性であり，投資家の合理的行動である．本書で扱う行動ファイナンスは，そのような前提の妥当性に対して疑問を投げかけ，再考を促している．

1.1　伝統的ファイナンスの仮定

　経済学のモデルの特徴は，いくつかの必ずしも現実的でない仮定をおいたうえで，数学的にエレガントなモデルを導出していくところにある．ファイナンスで提案されたモデルも，新古典派の経済学で用いられた標準的な仮定がいくつか使われている．たとえば，CAPM を導出するときを考えてみよう．リスク回避的で合理的な投資家，完全資本市場，同質的期待，株式収益率の分布の正規性などの仮定が必要となる．CAPM というモデルがリスクとリターン（収

益率）のトレードオフを記述する以上，リスクに見合ったリターンしか手に入らない市場の効率性も暗黙のうちに前提になっている．このなかで完全資本市場を一つとってみても仮定がいかに非現実的かわかる．完全資本市場は摩擦のない市場である．しかし，現実の世界では，取引に伴うコストは避けられないし，情報を手に入れるのにもコストがかかる．また，税金の問題は特に考慮しなければならない重要な問題となり，この仮定が必ずしも成立していないことは明らかである．しかし，このような非現実的仮定の上に導かれたモデルは意味がないという批判はあたらない．Friedman(1953)が述べているように，仮定がたとえ非現実的だとしてもそれによってモデルの善し悪しを判断してはならない．モデルの妥当性は，そのモデルが現実世界をどれだけ正確に説明できるかによって判断されるべきだからである．地球が丸いことは誰でも知っているが，東京都の地図を作るうえで地球を平坦であると仮定することは何ら問題ないからである．

　このような観点に立ってこれまで数多くの実証研究が行われ，モデルの妥当性について検証がなされてきた．初期の頃の実証結果は，これらの理論を支持するものが多かったが，徐々に理論が現実世界の動きとずれがあることがわかりはじめた．Sharpe(1964)によって提案されたCAPMを使った市場の効率性に関する検証は，その代表といえるであろう．多くの研究が数々のアノマリー（既存の理論では説明がつかない市場の非効率性を示唆する事象）を報告し，CAPMというモデルの妥当性，ならびに，市場の効率性に関して疑問を投げかけたのである．伝統的ファイナンスを支持する人達は，リスクを評価するモデルに問題があるとして，新しいリスクモデルを提案しようとした．一方，行動ファイナンスの立場をとる人達は，現実の世界をうまく説明できない原因をその非現実的な仮定に求めた．ここでやり玉に挙がったのが，期待効用最大化による合理的選択を前提としたフレームワークであった．人間行動はそのような単純なものではないというのが，行動ファイナンスの研究者からのメッセージである．これらの研究者は，認知心理学の分野における膨大な実験結果をもとに，人間行動の非合理性を指摘し，合理的選択モデルに基づくモデルでは現実の人間行動を説明できないと主張した．行動ファイナンスの世界に入る前に，伝統的ファイナンスの世界における暗黙の仮定である合理的選択について，簡単に触れておくことにしよう．

1.2 不確実性下における合理的選択

　経済学は，時間を通して，人々や社会が限られた資源をどのように使い，どのように富を分配していくのかを研究する学問である．そこでは，選択の対象を明確にし，どのように最適な選択をしていくのかを理解することは大変重要になる．この不確実性下における最適な選択については，合理的選択理論が経済学の基本的な考え方としてこれまで使われてきた．合理的選択理論では，私たちは，日々，何事においても最適化を行っていると考える．昼食のメニューは何にするか．どんなテレビ番組をみようか．デパートへ行くには車がいいか，地下鉄などの公共交通機関がいいか．現在どのくらい貯蓄すべきか．頭のなかで，ある選択肢を選んだ場合の便益とコストを明確にし，その選択から得られる満足度を瞬時のうちに計算し，それが最も高いものを採択しているかのように我々は行動すると考える．これを期待効用最大化による意思決定と呼んでいる．もちろん，我々は日常生活でいつもこのようなことを考えているわけではないが，このような行動をとることは好ましいしことから，人間行動を説明するのに適していると考えてきたし，これがこれまでの経済学の一般的アプローチであった．

　不確実性下の意思決定において使われているこの期待効用最大化の考え方は，Von Neumann・Morgenstern(1944)によって提唱された．この理論では，現在の意思決定によって達成されうる結果がいくつかあるとき，それらの結果の生起確率にそれぞれの結果から受ける効用（満足度）を乗じて，効用の期待値を計算し，それが最大になるような意思決定をすることが最適であると考えている．そこで不確実性下における意思決定を扱うファイナンスでは，期待効用理論をもとに，人々は合理的な選択を行い，期待効用を最大化させるように意思決定をすると考えてきた[*1]．そこでの暗黙の前提としては，人はより多くの富を好むということであった．簡単にいってしまえば，人はとても強欲だということだ．期待効用理論が描く世界では，人間の意思決定には矛盾がなく，非合理的な決定をすることはないので，期待効用最大化が人間にとって最適な

[*1] 期待効用を考えるうえで，人々はいくつかの公準を満たすような行動をすると考えている．合理的選択の公準に関して，詳しくは，Ingersoll(1987)を参照．

意思決定になる．

一般的には，期待効用は次のように書くことができ，それを最大にするように人間は意思決定をするとファイナンスでは考えてきた．

$$E[U(W)] = \sum p_i U(W_i) \quad \rightarrow \quad 最大$$

ここで，p_i は事象 i が起きる確率，$U(W_i)$ は，W_i という富を得たときに得られる効用を表している．

ファイナンスで用いる効用関数としては，富が増えるにつれて効用の増加度合いは減少していき，高いリスクをとったときには，高い期待リターンを要求できるような性質を備えている必要があった．このような効用関数を使って，期待効用を最大化することを前提に導出されたモデルの一つが，CAPM である．

ファイナンスで使われる期待効用最大化による合理的選択理論について簡単に説明した．伝統的ファイナンスは経済学の合理的選択理論に基づく規範的アプローチであり，人間の行動には矛盾がないことを前提に構築されている．しかし，実際の人間行動は矛盾に満ちており，規範的アプローチである期待効用最大化では，人間行動を的確に記述することはできないというのが行動ファイナンスの立場である．行動ファイナンスを含む行動経済学と呼ばれる分野では，人間の合理性について，三つの点に焦点をあてて問題を提起している．つぎにそれら三つについて述べることにしよう．

1.3 行動ファイナンスの世界

伝統的ファイナンスでは，市場参加者は意思決定において，より多くの富を欲し，合理的選択を行うことが前提である．その意味するところは大きくつぎの二つに集約することができる．一つ目は，市場参加者の予想が正しいこと．二つ目として，そのような予想のもとで，市場参加者は合理的な選択を行うことがあげられる．一方行動ファイナンスでは，人間の意思決定は合理的である必要はなく，自分にとって満足のいく判断に基づいていることが大切であると考える．たとえば，人間は意思決定を行う際に利用可能なすべての情報を使うのではなく，限られた情報を経験的な勘に基づいた発見的な方法に頼って処理していることが多い．そんな世界では，市場参加者の予想は必ずしも正しくな

い．また，自己矛盾をひき起こす非合理的と思えるような選択もある．そこで，行動ファイナンスでは，合理的人間を前提にした伝統的ファイナンスに対して，限界合理性，意思の限界，公正という3点をあげて人間行動の非合理性を主張している．

a. 限定された合理性 (bounded rationality)

ノーベル賞学者でもある Herbert Simon は，人間の認知能力には限界があると同時に，計算処理能力，記憶力にも問題があるので，人間は最適な意思決定をすることはできず，自分にとって満足のいく現実的な意思決定を行うと主張した．合理的選択理論によれば，利用可能なすべての情報を使って正確な損益分析を行ったのちに意思決定すると考えるが，限定された合理性のもとでは，人間自身が十分な情報を持ち合わせていないために，必ずしも最適な意思決定ができるわけではない．あるいは，たとえ十分な情報を持っていたとしても，情報処理能力の限界から，限られた情報のみを使って経験や思いつきに基づいた意思決定を行ってしまう可能性がある．限定された合理性は人間がさぼっているとか，馬鹿だとかいっているわけではなく，情報収集能力，情報処理能力に限界のある自分自身を認めて，それに合理的に対応した結果である．利用可能なすべての情報を手に入れ，処理をするには時間とコストがかかりすぎる．情報収集，情報処理において限界があるので，タイムリーに少ないコストで対応できるよう，人間は記憶力を補うためにリストを作ったり，情報処理能力を補うために経験や勘を使って，問題を処理するようになったのだろう．

人間のこのような対応によって，合理的人間を前提とした伝統的ファイナンスのモデルが想定する世界は，現実の世界とかけ離れていくことになる．合理的選択モデルは，どのような思考プロセスで行動すべきかを規定しているわけだが，限定された合理性のもとで現実になされる選択を記述するには，それは適していないかもしれない．行動ファイナンスでは，このような人間行動を念頭に置いてモデルを考える．行動ファイナンスにおいて，合理的選択モデルと異なる点はつぎの二つに要約される．一つは，事象の認識の問題であり，いま一つは，認識された事象をどのように評価して選択するかという問題である．合理的選択モデルにおいては，前者では統計の知識，特にベイズの定理が，後者では期待効用最大化がツールとして用いられている．行動ファイナンスで

は，ベイズの定理どおりに人間は確率を考えないと指摘している．その原因としては，本書の第4章で解説する代表性バイアス，利便性バイアス，過信バイアスといったさまざまな認知における不完全性の存在があげられる．また，選択のツールとしての効用関数に関しても，従来の効用関数とは異なった関数を提案している．人間は，富の増加に対してはリスク回避的だが，富の減少に関してはリスク愛好的である傾向が強い．そのような富の増減に対して人間が下す評価を記述しているのがプロスペクト理論である．つぎにあげる二つは，限界合理性の部分集合とも考えられるが，限定された合理性と並んで行動経済学においてよく議論されるので，紹介しておくことにする．

b. 意思の限界（bounded willpower）

人間は，長期の関心と全く相反する行動をとることがあることからこの言葉がつけられた．たとえば，愛煙家の多くが喫煙をやめようとして禁煙クラブの会員になったりする．自分自身の意思の力には限界があることを知っているために，お金をはらってでも強制的に禁煙をさせられる環境を作るのである．我々の身の回りにはこのような例がたくさんある．浪費癖が抜けない人々にとって，年金，クリスマス貯金，ボーナス貯金，天引き貯金は，最低限の貯蓄を確保するという点でありがたい存在である．そのような人たちが，一方で車を購入するために高い利息のローンを組むことはよくある話である．矛盾してみえるこのような行動は，第4章で解説する心の会計でうまく説明することができる．社会保障における年金システムも同じように説明できる．将来に向けて貯蓄をしなくとも困るのは当人であり，他人にはなんの被害ももたらさないにもかかわらず，法律によって強制的に将来への貯蓄を促しているのはなぜか．法律の前提になっているのは，人は十分な知識も情報も持っておらず，消費と貯蓄の最適な配分ができないという考え方である．ここであげた人間の持っている弱い心は，意思決定に大きな影響を及ぼし，合理的選択理論が示す最適解と異なる結論を導く可能性がある．

========= シートベルト着用義務違反とスピード違反 =========

二つの違反には根本的な違いがある．スピード違反は，他人を巻き込んで大きな事故につながる可能性がある．それゆえに，スピード違反を取り締まることによって，違反者もさることながら，違反者以外の人達の安全を守ろうとしている．

一方，シートベルト未着用は，他人には全く迷惑をかけないもかかわらず，交通違反として取り締まりが行われる．シートベルトは，安全性を考えれば着用するのが合理的であるが，そのような合理的判断ができない運転者を，法律によって強制的に着用させようとしているのである．この法律の前提は，運転者が合理的判断を下せず，シートベルト未着用の場合のダメージをほとんどゼロと考えていることだろう．

c. 公正（bounded self interest）

人々は経済学が仮定するような徹底した利己主義者にはなれない．公正という意識が意思決定に大きな影響を与えるので，経済学でいうような合理的行動は必ずしもみられない．2人で行うつぎのようなゲームを考えてみよう．

> 「最初の人に10,000円が渡される．その人はそのお金をもう一人の人と分け合うことにする．どのように分けても自由だが，相手には金額を見た時点で拒否をする権利がある．相手が拒否をした場合には，10,000円は没収されどちらの手にもびた一文わたらない．」

このようなゲームを考えたとき，最初の人はどのように考えるだろうか．ゲーム理論の教えるところでは，相手の人には拒否権があるが，拒否権が唯一発動されるのは，1円ももらえないときである．1円でももらえれば，もらえないよりはよいわけだから，必ず受け取るのが最適な意思決定となる．しかし，実際に実験を行ってみると，多くの人が5,000円前後を渡そうとする．また，3,000円以下の場合には拒否権が発動される場合が多いこともわかった．これは，何を示しているのだろうか．経済的合理性から考えれば，9,000円と1,000円でももらう側からいえば非常に幸せな分配であるはずだが，多くの人間はそのようには感じない．分配をする側は，なるべく公正に配分を行おうとし，分配される側は「公正な配分」が達成されなければ，悪意に満ちた拒否権の発動に出るが，これは必ずしも最適な行動ではない．自分を犠牲にしても公正ではない人に対して，厳しい態度をとることは，金銭的にみて最適な行動とはいえない．しかし，公正でない人間に対しては，その人間にとってのマイナスの出来事が自分にとってはプラスと感じられ，自分の犠牲が正当化されるのである．復讐などはその典型例であろう．

=チップ=

　アメリカに住んでいた頃いくつかの町を訪ねた．旅行中，たまたま入ったレストランには二度と訪れることはないので，全くチップをおかなかったとしても何の制約もない．それにもかかわらず，そのレストランを出るとき，自分の住んでいる町にあるレストランで食事をしたときと同様に，チップをおいた覚えがある．これは合理的とはいえないが，サービスを受けた代償として払うべき代価と考え，公正な行動をとったと考えれば納得できるのではないだろうか．

　以上に述べたことから，人間行動はこれまでの経済学が考えてきた合理的人間とはほど遠いことがわかる．しかし，人間行動の非合理性は経済学においても以前から指摘されていたことであったし，仮定の非現実性は必ずしもモデルの欠陥にはならないことは，Friedman(1953)の議論からも明らかである．それでは，なぜ行動ファイナンスなのか．行動ファイナンスが現在のように注目を集めるに至った理由は，大きく分けて二つある．一つは，資本市場でみられるアノマリーの存在である．アノマリーは，市場の効率性に対する疑問と，使われた資産評価モデルが現実の資産価格をうまく記述できないことを指摘した．二つ目に，裁定取引の限界があげられる．これまで，市場の効率性を達成すると考えられていた裁定取引が，従来考えていたほど完全ではないことが理論的にも，実証的にも示されてきた．結果として，伝統的ファイナンスの柱である市場の効率性が保証されない場合があることが指摘された．このことは，市場の効率性を前提に進化してきた伝統的ファイナンスに対して，新しいフレームワークを要求していると考えることができる．次の章では，その効率的市場に関して，これまでの考え方をまとめながら，行動ファイナンスからみた市場の効率性について議論する．

2

市場の効率性

　市場の効率性は，ファイナンスの重要な柱であり，ファイナンスの中心的仮説として研究の対象になってきた．市場の効率性は，個々の投資家の合理性を必ずしも要求しないが，市場としてみたときには合理的であることを前提としている．すなわち，市場は将来のキャッシュフローに関してバイアスのない予想をすると考えるので，証券価格は信頼に足ると仮定している．結果として，市場が効率的であれば，市場で利用可能な情報を使っては，リスクに見合った以上のリターンを継続的には得られない．本章では，伝統的ファイナンスが考えてきた市場の効率性について概観した後に，市場の効率性に関する行動ファイナンスの見解についてまとめることにする．

2.1 効率的市場とは

　市場の効率性は二つの要素からなっている．一つは，新しい情報を素早く価格に反映するという情報処理のスピードについてであり，いま一つは，そのような情報を正当に評価できるという情報処理の精度についてである．簡単にいってしまえば，効率的市場とは，市場で取引される証券価格が，ファンダメンタルズを的確に反映しているような市場のことである．すなわち株式であれば，企業が将来生み出すキャッシュフローが，株価に反映されているような市場である．最新情報は合理的投資家[1]によって即座に判断され，よい情報であれば株式を購入することによって価格を上昇させ，悪い情報であれば株式を売却することによって価格を下降させるといった形で，瞬時に株価に反映されていく．結果として，株価はほとんど即座に利用可能な情報を反映することにな

---

[1] どちらも特定の投資家を指すものではないがヘッジファンドなどのプロの投資家を合理的，情報の少ない個人投資家を主に非合理的と想定している．

る．すなわち，市場の効率性は，合理的投資家の存在する完全競争市場における均衡価格の結果であり，このような市場では，将来の証券価格を予想することはできない．

しかしここで注意しなければいけないのは効率的市場が，非合理的投資家の存在そのものを必ずしも否定していないことである．市場に非合理的な投資家がいても，つぎの二つの条件のうちの一つが満たされれば効率性は達成される．それらは，非合理的な投資家の取引のランダム性と，合理的投資家による裁定取引である．

a. 取引のランダム性

非合理的投資家の取引はランダムであり，多くの取引が行われれば個々の取引の異常はお互いに相殺されてしまう．結果として，非合理的投資家の存在は価格に影響を及ぼさない．

b. 裁定取引

裁定取引に関しては，Friedman(1953)の議論が有名である．たとえ非合理的投資家の取引によって価格にバイアスが生じたとしても，合理的投資家の裁定取引によって効率性は達成される．裁定取引によって，合理的投資家はリスクをとらず，高い利益をあげ続けることができる．一方，割高な証券を購入した非合理的投資家は，それらの証券を安く売却することになり，合理的投資家にくらべて低い収益，あるいは，損失しか得ることができず，無限の資金を保有していない限り，長期間にわたってそのような取引を続けることはできず，市場から退却を余儀なくされる．

裁定取引機会の例

1. 一物一価の法則が成り立たない場合．同じ商品，証券が違う価格で売られている．東京証券取引所と大阪証券取引所で取引されるSONYの株価が大きく違えば，高い方を空売りして，安い方を買えばよい．
2. CAPMなどの資産価格モデルが予想する価格から現実の価格が乖離した場合．モデルが示す割安銘柄を購入し，割高銘柄を空売りする．
3. 派生証券価格と現物価格が一定の範囲からはずれた場合．高い方を空売りし，安い方を購入する．

資本市場に合理的投資家しかいなければ，合理的投資家によって決まる価格は正しいので市場は効率的である．しかし，たとえ非合理的投資家がいたとしても，彼らの取引がランダムであれば，お互いの間違いが打ち消しあって価格に影響を与えないというのが取引のランダム性である．その場合にも効率性は保たれる．それでは，非合理的投資家の取引が一方向に大きくバイアスを持っていた場合はどうか．その場合でも，合理的投資家の裁定取引によって市場での証券価格はファンダメンタルズを反映するものになる．そのような裁定利益を求める合理的投資家同士の競争のおかげで，証券価格がファンダメンタルズから乖離する期間は，非常に短いものになるとこれまでは考えられてきた．市場の効率性が保証されるのである．

　資本市場が効率的であれば，市場で決まる価格は最新の情報を即座に正当に反映しているので，どのような情報を利用しても市場でリスクに見合った以上のリターンを継続的に得ることはできない．すなわち，継続的な free lunch（ただめし）はどこを探してもないということである．ここで継続的という言葉は大切で，市場の効率性は単発的にリスクに見合った以上のリターンを得ることの可能性を否定しない．運がよければもうかるときもあるが，逆に大損することもある．繰り返し投資をすれば，平均するとリスクに見合ったリターンしか手に入らないというのが効率的市場なのである．そこで多くの研究が，リスクに見合った以上のリターンが継続的に存在するかどうかを調べることによって，市場の効率性の検証を行ってきた．

　市場の効率性が大切な理由は何であろうか．資本市場の目的を考えれば，効率性の重要さが容易にわかるはずである．資本市場の目的は，資金の余っている人から資金の不足している人に資金を効率的に回していくことにある．その際に資金の不足している人のなかで，最も有効に資金を使える人にお金が集まるような仕組みになっている必要がある．市場の効率性がある程度満たされなければ，このような資金の効率的配分は達成されない．株式市場を例にとってみてみよう．業績のよい企業の株価が低迷し，業績悪化企業の株価が高いというようなことが起きてしまうとしたらどうだろう．株価が企業業績をはかる尺度となりえないのである．そのような状態が続けば，投資の判断基準を失った投資家は取引を避けるだろうし，企業もそのような市場で株式を公開する意味を持たなくなってしまう．結果として資本市場は崩壊し，資本市場が目指す資

金の効率的配分が達成されないことになる．市場の効率性はきわめて大切な概念であり，それが達成されるかどうかは社会，経済にとって重要な問題なのである．ファイナンスの実証研究でよく用いられるイベントスタディは，短期間の株価の動きからさまざまな仮説の検証を行っているが，この手法は市場の効率性を抜きに語ることはできない．実際，初期の研究では，新情報に対する株価の反応の迅速性，ならびに，新情報がない場合の取引は価格に影響を及ぼさないなど，市場の効率性を支持する報告がなされている．このような研究結果をもとに，ファイナンスは市場における効率性を前提としてこれまで進歩してきた．

しかし，この20年あまり，既存のファイナンス理論では説明ができないいくつかのアノマリーが報告され，市場の効率性に対して疑問が投げかけられてきた．アノマリーの詳細については次章に譲るとして，アノマリーの存在が，新しいアプローチへの引き金になったことは確かである．

2.2 行動ファイナンスからみた市場の効率性

行動ファイナンスの前提は，人は必ずしも合理的ではないということである．伝統的ファイナンスでは，非合理的投資家の存在を許した場合にも，非合理的投資家の取引のランダム性と，合理的投資家の裁定取引という二つの条件のうち，一つが満たされていれば，効率性は達成されるので非合理的投資家の存在は問題なしとされてきた．しかし，この二つの条件は簡単には満たされない．まず，一つ目の非合理的投資家の取引のランダム性について考えてみよう．非合理的投資家の取引は，テクニカル分析に基づいていたり，アナリスト情報に頼ってみたりして，必ずしも最適に分散投資をするわけではなく，少数の証券への集中投資を行うのが普通である．また，同じような情報，分析に基づく取引は，ランダムというにはほど遠く，ある種のシステマティックなパターンが存在している．非合理的であるゆえにみられるバイアスの存在である．

二つの領域においてシステマティックなバイアスがみられる可能性がある．一つは，非合理的投資家の認識のバイアスであり，いま一つは選択における評価のバイアスと呼ばれている．認識のバイアスとは，将来の不確実な事象を考える際に，統計的にベイズの定理などを適用して正しく計測することができ

ず，偏りのある推定をしてしまうことである．選択における評価のバイアスとは，不確実な事象に対してそのリスクを正当に評価することができないので，選択において間違いを犯す可能性があることである．これらのバイアスについては第4章で詳しく述べるが，非合理的な投資家は伝統的ファイナンスが予想するような受け身的な投資家ではない．非合理的投資家はバイアスを持った自分の判断で，積極的に市場に参加し取引を行う．なぜなら，彼らは自分自身がバイアスを持っていると思っていないからだ．これらのバイアスが，市場での価格に影響を及ぼしていると行動ファイナンスでは考える．

このような非合理的な投資家の取引に一方向のバイアスがあったとしても，二つ目のメカニズムである合理的投資家による裁定取引が，市場の効率性を保証してくれるというのが伝統的ファイナンスの立場であった．裁定取引のメカニズムはつぎのようである．ファンダメンタルズから証券価格が乖離した場合，魅力的投資機会が創出される．合理的投資家はこのような投資機会を見逃さず，裁定取引によって間違った価格をファンダメンタルズを反映した価格にもどす．しかしながら，行動ファイナンスでは魅力的投資機会の創出に対して疑問を呈している．たとえ株価がファンダメンタルズから乖離したとしても，魅力的投資機会は存在しないかもしれない．繰り返しのない事象，たとえば，長期にわたるバブルなどでは，裁定取引は効果を持たない可能性が高い[*2]．魅力的投資機会が存在しなければ，ファンダメンタルズからの乖離は修正されることはない．魅力的投資機会，すなわち，リスクゼロで高い収益をあげられるような裁定の機会は本当に存在するのだろうか．

非合理的投資家の取引の価格への影響がここで重要となる．一般に，非合理的投資家をノイズトレーダーと呼び，彼らのもたらすリスクをノイズトレーダーリスクと呼んでいる．De Longら(1990a)は，ノイズトレーダーの認識のバイアスが，株価に大きな影響を与えることを示している．結果として，ノイズトレーダーのリターンが合理的裁定投資家のリターンを上回ることもあり，ノイズトレーダーがいつも資金を失い，市場から退出を余儀なくされるという

[*2] 古くはオランダのチューリップ騒動，身近な例では，日本の80年代後半の地価と株価の急騰，90年代後半米国（日本でも）で起きたネットバブルなどがその好例であろう．長い期間バブルが続いた場合，バブルの初期で高すぎる株を空売りしてもうけようとしても，さらに価格は上昇して，空売りを行ったファンダメンタルズをわかっていたはずの投資家の方が破産してしまう可能性がある．

Friedman(1953)の議論は不完全であると述べている．このような状況では，合理的投資家はノイズトレーダーリスクを勘案して取引を行うので，平均すると危険資産の市場価格はファンダメンタルズを考慮した場合より低くなることが示されている．

Shleifer・Vishny(1997)は「裁定取引の限界」という論文の中で，ファンダメンタルズがわかっている合理的投資家が裁定取引を行ったとしても，ノイズトレーダーの取引が大きい場合には，裁定取引によって価格をファンダメンタルズにもどすことは容易ではないと述べている．

裁定取引を行うプロのファンドマネジャーの多くは，自分自身の資金を運用しているわけではない．彼らは，富裕な投資家から資金を預かり，運用をしているわけだが，ここでは，情報の非対称性の問題が存在している．富裕な投資家は，ファンドマネジャーの投資戦略について十分な知識を有していないために，ファンドマネジャーの能力を過去の投資成績によってのみ評価すると考えられる．もし一時的にせよ，ノイズトレーダーの大きな取引によって，株価のファンダメンタルズからの乖離がさらに広がれば，保有している裁定ポートフォリオの価値は下落し，ファンドマネジャーの投資戦略は失敗とみなされる危険性がある．場合によっては，投資家は預けておいた資産の多くを回収しようとするだろう．そのようなことが起きれば，裁定取引を行ったファンドマネジャーは，裁定取引の成果を得る前にファンドの清算を行わなければならない．そのような早期の清算に対する恐れが，ファンドマネジャーに短期の投資戦略をとらせてしまう．すなわち，裁定のポジションをとったのちに，ファンダメンタルズからの乖離が今まで以上に広がれば，賢明なファンドマネジャーは，保有ポートフォリオの清算を行い，投資家の資金回収によって受けるダメージを防ごうとするだろう．裁定取引によって価格がファンダメンタルズに収斂しないどころか，この早期の清算によって価格はさらにファンダメンタルズから乖離してしまう．

このような理由から，ファンドマネジャーがリスク回避的で，ノイズトレーダーの取引がランダムでなくある方向性を持っているとすれば，裁定の機会は必ずしも簡単には消滅しない．裁定取引を行う優秀なファンドマネジャーのもとに，ノイズトレーダー，あるいは，市場の動向がわからない資産家から，大量の資金が集まるまでにはかなりの時間を要する．その間，富裕な資産家を含

2.2 行動ファイナンスからみた市場の効率性

むノイズトレーダーの取引によって，証券価格はファンダメンタルズから大きく乖離するのである．

ノイズトレーダーリスクを考えたとき，裁定取引が機能して，価格がファンダメンタルズを反映するための条件をまとめてみよう．一つは，証券のファンダメンタルズがわかっている合理的投資家が存在することである．さらに，その合理的投資家が十分な資金を持っていること，あるいは，十分な資金を持っている資産家を説得できること．保有資金が不十分な場合には，裁定取引の期間が限定されないことが非常に重要である．合理的投資家が，非合理的投資家であるノイズトレーダーのもたらすバイアスを修正するためには，十分な資金と時間が必要だからである．最後に，ノイズに基づく取引をする人達は非合理的であり，十分な資金を持っておらず，取引が限定的なことがあげられる．実際には現実の市場が，これらの条件を満たすことはまれである．富裕な資産家の多くは，誰がファンダメンタルズのわかっている合理的なファンドマネジャーかを判別することができないだろうし，自分自身が投資をする際にノイズトレーダーとして相場を攪乱する可能性もあるだろう．実際，取引を行っているノイズトレーダーの多くは，自分自身をファンダメンタルズがわかっている合理的投資家と考えているため，簡単には自分自身の取引を修正しようとはしない．結果として，ノイズトレーダーは，裁定取引を行う合理的投資家を，数においても資金においても大きく上回る可能性は高い．このような場合の価格の動きについては，第8章の人工市場のなかで詳しく述べられている．

ノイズトレーダーリスク以外にも裁定取引にはいくつかのリスクが関係する．第一に，現実の市場では，完全な代替的証券などは存在しないので，簡単に裁定取引は行えない．産業全体の変化に対しては，同業種で規模が近い企業の株を空売りすることによってある程度ヘッジできるとしても，企業独自の情報に基づく株価の動きに対しては，ヘッジは非常にむずかしいだろう．

たとえば松下電器の株式はSONYの株式の完全な代替証券ではありえない．SONYの株価が割安だったとして，SONYを購入し，松下を空売りする裁定取引を行った直後，松下の業績に関してよい情報が市場に流れて株価は急上昇したとする．もちろん，このような場合SONYの株価が同じように急上昇するわけではない．この場合，空売りした松下の株式の損失を埋め合わせることは不可能になってしまう．

第二に，裁定取引にはコストがかかる．たとえば，売買手数料，bid-ask spread，法的規制によるコスト，空売りのコストなどがあげられる．また，空売りの許される期間はそれほど長くないためにロールオーバーのリスクがつきまとう．さらに，裁定取引の機会を見つけるためには情報収集のためのコストを考慮しなければならない．

　第三に，多くの裁定取引の場合には，ベンチマークとして用いるモデルが存在する．たとえば，CAPM を使って，割安株，割高株を見つけ出して投資をする場合を考えてみよう．その場合には，CAPM が妥当なモデルであることが前提である．しかし，裁定取引を前提にしたとき，CAPM が信頼に足るモデルかどうかは疑問の残るところであろう．アノマリーの存在自体，市場の非効率性とモデルの妥当性に対する反証であることが多い．そしてこの二つは，多くの場合切り離せない関係にある．市場の効率性と CAPM などの理論モデルの検証が，これまでジョイント仮説と呼ばれてきたゆえんである．

　以上述べたように，リスクゼロのいわゆる裁定取引はほとんどなく，実際の裁定取引はリスクの高い投資戦略であることが多い．それゆえ，価格がファンダメンタルズから乖離していたとしても，上述のリスクを考慮すれば，裁定取引による価格修正はそれほど簡単ではない．効率的市場であれば，価格がファンダメンタルズを反映したものとなり，そのような市場では，リスクに見合ったリターンしか手に入らないことになっている．すなわち，free lunch は存在しないということである．しかし，価格がファンダメンタルズを反映しないような非効率的市場においても，やはり free lunch は存在しないかもしれない．リスクに見合った以上のリターンが手に入るとは限らないのである．free lunch が存在しないことは，必ずしも市場の効率性，市場価格が信頼できることを約束しないというのが，行動ファイナンスの考え方である．

3

アノマリー

　効率的市場で取引される証券価格は，ファンダメンタルズを的確に反映しており，その動きを予測することはできない．これまで数多くの研究が，株式市場，債券市場，先物市場，オプション市場，為替市場などの効率性を検証してきた．そして，80年代初期までの研究の多くが，市場の効率性を支持する結果を示していた．しかし，80年代以降，市場の効率性に疑問を投げかける研究が増えてきている．特に，米国市場を中心にアノマリーが数多く報告されるようになってきた．継続的に観察されるリスクに見合った以上のリターンを生むアノマリーは，裁定取引の限界を示している．しかし，市場の効率性を検証する際には，ベンチマークとして使われたモデルの問題がある．アノマリーが検証されたとしても，ベンチマークとして使われたモデルが不適切であったのか，市場が本当に非効率であったのかを判断することは多くの場合むずかしい．前章で述べた裁定取引に関するリスクの一つ，理論モデルの妥当性が問われるのである．しかし，すべてのアノマリーがベンチマークを必要としているわけではない．モデルの妥当性を問う必要のないケースもいくつか報告されている．そこで最初に，ベンチマークを必要としないアノマリーを紹介して，市場の非効率性，裁定取引の限界について明らかにすることにしたい．

3.1　ベンチマークを必要としないアノマリー

　裁定取引がリスクを伴う取引であることは理解できたとしても，実際に裁定取引が制限されている証拠はどこにあるのか．継続的なミスプライシングの例を示すことができれば，それこそが裁定取引の限界を示しているといえよう．ここではベンチマークとしてのモデルの妥当性を検討しなくても，明らかなミスプライシングが長期にわたって観察される例をいくつか紹介する．

a. Royal Dutch Shell

　Froot・Dabora(1999)は，二つの企業，Royal Dutch と Shell Transport の合併に焦点をあてた．興味深いのは，二つの企業が利益を6：4で分け合うことで合意した以外は，それぞれ独立した存在として Royal Dutch の株式は米国とオランダで，Shell Transport の株式はイギリスで取引されていることである．もし株価がファンダメンタルズを反映したものであれば，Royal Dutch の価値はいつも Shell Transport の1.5倍になるはずである．図3.1は彼らの論文から引用したものだが，1980年から1995年までの間で，明らかに二つの企業の株価の比率は1.5倍にはなっておらず，乖離率が最初の数年は大きく下回り，その後は大きく上回っている．さらに，ミスプライシングの期間はかなり長く，裁定取引が機能しないこと，市場が非効率であることを示している．2種類の証券が，将来にわたって一定比率のキャッシュフローを約束するにもかかわらず，なぜ，価格がその比率を反映しないのだろうか．間違いなくこれは価格の誤りであるが，裁定取引が機能しないのはなぜだろうか．

　このケースで重要な役割を担っているのがノイズトレーダーの存在であろう．前章で述べたように，ノイズトレーダーリスクとは，投資家のセンチメントによって一方的に株価が上昇したり，下降したりしてしまうことをいう．裁定取引として，一方の株式が割安になった段階で買い，他方を空売りしたとしても，割安になった株式がさらに割安に動く可能性があるわけだ．実際，図をみても明らかなように，1983年の3月に Royal Dutch の株式を10%の割安で購入したとしても，つぎの6か月でその株価はさらに低下してしまっている．こういったノイズトレーダーリスクがあるとき，裁定を行おうとする合理的投

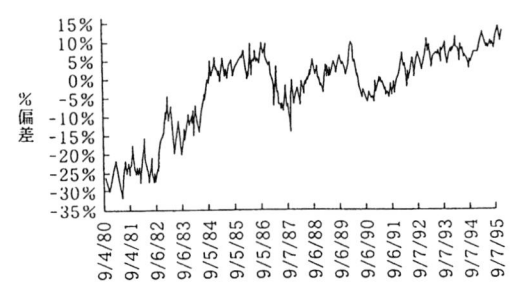

図3.1 (Royal Dutch の株価)／(Shell Transport の株価)の1.5倍からの乖離率（Froot・Dabora(1999)）

資家がリスク回避的で，長期間のポジションがとれないとすれば，裁定取引は機能しないことを前章では述べた．これはまさにその典型的な例といえるだろう．

日本でも同様の研究が進んでいる．井上・加藤(2003)によれば，合併比率発表後の株価推移を見ると，株価が必ずしも合併比率に応じた形で推移していない銘柄がいくつか存在している．明らかに裁定取引の機会があるはずだが，合併が行われる直前まで乖離が続いている銘柄もある．合併取り消しのリスク，空売りのコストなどを考慮しても乖離が存在するとすれば，これも裁定が機能していないケースと考えられるだろう．

b. 日経平均採用銘柄の株価水準

代表的株価指数であるS＆P500や日経平均株価は，その採用銘柄を定期的に入れ替えている．Shleifer(1986)は米国市場において，株式が株価指数に採用されることが決まると，株価が平均して3.5%上昇し，それが永続することを報告している．Yahoo!が採用されたときには，株価が1日で24%も上昇した．日本における研究は，齋藤・大西(2001)，Hanaeda・Serita(2002)がある．どちらの論文も2000年4月に行われた日経平均採用銘柄の入れ替えに注目して検証を行っている．このときには，30銘柄の採用と除外というかつてない規模の入れ替えが行われたので，分析を行うにはサンプル数も多く都合がよかった．新規採用銘柄の採用後のパフォーマンスはよく，一方，除外銘柄の除外後のパフォーマンスは悪い．新規採用銘柄の好パフォーマンスは，一時的なものではなく，永続的なものであると報告している．株価指数の算出に採用されるかどうかという，企業のファンダメンタルズとは関係のない要因によって，株価が変化するのである．原因としては，市場を代表する株価指数である日経平均やS＆P500に連動するようにポートフォリオを構築する，インデックス運用と呼ばれる運用手法が，年金基金などを中心に機関投資家の間で，大きなシェアを占めるようになってきたことが考えられる．このインデックス運用の影響はつぎの親子上場でも問題にされる．

c. 親子上場

2002年8月16日のイトーヨーカ堂の株価は5,470円，ヨーカ堂が50.7%を保有するセブンイレブンジャパンの株価は4,690円である．発行済み株式数

を考慮して，計算すると，保有株式セブンイレブンジャパンの価値が約1兆9,500億円，ヨーカ堂の株式価値が約2兆2,800億円．ヨーカ堂の全株式を取得すれば，1兆9,500億円相当のセブンイレブンジャパンの株式プラスヨーカ堂の所有権が手に入ることになる．2年ほど前には，この数字はもっと極端で明らかに異常だった．当時，セブンイレブンジャパンの時価総額が約7.4兆円，ヨーカ堂の時価総額が約2.7兆円であった．ヨーカ堂取得のために2.7兆円を投じれば，セブンイレブン株式3.7兆円プラスヨーカ堂の所有権が手に入ったのである．同様の関係が，NTTとNTTドコモ，NTTデータとの間や，伊藤忠商事と伊藤忠テクノサイエンスとの間にもあった．子会社株の暴騰が経済原理からは説明できない逆転現象を起こしてしまったのである．小林・山田(2000)は，親会社が保有する子会社株時価総額が親会社の時価総額を上回るという矛盾した現象の発生メカニズムについて，四つの仮定をおいて分析し，TOPIXに対するインデックス運用が小会社株の品薄状態を加速し，株価形成をゆがめていると指摘している．

　インデックス運用が価格をゆがめているとして，このような異常な価格を修正するような裁定取引機会は存在しないのであろうか．単純に考えれば，親会社に対してTOB(takeover bid)をかけながら，一方で子会社株を空売りする戦略があげられる．TOBが成功すれば，親会社の保有する株式を使って，子会社株の空売りを清算すればよい．このような合理的投資家による裁定取引が機能しないのは，日本において敵対的買収がほとんど皆無であることと深い関係があるように思われる．株式の持ち合いでがんじがらめになった日本企業に対して，TOBを成功させることは非常にむずかしい．2002年春に，村上ファンドが東京スタイルを相手取った委任状争奪戦は，大株主である友好企業ならびに金融機関が経営者側についたことにより成功しなかった．敵対的買収の市場が効率的でないことが，株価を長期間にわたってゆがめているのかもしれない．また，品薄状態だけが原因であれば，株価は高止まりをしているはずであるが，2年過ぎた現在は少し落ち着いた状態になっている．現在の株価も相対的にはまだ高いが，2年前に子会社株の価格は親会社株に比べ，異常に高かったといわざるをえない．これは，子会社株のIPO(initial public offering)に伴う株価上昇に関連した問題であったとも考えられる．

　米国でも同様の現象がネット株を中心に起きていた．Lamont・Thaler(2002)

では，ネットバブル期の子会社の株式公開において，子会社株の時価総額が親会社株の時価総額を上回っていることを報告している．裁定取引は空売りの規制などが原因で機能せず，不当に高くなった株価を引き下げることができなかった．彼らの試算によれば，空売りのコストは非常に高く，裁定取引をほとんど不可能にしている．そこで超過利益が手に入らないという点では市場は効率的だが，ファンダメンタルズを反映しないという点では，一物一価の法則が守られないので市場は非効率であると結論づけている．

3.2 株式収益率の予測可能性

個別株式の収益率の予測可能性に関する研究は，米国を中心に数多くなされてきている．米国固有の現象もいくつかはあるが，多くの場合，世界の主要な市場で共通に観察される現象である．日本における最新の実証研究結果については，米国市場との相違点も含めて，本書の第II部で詳しく述べることにするので，ここでは，米国市場を中心にした研究結果を簡単にまとめておく[*1]．

3.2.1 リターンリバーサルとモメンタム

De Bondt・Thaler(1985)は，3年から5年といった長期のリターンを考えたとき，過去パフォーマンスがよかった銘柄群は，つぎの3年から5年にかけて平均してパフォーマンスが悪くなる一方，パフォーマンスが悪かった銘柄群は，平均してパフォーマンスがよくなるといったリターンリバーサル現象を報告している．一方，Jegadeesh・Titman(1993)は，6か月から1年といった短，中期のリターンを考えた場合には，パフォーマンスのよかった銘柄群が継続してパフォーマンスがよく，悪かった銘柄群は引き続き悪くなるといったモメンタム現象を報告している．この現象は，小型株，グロース株，株価を追っているアナリストの数が少ない銘柄に，特に顕著にみられることがわかっている．

[*1] 株式の期待収益率は流動性リスクと関係が深いことが最近の研究で明らかにされている．ここで説明している3ファクターモデル，モメンタムなどを調整した後も，流動性に対して感応度が高い株式は，感応度が低い株式にくらべて，平均すると年率7.5だけ高いリターンをあげることが報告されている．

3.2.2 小型株効果（1月効果）

小型株のパフォーマンスが大型株のパフォーマンスに比べて高いことを最初に報告したのは Banz(1981) である．Keim(1983) は，小型株効果が特に1月に集中してみられることを報告し，1月との関係を指摘している．このアノマリーに対しては，小型株を主に保有している個人投資家が，値下がり株を売却することにより，節税枠を広げようとする試みが年末に集中するため，年末にそれらの株式の価格が下がりすぎ，1月には反動で高くなるといった税金仮説が提案された．しかし，税制の異なる日本でも同様の効果が，Kato・Schallheim (1985) によって報告され，税金仮説は説得力を失った．

3.2.3 バリュー株効果

簿価/時価比率が高い銘柄（バリュー株）は，低い銘柄（グロース株）に比べてパフォーマンスがよい．一般にバリュー株効果と呼ばれ，成長性の高い銘柄が買われすぎて価格が上がりすぎる反面，成長があまり見込まれない企業は売られすぎて，株価は実際のファンダメンタルズ以下に低迷してしまうといった説明がされてきた．同様のパターンがP/E（株価収益率）にもみられることを Basu(1977) は70年代後半に報告している．高P/E銘柄は，低P/E銘柄に比べてパフォーマンスが悪いのである．いずれにしろ，株価が簿価，あるいは，1株あたりの利益といった会計数字にくらべて相対的に高いか，低いかによって将来のパフォーマンスに違いが生じるのである．

3.2.4 イベントスタディ

利益情報発表後の株価の推移について，Bernard・Thomas(1989) がニューヨーク証券取引所に上場されている企業を対象に分析を行っている．まず，利益がランダムウォークしていると仮定して，今期の利益がモデルにくらべどれくらい異なっているかによって，好決算企業から順に10の企業群に分類している．その10の企業群に関して，発表前後60日間の株価のパフォーマンスを調べて，決算情報と株価パフォーマンスがどのような関係にあるかを分析した．結果は，図3.2に示すとおりである．発表後60日間，好決算企業の株価パフォーマンスは，悪い決算企業のそれを4.2%ほど上回っていた．年換算すれば，約18%ということになる．この違いも，CAPMのリスク指標であるべ

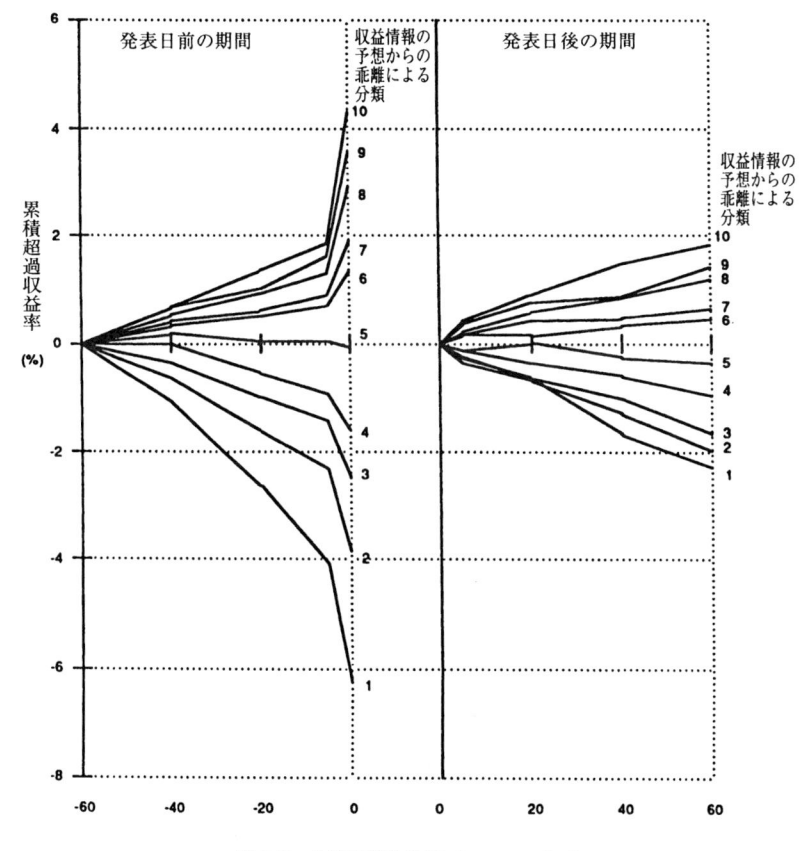

図 3.2 決算情報と株価パフォーマンス

ータでは説明がつかないのでアノマリーということになる．結果の頑健性をテストするために，アナリストの利益予想と実際の決算の数字とを比較して同様の分析がなされたが，結果に大きな差はなかった．

同じような現象が決算発表だけではなく，配当額の変更に関してもみられることを Michaely・Thaler・Womack (1998) が報告している．また，Ikenberry・Lakonishok・Vermaelen (1995) では，自社株買いの発表企業に関して，好調な株式のパフォーマンスが継続することを報告している．対照的に，株式の発行に関しては，Loughran・Ritter (1995) が，IPO 企業，増資企業の株式のパフォーマンスが，実施後数年にわたって悪化することを報告している．イベントス

タディを使ったこれらの研究結果が示すことは，株式市場の非効率性である．株価は瞬時に，そして，正当に新しい情報を反映しない．ただし，このようなイベント後の株価のシステマティックな動きは，過大評価されているのではないかという指摘もある[*2]．一つは，クロスセクショナルな相関が企業間にみられることである．たとえば，ある企業が自社株買いを発表して，すぐ後に，別の企業が自社株買いを発表すれば，この二つの企業のイベント後のリターンは，オーバーラップして独立ではないことから，この相関を考慮して分析を行うと結果は若干弱くなることが報告されている．また，Fama(1998)は，小型株の効果を取り除くと，多くのイベントスタディにおける長期のリターンに関するアノマリーは，かなり小さくなってしまうと述べている．実際，Brav・Geczy・Gompers(2000)やEckbo・Masulis・Norli(2000)は，株式発行に伴うパズルは限定的，あるいは，ほとんど存在しないと報告している．一方，Jegadeesh(1999)は，ベンチマークをいろいろと変えてみても株式発行後の株価低迷は存在していると述べている．そんなわけで議論はいまだ終結していない．ただ，仮に適当なベンチマークを用いて，株式発行に伴う株価低迷現象が説明できるとすると，それは，株式発行を行った企業のリスクは，他の企業にくらべ平均的に小さいということになり，それ自体パズルということになりそうである．

3.3 クローズドエンド型投資信託

クローズドエンド型投資信託はオープンエンド型のそれと異なり，一定数の株式が発行され，それが取引所において取引されることになる．追加的に資金を集めるために，新たに株式が発行されることはない．その投信を購入した投資家が解約をして換金をするためには，その投信の純資産価値を投信会社から償還してもらうのではなく，その株式を他の投資家に市場価格で売却することが必要である．そこで，理論的には市場価格は，投信の純資産価値と等しくなるはずであるが，実際の市場では，多くの場合クローズドエンド型の投信はディスカウントで取引されている．これがクローズドエンドに関する一つ目のパズルである．二つ目のパズルは，クローズドエンド型投信が売り出し当初，プ

[*2] Barber・Lyon(1997)，Brav(2000)，Loughran・Ritter(2000)など．

レミアムで売られていることである．これは，一つ目のパズルと相反する結果だが，ディスカウントが始まるのは，売り出しから数か月経過した後のことであり，売り出し時はプレミアムがつくのである．三つ目のパズルは，ディスカウントが時間を通して一定ではなく，大きく変動することである．最後に，クローズドエンド型投信を最終的に清算，あるいは，オープンエンド型に変更することによって終了すれば，ディスカウントは消滅する．ただし，投信の終了発表日にディスカウントは小さくなり，小さいディスカウントが最終日まで続く．

　ディスカウントのパズルについて，いくつかの説明がこれまでなされてきた．一つの説明は，投信の管理費用が高いので，それを反映してディスカウントが生じているというものである．しかし，この説明には無理がある．投信の管理費用は通常，純資産価値に対して固定比率をかけたものになっており，売り出し当初にプレミアムがつくという二つ目のパズルや，ディスカウントが時間を通して変動するという三つ目のパズルを説明できない．クローズドエンド型の投信が保有している資産の流動性に問題があると考えた研究者もいた．非常に流動性の低い証券を多く保有している場合，それらの価値は流動性を考慮して市場価格よりも低くなってしまう．結果としてクローズドエンド型投信はディスカウントで売られるというのである．しかし，この議論にも限界がある．売り出し当初のプレミアムや終了時に生じるディスカウントの消滅を流動性仮説は説明できない．

　最後に，キャピタルゲイン課税の問題を取り上げてみよう．価値が上昇した証券を多く保有している投信は，キャピタルゲイン課税の対象になるので，投信の市場価値はそれを反映してディスカウントされていると考える．しかし，この説明にも問題がある．クローズドエンド型を終了する際，ファンドの市場価格は上昇することによって純資産価値に近づく．もし，キャピタルゲイン課税が問題なら，逆の動きをするはずであろう．また，キャピタルゲイン課税の影響はどう高く見積もっても 6% 前後であり，10% を超えるディスカウントは説明できない．さらに，この説明が正しいとすれば，市場が上昇しているときにキャピタルゲインは増えるので，ディスカウントは大きくなることが予想されるが，現実はその全く反対で，市場が上昇しているときにディスカウントは小さくなっている．投資家のセンチメントに基づく非合理的投資行動に説明

を求めるのが自然ではないかと Shleifer(2000) は述べている．

3.4 株式市場全体の変動について

ここでは，米国の株式市場全体にみられるアノマリーを紹介する．一つは，株式の高いリターンと過剰なボラティリティであり，いま一つは，天候やサマータイムといった経済とは関係がなさそうな事象と株式市場の関係である．

a. リターンとボラティリティ

Mehra・Prescott(1985) によって，株式の平均リターンが，国債の平均リターンにくらべて7％程度高いことが報告され，エクイティプレミアムパズルと呼ばれている[*3]．なぜなら，従来の消費を基本にした資産価格モデルでは，極端なリスク回避的投資家を想定しない限り，このような高いプレミアムを正当化できないからである．Mankiw・Zeldes(1991) は，このような投資家のリスク回避度に関して簡単な試算を行っている．もしそのような投資家が存在するとしたら，50％の確率で10万ドル消費でき，50％の確率で5万ドル消費できるようなギャンブルに対して，51,209ドルの価値しか感じないことになる[*4]．現実にこのような投資家が多数いるとは思われない[*5]．

Shiller(1981) は，株価を決めている配当の変動にくらべて，株式のリターンのボラティリティが異常に高いことを報告し，ボラティリティパズルと呼んでいる[*6]．

また，Fama・French(1988) は，1941年から1986年までニューヨーク証券取引所に上場されている企業の等加重平均株式収益率を使って分析を行ったところ，配当利回りがつぎの4年間の平均株式収益率に関して，その変動の27％を説明したと報告している．これは，配当利回りが市場全体の動向をある程度まで予測できることを示している．

[*3] エクイティプレミアムパズルについての詳細な議論は Mehra(2003) を参照．
[*4] 期待値だけを考えれば75,000ドルである．
[*5] Fama・French(2000) は，エクイティプレミアムはパズルではなく，過去100年あまり，米国の株式市場が予想以上によかっただけではないかと述べている．
[*6] 合理的投資家と割引率が時間を通して一定であることを仮定していたことから，ボラティリティパズルが生まれた．いまでは，ダイナミックに変動する割引率を考慮することによって，このパズルをある程度説明できることが知られている．

標準的な消費型資産価格モデルでは，以上述べたこれらの問題は簡単には説明ができないことからパズルと呼ばれてきた．

b. ムードと株価

Kamstra・Kramer・Levi(2000)は，米国におけるサマータイムと株価との関係を報告している．サマータイムの問題点の一つとして，睡眠のリズムが狂うことがあげられており，サマータイムが始まった翌日，あるいは，終わった翌日は，交通事故が多いという報告もある．同様のことが，株式市場でもみられるようだ．年2回行われる時間変更後の最初の取引日（月曜日）の株価は平均すると下げている．過去70年のデータをみると，その日のリターンと他の取引日のリターンとの違いは，統計的に有意でマイナスの値になっている．他の月曜日と比較しても，マイナスの値は2倍から5倍と有意に大きいことが報告されている．ドイツにおいても同様の効果が検証されている．また，このサマータイム効果は，小型株に顕著にみられる傾向があり，サマータイムによる睡眠の変調が，小型株の多くを保有している個人投資家の判断ミスによってひき起こされている可能性を示唆している．

天気も株価動向と関係があるようだ．晴れた日には気分がよいので，将来に対して楽観的になりがちで，株式投資も活発になりやすい．このような天気と関係した投資家のムードが，株式相場に影響を及ぼしている．実際，ニューヨークでは，晴れの日の方が，天気の悪い日にくらべ，株式市場は平均すると好調であるとSaunders(1993)は述べている．同じようなパターンが世界26か国の株価指数のいくつかにみられるとHirshleifer・Shumway(2003)では報告している．晴れた日に株価は上昇するのである．たとえば，ニューヨーク市場において，曇りの日の年次換算平均収益率が8.7%であるのに，晴れた日の年次換算平均収益率は，24.8%である．残念ながら分析対象に日本は含まれていないが，天候に基づいた取引戦略は，取引コストを差し引いた後もプラスの収益をあげると述べている[*7]．

[*7] 加藤・高橋(2003)によれば，日本でも同様のパターンが観察される．

3.5 アノマリーに対する考え方

3.5.1 データによるバイアス

有限のデータを用いて検証を行う実証的研究の限界ともいえることだが，アノマリーと呼ばれるような現象はその期間だけにみられるものかもしれないという批判である．より長期のデータを用いれば，不可思議な現象は消滅しているだけでなく，異なるアノマリーが観察されることになる可能性がある．投資家の学習とか，さまざまな要因で，時間を通してリスクとリターンの構造に変化が起こるとすれば，過去のデータを使ったリスクとリターンの分析は，将来のリスクとリターンの関係に対して何の意味も持たないかもしれない．また，研究者の研究に取り組む姿勢も影響を与えていると考えられる．研究者は，従来とは異なった発見をしたいという要求が強いので，アノマリーを見つけ出す方向にバイアスがかかる可能性があり，結果として，アノマリーがより多く報告されることになる．

このようなデータマイニングへの批判に対しては，out-of-sample（外挿）によるテストが行われている．これは異なる市場でも同じような効果がみられるかどうか，あるいは，異なった時点でも同じような効果がみられるかどうかの検証である．たとえば，バリュー効果については，Davis・Fama・French(2000)は米国の古いデータを用いて，Daniel・Titman・Wei(2001)は日本のデータを利用してそれぞれ分析を行い，異なった結論に至っている．また，モメンタムについては，Rouwenhourst(1998)が，世界十数か国において同じような現象がみられることを報告している．

3.5.2 未確認リスクファクターと市場の不完全性

アノマリーと呼ばれる現象は，適当なリスクファクターを観察できないことによってひき起こされていると考える．投資家は，経済の構造を理解していないかもしれない．あるいは，たとえ経済構造，直面しているリスク，自分たちの選好をある程度理解しているとしても，総消費や市場ポートフォリオが，リスクをとらえてくれないところに問題がある．これは，市場の不完全性や，総消費や市場ポートフォリオを考えたときに分散可能と考えられる個別のリスク

が，実は分散投資によって消滅しないことが考えられる．取引コスト，空売り制限といった市場の不完全性が，アノマリーの消滅を妨げている大きな要因かもしれない．この立場に立てば，伝統的ファイナンスのフレームワークである合理性は残しながら，経済構造の不確実性，市場の不完全性に焦点をあてて，新しい資産価格モデルの構築に向けて分析を進めることになる．

3.5.3 行動ファイナンスからのアプローチ

人間の非合理性に基づく取引が，価格を歪め，アノマリーをひき起こしていると考えるのが行動ファイナンスである．行動ファイナンスは，実験心理学の豊富な実験結果をもとに投資家行動を分析し，新しいモデルを組み立てようとしている．この領域はまだ発展途上であり，モデルも誕生したばかりで，洗練された形態にまで至っていないのが現状である．そんななかで，現在までのモデルを大きく分類すれば，投資家の認識のバイアスに焦点をあてたモデルと投資家の選好のバイアスに焦点をあてたモデルになるだろう．それぞれについて代表的な論文は第5章で紹介する．ここでは，行動ファイナンスからのアプローチが，どのようにアノマリーを説明できるか，アノマリーの一つであるクローズドエンド型投信の例を使って，概観してみることにしよう．

クローズドエンド型投信の価格には，非合理的投資家のセンチメントが影響を及ぼしていると考えることができる．あるときは，非常に楽観的になりまたあるときには，非常に悲観的になってしまう投資家が，クローズドエンド型投信の市場の中心的取引者であるとすれば，彼らの投資行動によって市場価格は大きく歪む可能性がある．実際，投信を購入しているのは個人投資家がほとんどであり，情報を多く持たないノイズトレーダーである個人投資家が，センチメントに流されて売買を行うことはありそうなことである．このようなノイズトレーダーのリスクを反映して，投信はディスカウントで売られることになるというのが行動ファイナンスの説明である．同様の現象は，個人投資家がその多くを保有している小型株についてもみられると考えられる．すなわち，このセンチメント仮説が正しいとすれば，クローズドエンド型投信のディスカウントは，小型株のパフォーマンスと関係が深いはずである．実際，Lee・Shleifer・Thaler(1991)は，ディスカウントと小型株のパフォーマンスの間に正の強い相関を報告し，センチメントに基づくノイズトレーダー仮説を支持している．

この仮説は，ディスカウントで売られていることが説明できるだけでなく，ディスカウントが時間とともに変動することを，投資家のセンチメントの変化として説明できる．また，投信売り出し時にプレミアムで売られることに関しても，投信を設定する側が個人投資家のセンチメントを見極めて，最適なタイミングで発行していると考えれば，プレミアムは当然の結果であると考えられる．さらに，投信が終了する時点で，純資産価値に収斂するのは，終了によってノイズトレーダーリスクがなくなり，投資家はリスクの代償を求める必要がなく，ディスカウントが消滅すると考えることができる．このように，行動ファイナンスからのアプローチは，アノマリーと呼ばれている現象に対して，説得力のある説明を用意してくれそうである．

4
心理学からのアプローチ

　ファンダメンタルズからの乖離をもたらす要因について，行動ファイナンスでは人間行動の非合理性に注目する．行動ファイナンスでは，認知心理学の数多くの実験結果を利用してこれら非合理的行動について説明を加えている．そこで鍵となる概念としては，人々の不確実性に対する「認識」と，選択における「評価基準」がある．この二つに関して生じるバイアスが人間行動を非合理的なものにしていると考えるのである．本章では，認知心理学の実験結果を紹介しながら，人間が必ずしも整合的な行動をとらないこと，伝統的ファイナンスが想定する合理的選択をいつも行うわけではないことを示す．

4.1　認識のバイアス

　伝統的ファイナンスでは，不確実な事象に直面したとき，人間が確率の法則に従って主観確率を形成し，意思決定していると想定している．しかし，心理学における多くの研究が，不確実性下の意思決定における非合理性を報告している．人間行動は経済学者が想定しているほど単純ではなく，多くの非合理性を秘めているのである．人間の意思決定はかなり曖昧で，コンピューターのような決定論的（deterministic）な方法ではなく，発見的（heuristic）な方法で日常的な問題の解決にあたっていることが知られている．発見的行動であるから矛盾したところもあるし，非合理的な側面も存在する．砂浜に指輪を落とした場合を考えてみよう．最新のコンピューターにやらせれば，ブルドーザーでしらみつぶしに広い砂浜を探し，砂の粒子より大きいものはすべて取り上げていき，それらを順番に調べていくことだろう．人間ならその女性の歩いたところだけを金属探知器などを使って効率的に調べようとするはずだ．コンピューターにくらべ見落とす可能性はあるが，発見までの時間はかなり短縮できるか

もしれない．このような簡便法は人間が意思決定をするときに得意とする方法である．そのような発見的方法は，創造的ということでコンピューターより優れたよい面もあるが，その簡便性ゆえに意思決定にバイアスをひき起こす可能性があることも知られている．発見的方法のひき起こすバイアスが，どのように我々の意思決定に影響を与えているかを順に検討していくことにしよう．

―――― チェス，将棋，囲碁 ――――

　チェスでグランドマスターを破ったディープブルーもコンピューターであり，ある局面で考えられるすべての手をしらみつぶしに調べてベストな手を打っていく．試行錯誤によって新しい手を考えついたわけではない．局面で考えられる手の数が増えていくにつれて，コンピューターの効力は弱まる．将棋のソフトはプロには勝てないし，囲碁のソフトはアマチュアにも勝てない．感覚的なアートの世界にある囲碁は今のところ人間に適しているのかもしれない．

4.1.1　自信過剰（overconfidence）

　人間の自信過剰が生み出すバイアスについてここでは説明する．自信過剰そのものが問題というよりは，自信過剰であることを意識しないで同じ過ちを繰り返すことに問題がある．人間が実際に自信過剰による失敗を繰り返していることを示す証拠はいくつかある．まず，いくつかの例を紹介したうえで，なぜこのような自信過剰が起きるのかについて述べる．

a.　自信過剰とは何か

ⅰ）予想範囲の誤差（confidence interval）

　人々は，自分の判断について過剰な自信を持つといわれている．全く起こりそうもないと判断した出来事の生起確率は20%ぐらいであったり，逆に，ほぼ確実に起こるだろうと判断した出来事の生起確率が80%ぐらいだったりすることはよくあることである．人々の過信を確認するために，Brown大学のIvo Welch教授によって，つぎのような実験が行われた．日本でのMPTフォーラム（月1回，ファイナンスに関する研究の報告会を行っている）参加者につぎに示す10の質問に対して，90%の確率で正解が存在する範囲を答えてもらうことにした．すなわち，正しい答えは90%の確率でその範囲の中にあるということである．別の表現をすれば，10の質問をするわけだから，九つの

質問に対して，回答者の選んだ範囲の中に正解があるはずである[*1]．実際には，九つを正解した人は皆無であり，正解率は50%前後であった．

Ivo Welch教授による10の質問	典型的な答え	
① 月までの距離（km）	100万〜150万 km	（×）
② 海の最深点（m）	10,000〜11,000m	（○）
③ 1994年度のSONYの利益（円）	10億〜100億円	（×）
④ 蒙古襲来の年	1200〜1300年	（○）
⑤ 砂漠に住むバッタの移動距離	5〜10km	（×）
⑥ 川端康成がノーベル賞をとった年	1960〜1970年	（○）
⑦ 貴の花の身長	180〜190cm	（○）
⑧ 昭和天皇の生まれた年	1880〜1890年	（×）
⑨ 2000年における国連加盟国	100〜150か国	（×）
⑩ 1980年の平均為替レート（1ドル何円）	200〜400円	（○）

同様の実験が，UCLAのビジネススクールでも行われた．正しい答えが回答者の選んだ範囲から外れる数は，10問中1問ではなく平均すると4〜5問となり，日本での結果と似たようなものとなった．この実験が教えることはなんであろうか．人々は自分の予想に対して自信過剰であるということである．この自信過剰が意思決定においてバイアスをひき起こしていく．たとえば，1年後の日経平均株価が90%の確率で落ち着く範囲を聞かれたとき，7,000円から12,000円の間というように，多くの人々がかなり狭い範囲を答えることがわかっている．

ⅱ）楽観主義と期待的願望（optimism and wishful thinking）

多くの人は自分の能力や将来について楽観的である．自分は，平均的なドライバーよりは運転がうまいと思っている人の数は，米国では80%を越えるという報告がある．また，ユーモアのセンス，社交性などが他人より優れていると思っている人は多い．一方，自分にとって不都合な出来事，たとえば，自分が失業してしまう可能性，大きな病に倒れてしまう確率を，実際よりは低く見積もる傾向があるようだ．このような楽観主義は人間が生きていくうえで必要なことではあるが，一つ間違えば大きなリスクを簡単にとってしまうことになりかねない．また，人種間によってこの差は大きいことも確かめられている．

[*1] 10の質問の正解は以下のとおり，① 約30万km，② 10,924m（マリアナ海溝），③ ?（なんと赤字でした），④ 1274年，1281年，⑤ 300km（最大5,000km），⑥ 1968年，⑦ 187cm，⑧ 1901年，⑨ 189か国，⑩ 230円．

b. 自信過剰をもたらすもの

なぜ人間は自信過剰に陥るのであろうか．いくつかの要因が考えられるのでそれをまとめることにしよう．

ｉ）国民性（教育制度や環境など）

たとえば，アメリカ人には楽観主義の人が多いが，日本人にはこの傾向はあまりみられないといわれている．米国と日本の生命保険加入率，預貯金率の違いなどは端的にこの問題に関する国民性の違いを表している．アメリカ人が人生に対して楽観的なのに対し，日本人はどちらかというと悲観的で，最悪のシナリオを描きながら生きていると考えることもできる．日本では弱気の経済予測の方が受け入れられやすいし，現状に対する批判や悲観的なシナリオを描くことが多い．この問題は自己帰因バイアス（self-attribution bias）と呼ばれる人間行動と関係が深いといわれる．欧米の研究では，欧米人は成功すれば自分の能力（内的要因）があったと考え，失敗すれば運が悪かった（外的要因）と考える傾向が強いらしい．よいことはすべて自分に帰因するというわけである．ところが，日本人にはこの傾向がそれほどみられないというおもしろい研究結果がある．その原因は，西洋文化と東洋文化の違いにあるのかもしれないし，長所を伸ばそうとする欧米と，短所をなくそうとする日本の教育の違いにもあるかもしれない．先にあげた楽観主義と，この自己帰因バイアスはともにグローバルに観察される人間行動とはいえないようである．日本市場の分析を行う際には注意すべきことであろう[2]．

==== 教育・家庭環境 ====

米国に住んでいた頃，簡単な算数ができるたびに"I am smart.（僕って，天才！）"を連発する息子のクラスメートに文化の違いを感じたことがある．自分に自信がないという日本の子ども達をみるとき，米国と日本の教育・家庭環境の違いを感じる．米国の教師や親は長所に焦点をあて子どもを褒めて育てるが，日本の教師や親は苦手なものを克服させようと努力する．日本の子ども達は苦手なことに焦点をあてそれを克服しようとするので，自分の欠点をいつも注目している

---

[2] 文化的な側面も排除できないが，環境もまた大きな要素である．日本企業に勤めていた友人が，外資系企業に転職した．控えめで目立つことを嫌った彼が，1年ぶりに会うと，outspoken で自信満々の aggressive なビジネスマンに大きく変身していることはよくある話だ．このような特性は，一度身に付いたら永久に変わらないものではなく，環境によって変化していくと考えていいのではないだろうか．

が，米国では得意なことに注目するので，反省は生まれず自分に対する自信だけが強まりやすいのではないだろうか．実際，日本青少年研究所が 2001 年に日米中 3 か国の高校生を対象に行った意識調査によると日本の高校生は米国や中国の高校生にくらべて自己否定的な傾向にあることがわかっている．

ⅱ) 結果論的バイアス (hindsight bias)

事象が起きた後になってから，事前に知ったことや，その結果に対して抱いていた予想の正確さを過大評価する傾向のことをいう．インターネット株の暴落を目の当たりにして，自分の予想通り Yahoo や Amazon の株価は高すぎたと思った人は多い．インターネット株など買わなくてよかったと思うと同時に，自分の株式をみる目に自信を持った人もいるだろう．しかし，それが本当にわかっていたのだったら，なぜその人はそれらインターネット株を空売りしなかったのだろう．しかし，我々の周りにはこの種の出来事が多い．野球の解説者が送りバントの失敗をみて，やはりここはヒットエンドランでしたと解説したり，外債の運用担当者が成績のよくなかったファンドの説明に行くと，為替レートが円高に振れることはわかっていたのになぜポジションを調整しなかったのだとお客に怒鳴られるなどはこのバイアスの典型例である．このような後講釈は誰でもできるゆえに，その後講釈に自分が酔いしれ，自分の先見性について過剰な評価をしてしまうとすれば，それは自信過剰につながるといえるだろう．これからも何度も出てくることだが，人間の陥る過ちの多くは，比較の対象を明確にできない点にある．為替にしてもインターネット株にしても，事前の段階でわかっていることは何一つなく，その段階での情報をもとにした比較を行うべきであるのに，事後の情報に基づいた議論を展開してしまうところに問題がある．

上村愛子モーグル競技の場合

ソルトレーク冬季オリンピック大会で，メダル候補の上村愛子がメダルを逃した．解説者の一人が，上村の滑ったコースが悪かったといっていた．他の選手はあのコースを滑っていないということらしい．そのコースはむずかしいので，本当は直前に変更すべきだったというのが解説者の言い分である．しかし，それまで上村がそのむずかしいコースで練習してきたとすれば，直前のコース変更は精神的に大きな負担を強いる．どちらがよかったのかは神のみぞ知るのである．

iii）支配の錯覚（illusion of control）

ルーレットをやって自分がチップをおいた数字が3度続けて出たらどうであろう．36倍のリターンが3回続くのである．実際，筆者の家族の一人がラスベガスで経験したことである．しばらくの間，その場に居合わせた人達は彼女を「神の手を持つ女」と呼んで，彼女が次にチップをおく数に同じように賭けたのである．彼女は，自分が選ばれし民であるかのごとく感じ，チップを自分の思いつく数字の上に自信を持って置いていった．それから1時間が経過したとき，その場に彼女の姿はなく，彼女を追って賭けていた人達の姿も消えていた．彼女のルーレットの最終成績は統計の予想通りマイナスであった．偶然に支配されている結果でも，自分があたかもコントロールしているような錯覚をおぼえるとしたら，これはやはりバイアスであろう．成功の主観的確率が，客観的確率を大きく上回ることを支配の錯覚と呼んでいる．支配の錯覚はリスクを過少評価し，過大なリスクエクスポージャーを生みやすい．女王陛下の銀行であるベアリング銀行を破綻に導いた Nick Leeson の失敗がよい例であろう．シンガポールで証券取引において何度か成功を収めた結果，同僚も彼自身も彼には特殊な能力が備わっていると考えるようになっていった．特に，支配の錯覚は失敗が続いたときより，成功が続いたときに起こりやすい．また，自分のやっていることに精通していると思っていればいるほど，この錯覚にとらわれやすいことがわかっている．

サッカーくじ

サッカーくじの人気が高い．自分で予想する楽しみもあるが，宝くじなどよりもこちらの方が当たる気がするのはなぜだろう．人は自分で予想できることに対して，何らかの価値を見出すようである．自分で決めることによって当たる確率が上昇すると感じる人は多い．実際，宝くじも自分で番号を選べるようにしたら売り上げが急激に増えたということが報告されている．

---

iv）知識の錯覚（illusion of knowledge）

知識の錯覚も支配の錯覚のなかに分類されるかもしれない．これは人々が手に入れた情報量の増加にしたがって，自分自身の予測精度が上昇すると確信するところから始まる．しかし，予測精度の向上はいつも起こるとは限らない．たとえば，コイン投げで表か裏を当てるゲームを考えてみよう．表が出る確率

は2分の1である．いま，過去10回のコイン投げでは，裏ばかりが出たという新しい情報が流されたとしよう．あなたは次のコイン投げでどちらが出ると予想するだろうか．コインが正常であれば，確率はやはり2分の1であり，新しい情報は何の意味も持たない．しかし，この場合多くの人が表の出る確率が高いと考えてしまう．新しい情報は，このように人々の予測に対する自信を高める効果を持っている．

以上述べたような自信過剰が投資行動にもたらす影響に関しては，第5章の投資家行動の節で最近の実証研究結果を紹介している．

4.1.2 代表性（representativeness）

人間は多くの情報を分析する際に，その複雑さを減らすための簡便法を用いると述べたが，そのひとつに代表性と呼ばれるものがある．人間は，大量の情報を迅速に処理するために，典型的と思われるものをひとくくりにして判断を下すのである（代表的ヒューリスティック）．これは，意思決定の際に人間が関連ある情報を記憶から完全な形で引き出すことができないことを意味している．このような簡便法を用いた場合に，人間の考える将来の事象に対する確率が果たして妥当なものかどうかを判断する必要がある．そのためのベンチマークとなるのがベイズの定理である．ベイズの定理を用いれば客観的な確率が計算でき，人間の意思決定が矛盾を持っているかどうかが判断できる[*3]．この定理はベンチマークとしてよく出てくるので簡単に説明しておくことにする．

a. ベイズの定理

確率というのは，これから起こりうる事象について，その生起する可能性を0から1までの数で表すことである．たとえば，Jリーグの鹿島アントラーズが試合に勝つ確率は55%とかいっているのがそれである．しかし，現実はもう少し複雑で，ホームゲームの場合には70%だが，ビジターになると40%になってしまうとか，相手がジュビロなら40%だが，グランパスだと60%というように，ゲームがどこで行われるか，対戦相手がどこかという条件を入れると勝率が変わってくる．これを条件付き確率と呼んでいる．さいころ投げでも1が出る確率は6分の1だが，出た目は奇数であるという情報が与えられれば

[*3] データから仮説の正しさを推論するのは帰納的推論だが，その確からしさの程度を数学的に求める方法がベイズの定理である．

3分の1になる．情報が得られる前の確率を事前確率と呼び，得られた後の確率を事後確率と呼んでいる．さいころの場合では，事前確率が1/6で，出ている目が奇数であるという情報（確率1/2）が与えられて，事後確率は1/3になる．ここでは市川(1997)に紹介してある紅白玉問題を使って，ベイズの定理を説明することにする．

■ 紅白玉問題

「袋Aのなかに赤玉3個，白玉5個が，袋Bには，赤玉4個，白玉2個が入っており，箱の中に置かれている．あなたの友人が箱のなかのどちらかの袋から玉を一つ取り出したとしよう．赤い玉が出たとして，友人の選んだ袋がAである確率はどれだけか？」

2分の1，あるいは，7分の3は誤りである．ここで事前確率，は，袋Aか袋Bかの二者択一なので2分の1である．事後的に赤玉が出たという情報と，それぞれの袋のなかの玉の分布が与えられる．

袋Aを選んで赤玉が出る確率は，

$$p(A) \times p(赤|A) = \frac{1}{2} \times \frac{3}{8} = \frac{3}{16}$$

$p(A)$はAの袋を選ぶ事前確率

$p(赤|A)$はAの袋をとったときに赤玉が出る条件付き確率

袋Bを選んで赤玉が出る確率は，

$$p(B)p(赤|B) = \frac{1}{2} \times \frac{4}{6} = \frac{1}{3}$$

$p(赤|B)$はBの袋をとったときに赤玉が出る条件付き確率

$p(B)$はBの袋を選ぶ事前確率

赤玉が出る確率は，3/16＋1/3＝25/48となり，赤玉が出たときに袋Aである事後確率は，

$$p(A|赤玉) = \frac{3}{16} \Big/ \frac{25}{48} = \frac{144}{400} = 0.36$$

36％が正しい答えになる．

ある仮説に対する事前確率の正しさと，その仮説のもとでデータが得られる条件付き確率とから，逆に，あるデータが得られたもとで仮説の正しさを確率的に求めている．上記の例で行けば，事前確率は袋A，Bともに1/2であり，

仮説のもとでの条件付き確率は，袋Aの場合が3/8であり，袋Bの場合が4/6である．そこで，赤玉という情報が与えられたときに，仮説（袋がA）が正しい確率はつぎの式になる．

$$p(A|赤) = \frac{p(A) \cdot p(赤|A)}{p(A) \cdot p(赤|A) + p(B) \cdot p(赤|B)}$$

ここでは袋が二つの場合を想定したが，袋C，あるいは，Dが加わって三つ以上になっても分母の項が増えるだけで本質的には同じである[*4]．一見，ややこしいような形をしているが，分母は赤玉が出る確率の総和であり，分子はそのなかでAの袋から出る確率を求めているだけである．

実際，我々が意思決定をする際に使う確率は，ベイズの定理が予想するそれとはかけ離れていることが実験心理学の分野で明らかになっている．代表性に関連する例をいくつか紹介しよう．

i) 基準率の無視 (base rate neglect)

Kahneman・Tversky(1974)は，人々が日常の出来事において確率を計算する際に，代表的ヒューリスティックをよく使うと述べ，つぎのような例を提示している．リンダという女性について，つぎのような記述があったとしよう．

「リンダは31歳で，独身，聡明で快活．大学での専攻は哲学だった．学生時代，彼女は差別，社会正義，反原爆運動に深くかかわっていた．」

さて，リンダの職業はつぎの二つのどちらの可能性が高いだろうか．一つは銀行の窓口係(A)，いま一つは女性解放運動を活発に行っている銀行の窓口係(B)．この場合，多くの人が後者のBを選ぶ．しかし，これは全くおかしなことだ．なぜなら，BはAの部分集合でしかないので，確率的にはAよりBの方が低くなる．このような人間の不可思議な反応に対して，代表的ヒューリスティックは簡潔な答を提供してくれる．リンダに対する記述が女性解放家を代表しているような記述であったことが原因であり，人々が持つ固定観念がこのようなバイアスを生み出していると考えられる．このことをベイズの定理を使って考えてみよう．リンダに対する記述が与えられたときのBである確率は

[*4] 袋Cを含めた三つの場合ならを，袋Dを加えた四つの場合ならさら$p(D) \cdot p(赤|D)$といった項を分母に加えて計算すればよい．一般式では，n個の袋，m色の玉にまで拡張することができるが，基本原理は同じである．

次の式で与えられる．

$$p(\text{B}|\text{リンダの記述}) = \frac{p(\text{リンダの記述}|\text{B})p(\text{B})}{p(\text{リンダの記述})}$$

ここでの問題は，まず$p(\text{リンダの記述}|\text{B})$に高いウエイトを置きすぎていることだ．そして，さらに問題なのは基準率である$p(\text{B})$を無視してしまうことである．すなわち，$p(\text{B})$という確率は非常に低いにもかかわらず，この確率を全く考慮しない（$p(\text{B})=1$）で決定を下してしまうのである．

━━━━━━━━━━━━ タクシー問題 ━━━━━━━━━━━━

「東京のタクシーの15%は個人タクシーである．ある晩，ひき逃げ事件が起きた．目撃者の証言によると，ひいたのは個人タクシーだという．ところが，現場は暗く，目撃者が正しく判断できた可能性は80%であった．さて，個人タクシーが犯人といえる確率はどれくらいだろうか？」

80%前後と答えた人は，ベイズの定理をもう一度勉強する必要があるかもしれない．事前確率を考えてみよう．

$$p(\text{個人タクシー}) = 0.15$$
$$p(\text{一般タクシー}) = 0.85$$

証言が個人タクシーである条件付き確率はつぎのようになる．

$$p(\text{証言が個人タクシー}|\text{犯人は個人タクシー}) = 0.8$$
$$p(\text{証言が個人タクシー}|\text{犯人は一般タクシー}) = 0.2$$

ベイズの定理を利用すると証言が個人タクシーで，真犯人が個人タクシーである確率は，

$$p(\text{証言が個人タクシー}|\text{証言は個人タクシー})$$
$$= \frac{0.15 \times 0.8}{0.15 \times 0.8 + 0.85 \times 0.2} = 0.41$$

41%ということで，直感的に考えるほど高くないのである．この例も低い事前確率15%を無視してしまう人間の傾向を表している．

ⅱ) 標本サイズの無視（law of small number）

事前確率の無視以外にも代表性に関連する問題として標本サイズの無視がある．Kahneman・Tversky（1974）の実験をもう一度引用することにしよう．彼らは次のような問題を用意して50人の被験者にたずねている．

「ある町に病院があり，大病院では45人が，小病院では15人の赤ち

ゃんが毎日生まれるとしよう．当然，約50%が男児である．1年間を通して，60%以上が男児であったという日数はどちらの病院が多いだろうか？」

この質問に対して半数以上が同じと答え，つぎに多かったのが大病院で，小病院をあげた人は一番少なかった．しかし，確率的に考えると大病院より小病院の方が2倍近く多くなることがわかっている．サンプル数が小さい小病院で9人以上（女児が6人以下）が男児である日数は，サンプル数の多い大病院で27人以上（女児が15人以下）が男児である日数よりも多くなるのである．事象の繰り返しを増やすにつれて，結果の分布が理論的な確率分布に近づいていくことを大数の法則（law of large number）と呼んでいるが，サンプル数が小さいときにもサンプル数が大きいときと同じように判断してしまうことにより起こる過ちを標本サイズの無視，あるいは，小数の法則（law of small number）と呼んで，人間の犯しやすい過ちだとKahneman・Tverskyは述べている．これに関連するものとして，賭博者の錯誤（gambler's fallacy），熱い手の錯誤（hot hand fallacy）などがある．

賭博者の錯誤を理解するために，知識の錯覚で紹介したコイン投げをして表が数回続いた場合を考えてみればよい．この場合，多くの人がつぎには裏が出やすいと考えてしまいがちである．実際，数回表が続くことはそれほど珍しいことではないが，私たちは単純に表裏がばらばらに出てくることが正常であると思いこんでいる．実際には，何度表が続いた後であっても，コインに偏りがない限りつぎに表の出る確率はやはり50%なのである．個々のゲームはそれぞれ独立であり，それ以前のゲームとは関係がないからだ．表が何回か続いた後には裏が何回か続くはずだと思いこむのは錯覚にすぎない．ゲームが無限に続けば，表と裏の出る回数は等しくなるが，有限の試行回数では，必ずしも等しくなるわけではないのである．これが賭博者の錯誤である．知識の錯覚を生み出しているのが，小数の法則に基づく判断と考えられる．

スポーツ解説者が波に乗ってきた（あるいは，流れがいい）などという表現を使うことがある．ファインプレーなどをすると流れをひき寄せたというし，凡プレーの場合には流れが相手に傾いたなどという．しかし，実際に起きている現象はそのようなものではなく，コイン投げと同じく，偶然の出来事に神秘性を見つけようとしているにすぎないかもしれない．偶然によいプレーが続

き，チームが勝つこともあるし，よいプレーが続いても負けることはある．逆に，凡プレーが続いてもいつも負けるとは限らない．実際，Gilovich・Vallone・Tversky(1985)は，バスケットボールのシュートに焦点をあてて分析を行い，波に乗るというような現象は実際には存在しないと結論づけている．しかし，現場の選手や解説者達はこの考え方には永遠に賛成しないだろう．人間は感情の動物であり，ファインプレー（凡プレー）によって気分が高揚（沈滞）し，つぎのいいプレー（凡プレー）につながると信じられているからだ．信じる者は救われるかもしれない．投資の世界でも2度3度と好成績をあげれば，小数の法則にしたがってそのファンドマネジャーを優秀であるともてはやす傾向はあるが，それが単なる偶然の産物である可能性は非常に高いのである．自信過剰のところで触れたベアリング銀行を破綻に導いた Nick Leeson はその好例であろう．熱い手の錯誤とはこのような場合をいう．

いずれのケースも少ないサンプルから全体を推し量って結論づけるところに無理がある．少ないサンプルでは，バイアスが大きすぎて母集団の性質ははっきりと言い表すことはできないにもかかわらず，そのサンプルの性質から母集団を勝手に判断してしまう．結果として，代表性という特性は新情報に対する過剰反応を起こしやすくなる．業績見通しに関して好ましい情報が続けば，市場では企業の将来の収益に対して楽観的な見方が広がり，結果として株価の大幅な上昇を招くかもしれない．悪い情報が続くような場合も同様で，株価は必要以上に下落することが考えられる．

―――― 変形3囚人問題 ――――

事後確率の推定の問題で，人間の持っているバイアスが端的に表れる問題として有名である3囚人問題の中でも特におもしろい変形3囚人問題を紹介しよう（市川, 1998）．

3人の死刑囚，A，B，Cがいる．王様の気まぐれで1人だけが恩赦になることが発表された．ただし，罪の重さに応じてその確率は，1/4，1/4，1/2とされていた．誰が恩赦になるか知っている看守に，Aが「BとCのどちらかは処刑されるのだから，処刑される1人の名前を教えてくれても，情報を与えたことにはならないだろう．1人を教えてくれないか」といった．看守も納得して，「Bが処刑される」と教えた．それを聞いたAは処刑される確率が3/4から2/3に減ったと喜んだという．さて，Aは本当に喜んでいいのか．ただし，看守は嘘をつ

かず，B，Cがともに処刑される場合には，1/2の確率でどちらかの名前をいうこととする．

〔解答〕 恩赦が適用される事前確率はそれぞれ，$p(A)=1/4$, $p(B)=1/4$, $p(C)=1/2$, 条件付き確率はそれぞれ $p(B処刑|A恩赦)=1/2$, $p(B処刑|B恩赦)=0$, $p(B処刑|C恩赦)=1$ ベイズの定理を用いると

$$p(A恩赦|B処刑) = \frac{1/4 \times 1/2}{1/4 \times 1/2 + 1/4 \times 0 + 1/2 \times 1} = 1/5$$

となり，囚人Aはぬか喜びだったことがわかる．なんと新しい情報によってAの処刑される確率は4/5へと上昇してしまうのである．人間の直感と数理的な解との隔たりを感じさせる問題である．

4.1.3 利便性（availability）

これも代表性と似ている．非常に少ないサンプルを用いた勘に頼った意思決定のことをいう．ある意味で，代表性のところで述べた小数の法則に似た性質を持っている．日常生活で利用しやすい情報に基づいて判断を下してしまうケースは多いと思われる．特に，最新の大きなニュースは情報としてのウエイトが大きく，過去になればなるほど情報価値は低くなっていく．たとえば，ニューヨークの同時多発テロ（2001年9月）直後に多くの人が海外旅行をキャンセルしたのも利便性といえる．人々はテロの起こる確率を過大に見積り，旅行を控えたのである．しかし，実際には空港などでは厳戒体制が敷かれ，以前にくらべテロが起こる確率は著しく減少していた可能性は高い．また，実際に経験した話と単なる予測や評論とでは，情報の価値に大きな差がある．人々は，予測や評論がいかに精緻なものであったとしても，生々しい実際の体験談により高い価値を見出しがちである．簡単な例を示すことにしよう．

「rで始まる単語（たとえばrain）とrが3番目にくる単語（たとえばcar）とはどちらが多いだろうか？」

人々はこの質問に対して，いろいろな単語を思い浮かべるが，辞書の整理のされ方は頭文字を基本にされているので，最初がrの単語を思い出す方が容易なため，どうしてもrで始まる単語を思い出しやすい．結果としてrで始まる単語の方が多いと結論づける人が多いが，実際にはrが3番目にくる単語の方が圧倒的に多いことがわかっている．

スーパーファンド法

アメリカで1943年から1952年にかけて，化学物質の廃棄物が運河に流れ出していたことが明らかになった．70年代半ばに地下水と癌との関係を研究した論文が，このような廃棄物の漏れは運河の近くに住む人たちの健康に害を与えるおそれがあると警告した．カーター大統領は非常事態を宣言し，メディアは特集を組み，住民の危険が大きいことを警告した．どの政治家も環境問題として第一の課題は，廃棄物処理ということになった．ところが，その運河が実際に人々の健康に害を与えていたのかどうかは全く証明されていなかった．環境庁は，このような運河はアメリカのなかに100以上もあるに違いないと主張した．このようにして廃棄物を迅速に処理する法律が制定されたのである．1994年までに，1,360億ドルが廃棄物処理のために使われた．以後の多くの研究は，住民の健康との因果関係については無視できるほどに小さいと報告している．直近の目立つ情報だけに大衆，メディア，政治家が大きく反応した顕著な例である．

いま一つの利便性の例は，想像力のバイアスと呼ばれている．例として次の質問を示そう．

「10人から2人の委員会を作るのと，8人の委員会を作るのとでは，どちらの組み合わせが多いだろうか？」

実験結果は，2人の委員会の平均値が70組で8人の委員会の平均値が20組であった．組み合わせの計算を行えばどちらも45組であることは明らかだが，委員会の人数が多くなることによって組み合わせが少なくなると錯覚してしまうのである．2人であれば，45組の委員会が作れることはすぐわかるが，8人になるとどうなるか頭の中で想像がつかない．すなわち，委員会の人数が多くなるにつれて組み合わせに対する想像力が低下していくのである．これなどは，組み合わせの計算ができれば何のことはない問題であるが，実際に多くの人は組み合わせ計算を忘れているか，思い出そうともしないのが現状である．自分の直感に頼った答えは数理的な解とは大きな隔たりを持ってしまう．

=======伝統的ファイナンスからの反論=======
　限られた情報から最適な判断をすることは，決して非合理的なことではないかもしれない．スクールバスの事故，飛行機事故の起こった後にスクールバスや飛行機に乗らないのは，事故の原因が何であったのかを知るまでは，リスクが高いと考えて乗らないのである．ニューヨーク同時テロ（2001年9月）の後の海外旅行についても同じことがいえる．世界の情勢が大きく変化してしまい，どのような確率でそれが起きるのか正確に把握できなかったので，リスクが高いと感じて海外旅行を差し控えたのである．

4.1.4　参考値（anchoring）と調整（adjustment）
a.　参考値
　人々は推定を行う際に，何がしかの参考的な値に引っ張られてしまうことが多い．たとえば，国連に加盟しているアフリカ諸国の数をたずねられたとしよう．ただし，たずねる前にある適当な数より多いか少ないかと問われたとする．最初のグループには，30という数字を使い，二つ目のグループには60という数字を使った．その後で加盟数をたずねると一つ目のグループは，二つ目のグループより推定値が低めになることがわかっている．人間は与えられた数値（参考値）に引きずられて推定を行いがちである．

■ 選択の自由からくる不自由

　人間は魅力的な選択肢の数が増えれば増えるほど，どれか一つを選ぶという決断できなくなり，その決断を先延ばしする傾向がある．多くの株式のなかから最適な組み合わせを選んだり，多くの投資信託から最適なものを選ぶといったことは，簡単そうでむずかしいので，思考が停止してしまい，銀行預金が一番ということになりがちである．そこで，参考値が効力を発揮するわけである．商品を購入する場合を考えてみよう．

　「ソニーの32インチハイビジョンテレビが，30%引きの30万円で売られていた．同じ店で，東芝の28インチハイビジョンテレビが，同じく30%引きの22万円で売られていた．どちらを購入するだろうか？」

　100人に聞いても，答えは半々である．ところが，このなかに10%引きで40万円のソニーの42インチハイビジョンテレビを加えるとどうだろう．多数

の人が，ソニーの32インチハイビジョンテレビを選ぶようになる．これは，お買い得ではない高級機種が加わることによって，ソニーの32インチハイビジョンテレビの価値が高まったことによる．相対的に割安感があるといってもいいだろう．

少し観点を変えてみよう．ソニーの横長28インチテレビが14万円，28インチハイビジョンテレビが30万円のとき，どちらを選ぶかはその人の嗜好にもよるが，ほぼ均等になると考えられる．ここで，60万円の28インチプラズマディスプレーのテレビを加えてみよう．3択問題になったところで，多くの人が30万円のテレビを選択する．極端を避けるのである．宝石店で装飾品を買うとき，一番安い品物を見せ，つぎに売りつけたい高めの品物を見せる．最後に，最も高い品物を見せると客は納得して高めの品物を購入していくのである．

意思決定をするときの参考値（比較の対象）を操作することで，意思決定に影響を与えることが可能であることがわかるだろう．人間の意思決定とは，うつろいやすいものなのである．

b. 連続的バイアス

Bar-Hillel(1973)はつぎのような研究を行っている．

> 「3種類のギャンブルを用意してどれが一番好ましいかを被験者に聞く．1番目のギャンブルは，袋の中に赤玉が半分，白玉が半分ずつ入っているときに赤玉をひいたら当たり．2番目のギャンブルは，袋の中の90%が赤玉で残りが白玉のときに赤玉を7回連続でひいたら当たり（毎回とった玉は袋にもどす）．3番目のギャンブルは，袋の中の10%が赤玉で残りが白玉のときに赤玉を7回のうち少なくとも1回はひけばあたり（毎回とった球は袋にもどす）．さて，あなたならどのギャンブルを最も好むだろうか？」

過半数の被験者が，3番目より1番目を好み，1番目より2番目を好んだ．実際の確率は全く逆で，2番目が48%，1番目が50%，3番目が52%の順となっている．赤玉の入っている確率に引きずられた結果といえる．

この例は，新製品開発などにおける成功確率の推定や，複雑なシステムの評価を誤る可能性を示唆している．新製品開発において，一つ一つの部品開発の

成功確率は非常に高くても，新製品を作り上げるまでにはいくつかの成功を続けなければならず，結果として全体的な成功確率は思っているほど高くはならないかもしれない．確率を実際より高く考えてしまう2番目のギャンブルがこれに相当する．新製品開発において，成功確率を高く見積もりすぎる可能性をこの例は示している．一方，複雑なシステムでは，部品の一つが壊れてもシステム全体に波及する大きな故障をひき起こすことが考えられる．確率を実際より低く考えてしまう3番目のギャンブルがこれに相当する．この例は，いくつかあるサブシステムの一つでも故障することにより，システム全体が停止してしまう可能性を低く見積もる可能性があることを示している．

c. 保守主義（conservatism）

代表性が基準率の無視からひき起こされるのに対し，保守主義は基準率の過大評価からひき起こされる．心理学者 Edwards（1982）の考えたつぎの問題を考えてみよう．

「100個の袋の中に1,000個のポーカーチップがそれぞれ入っている．黒が多く入っている袋の数は45で，700の黒チップと300の赤チップが入っており，赤が多く入っている袋の数は55で，300の黒チップと700の赤チップが入っている．袋の中身は見ることができないとして，ランダムに袋を選んだとき，つぎの問いに答えなさい．

① 選んだ袋が黒チップの多く入っている袋である確率はいくらか？

② 選んだ袋から12回チップを取り出した．取り出したチップは1回ごとに元の袋にもどしたとする．そのときに，黒のチップが8回，赤のチップが4回出てきた．さて，この新しい情報を使ったとき，黒のチップが多く入っている袋である確率は修正されるか？」

質問①の答えは45%で，これは事前確率であるので問題ないだろう．質問②に関しては，被験者の多くは，45%，あるいは，67%という答えをする．45%と答えた人は新しい情報をどう処理していいかわからない人であり，67%と答えた人は12のチップのうち八つが黒だったという事実のみに焦点をあてて，事前確率を無視している人たちだ．正しい答えは，ベイズの定理を用いる

と 96.04% になるが，90% 以上を予想する人はほとんどいない．このことは，多くの人が最初の情報にとらわれすぎて，新しい情報に対して，保守的であることを意味している．

黒字企業と赤字企業

Edwards の問題は市場にある 45% は優良企業で 70% の確率で黒字になると考えれば，企業評価の問題に置き換えることができる．企業の業績という情報が与えられることによって，業績情報がない場合の確率である 45% から変化するわけだが，人々の意識の変化は実際の変化の度合いほど大きくなく，事前確率である 45% にひきずられてしまう．新情報に対するこのような保守主義は，証券アナリストなどの過小反応をひき起こし，新しい情報が価格に反映されるスピードに遅れを生じさせるだろう．

保守主義的行動は，代表性とは相反する行動のように思えるかもしれない．しかし，二つの考え方をつぎのようにまとめて考えることができるだろう．サンプルが元になっているモデルの代表とその人が考えるならば，事前確率を無視してサンプルに大きなウエイトを置くし，そうでないと考えるならば，事前確率に大きなウエイトを置くことになる．サンプルに対する信頼度の問題といえるのかもしれない．

4.1.5 横並び行動 (herding behavior)[*5]

「赤信号みんなでわたれば怖くない」一昔前に流行したフレーズであるが，人間行動の機微をうまくいい表している．以前，ニューヨークのマンハッタンを訪れたときに，通行人の多くが信号を無視して，道路を横断するのをみた．信号によって自分の行動を決めるのではなく，集団行動をとることによって，自分達に都合のいい，リスクを伴う交通規則に変更してしまったのだ．数時間後には自分も前を行く人の後を追っていることに気づき，苦笑したことを覚えている．実際は不適切な，あるいは非合理的な行動とわかっていても，他の多くの人がその行動をとったとき，それに追随することは，我々の日常でよくみかけることである．ファッション，嗜好，証券投資などにも横並び行動が現れる．ルーズソックスを履く女子高生，毎年秋になると話題を賑わすボジョレヌ

[*5] 横並び行動についてのこれまでの研究は Hirshleifer・Teoh (2001) が簡潔にまとめている．

ーボーを買うワイン愛好家，新規公開のネット株に応募する人々，学界でホットなトピック（行動ファイナンスなどはその典型かもしれないが）にとびつく学者などはその好例といえるだろう．

――― エスカレーターによる横並び行動 ―――
駅の階段の人の流れは，自然発生的な横並び行動である．調和を乱した形で反対の側を歩けば，階段をスムーズに上り下りすることはできない．東西で人の横並び行動が顕著に異なる場合がある．エスカレーターで歩いて上る人は東京では右側を通行し，大阪では左側通行をする．東京，大阪で違っているようにみえるが，実は違っていないと指摘している人がいた．東京の人は，急ぐときだけエスカレーターで足を使って上るが，大阪では，のんびりするときだけ，エスカレーターをかけ上がらない．東京人はエスカレーター上で歩かないのが普通であり，大阪人はかけ上がるのが普通の状態というのである．とすればいずれの場合も，エスカレーターの左側にいる人が普通の状態であり，右側にいる人が特殊な状態と考えることができる．東京と大阪において，エスカレーター利用に対する考え方の違いが，現象の違いを生んでいるという説で，何となく納得させられてしまうのは筆者だけだろうか？

なぜ，横並び行動が起こるのだろうか．人類の歴史をみても，他人の行動を観察して真似ることは頻繁に行われてきたことである．赤ちゃんとして生まれたそのときから，他人の行動を観察し真似るということが始まっている．両親や家族の仕草，話し方などを真似ながら赤ちゃんは成長していく．大きくなると，家族だけではなく，先生，友人，その他の人々の行動から影響を受けていくようになる．ここでは，他人の行動を観察することによって生じる横並び行動に焦点をあてよう．横並び行動をひき起こす原因としては，他人の行動の観察からの学習以外にも，外部効果[6]，独裁者による制裁[7]，標準から乖離の回避[8]，調和への指向[9]などがある．

---
[6] たとえば，日本では人が右側を歩き，車は左側通行をすると法律で決まっているので，それに違反すれば自分自身が損をすることから皆同じ行動をする．
[7] 独裁者による制裁があれば，好むと好まざるとにかかわらず人々は同じように行動する．現在（2002年11月）の北朝鮮，少し以前の中国を考えればわかる．
[8] 標準から外れた場合の制裁は大きい．たとえば，帰国子女の多くが日本の学校教育にあわせようとして苦労する．
[9] 調和への嗜好は誰にもある．誰も敵対的な態度はとりたくないので，なるべく他の人にあわせて生きていこうとする．

4. 心理学からのアプローチ

　ここで焦点をあてる横並び行動は，合理的な観点にたてば驚くべきことである．基本的には一定数の合理的行動をとる人間がいて，お互いに情報を交換しあうことによって意思決定は大きく改善され，横並び行動は続かないはずである．横並び行動の存在は，個人個人が情報をうまく集約できないことを示している[*10]．横並び行動の基本的な考えは，自分の前にいる人達の行動を観察することから集められた情報をもとに合理的に行動する個人が，自分自身の行動を自分の後にくる人達にとって意味のないものにしてしまうことにある．すなわち，自分自身の持っている情報を全く無視して，他人に追随することによって，自分以降の人に対して間違った情報を提供することになってしまうのである．結果は，社会的には好ましくないものになる．

　夕食を食べるにあたって，二つのレストランのどちらかを選ぶという単純な例を使って考えてみよう．100人の人がレストランで食事をしようとしているとする．いま，AとBという二つのレストランが隣同士に並んでいるとしよう．いますべての人が，51%の確率でAの方がよいと考えているとしよう．人々は順にこの二つのレストランに到着すると仮定するので，自分の前の人がどちらのレストランを選んだかは観察できる．事前の予想とは別に，それぞれの人がレストランの質について，ある種の情報を得ると考える．ただし，その情報は間違っていることもある．それぞれが受け取る情報の質は同じとしよう．さて，100人のうち99人がBの方がよいレストランであるという情報を得たとしよう．しかし，Aの方がよいという情報を得た人が最初にレストランを選ぶとすると，その人は間違いなくAに入っていく．つぎの人は，最初の人の受け取った情報が自分のそれと異なっていることに気づく．そこで，自分の受け取った情報は前の人の情報と相殺されて意味がなくなり，事前の予想に従ってAを選ぶことになる．したがって，この人の行動はつぎの人に対して何の情報も与えない．3人目の人も2人目の人と同じように考えて，Aを選んでしまう．結果として，すべての人がレストランAを選ぶことになる．すべての情報を使えば，明らかにBの方がよいレストランであるにもかかわらず，このような間違った選択がなされてしまい，社会的には損失が大きい．横並び

[*10] ここでの重要な仮定は，直接的な情報交換手段である会話ではなく，他人の行動を観察することによって情報を得ることである．ここでは行動の方が，言葉よりは信頼性があるということである．もちろん，言葉による情報伝達の重要性は否定しないが，完全な伝達手段ではないということである．Shiller(1995)参照．

4.1 認識のバイアス

行動がもたらす問題点である．

　ヨットレースでは，リードしているヨットは追ってくるヨットの戦略を真似ることが多い．追ってくるヨットが針路を変えれば，自分も同じように変える．追ってくる船の戦略が明らかにおかしなものでもかまわずやはり模倣する．それは，ヨットレースでは，勝ちさえすればクロスゲームでもかまわないので，リードを保つ一番の方法は相手の真似をすることになるからだ．これはヨットレースに限ったことではない．証券アナリスト，景気予測を行う経済評論家達は，有名になると自分への高い評価を保つために他の評論家やアナリストと同じ予想を出そうとする．自分だけ外れることが恐いからである．逆に，新人は他の評論家やアナリストと異なるリスクのある予想をする．一般に新人の予想が外れ，多くの新人は消えていくことになるが，時折，予想があたりこれらの新人は有名になる．しかしいったん有名になれば，外れることが恐くなるので保守的になり他のアナリストと同じような予想を出していくことになる．このような合理的な理由で他人と歩調を合わせる場合もあるが，非合理的な理由，たとえば，投資家心理によるバイアスから横並び行動がみられる場合もある．認識のバイアス，評価のバイアスに伴って起きるノイズトレーダーの似通った投資行動などは，その代表例として考えられるだろう[11]．

　株式市場は群集心理の渦巻く場所である．多くの人が売るような株式は価格が下がると考えられ，それを所有することを正当化することがむずかしくなる．逆に，多くの人が購入する株式は価格が上がると考えられ，それを所有することを正当化できる．なぜなら，将来もっと価格が上昇すれば，より高い価格でその株式を売却できるからだ．オランダのチューリップもイギリスの南海泡沫事件も，日本の土地バブルも，米国のネットバブルもすべて同じような群集心理が働いている．将来に予想がつかないような混乱状態のときほど，人は他人に追随する傾向が強いといえる．そんな馬鹿なことをするのは教養のない愚か者だけだと考えるのは大間違いである．かの偉大な物理学者ニュートンもバブルで大損をしているのである．第5章で触れる positive feedback トレーダーの行動は，他の人が購入したことにより株価が上昇した株式を購入するという意味で，横並び行動と考えることができるだろう．De Long ら(1991)では，合理的投資家の投資は，群集心理に基づくような非合理的投資家の投資行

---

[11]　Golec(1997)．

動を鎮めるのではなく，逆に群集心理的な投資をあおる結果になるかもしれないと述べている．このことは，非合理的横並び行動が簡単には沈静化しないことを示している．

4.2 選択における評価のバイアス

認識のバイアスは確率の推定における誤りだったが，これは選択肢の評価に関するバイアスである．典型的な例が選好の逆転と呼ばれている現象である．たとえば，90%の確率で4,000円(10%で0円)が支払われるギャンブルを選ぶか，10%の確率で4万円(90%で0円)が支払われるギャンブルを選ぶかと問われたとき，過半数の人が4,000円を選ぶ．その後で，それぞれのギャンブルを最低いくらで売りたいかとたずねると，過半数の人が10%で4万円のギャンブルに高い価格をつける．人間の評価の曖昧さ，非整合性を示す典型的な例といえるだろう．

4.2.1 曖昧性の回避 (ambiguity aversion)

認識のバイアスのところでは，それぞれの事象が起こる確率がわかっているときに，人々がどのように行動するかということに焦点をあててきた．しかし，一般にはそれらの確率はわかっていない．そのようなときに用いられるのがSavage(1964)による主観的期待効用という概念である．しかし，残念ながらこの主観的期待効用も心理学の実験結果によって否定されている．Ellsberg(1961)の実験結果を紹介しよう．

> 「皮袋のなかに50個の赤玉と50個の白球が入っている．一方，紙袋のなかにも赤玉と白球が入っているが，こちらはその数がわかっていないとする．いま，目をつぶって皮袋，あるいは，紙袋から1個玉を取り出してもらう．もし，取り出した玉が赤玉であれば10万円を手に入れることができるとしたら，どちらの袋からあなたは玉を取り出すだろうか．それではつぎに，赤玉ではなく白球が出たときに10万円がもらえるとしたら，その場合にはどちらの袋から取り出すだろうか？」

いずれの場合にも多くの人が，紙袋ではなく皮袋から玉を取り出すことを選

ぶことが知られている．しかし，これは主観的期待効用と相いれない行動である．なぜなら，最初に皮袋と答えたということは，紙袋に入っている赤玉の割合は50％以下ということを示している．しかし，つぎの質問で，白球が50％以上入っている紙袋より50％しか入っていない皮袋を選ぶという行動は明らかに矛盾している．

　この実験が意味することは，人々は客観的確率の方が主観的確率よりも好ましいと思っているということである．すなわち，生起する確率がはっきりしない不確実性を人々は好まないということである．これで，不確実性にも2種類あることがわかるだろう．事前に起きる確率がわかっている場合と起きる確率がわからない場合である．もっとも現実の世界では，後者の場合が圧倒的に多いのであるが．この曖昧さに対する回避傾向は，どのような場合により強く現れるのだろうか．人々がその事象の生起確率を推定する自分の知識，能力に対して自信がないときにより強く現れるといわれている．競馬に賭けるか，コイン投げに賭けるかといった場合，競馬に関心もなく，知識もない人は，コイン投げに，競馬に興味のある人は競馬に賭けることになる．また，自分より知識や能力がある人と比較するとき，自分の見通しに対する確信は弱くなり，曖昧性に対する回避行動が起がちであることが知られている．

4.2.2　フレーム効果（framing）

　フレーム効果とは，問題の出され方によって人の意思決定が変わることをいう．同じ事象でも見方を変えれば，答が変わるという類のことである．配当政策を例にとって考えてみよう．配当とキャピタルゲインとは投資家にとって全く違う収入である．伝統的ファイナンスでは，完全資本市場を仮定したとき，配当を下げればその分だけキャピタルゲインが増えるので，投資家は配当政策に関して中立だと考えるが，現実の世界では人々はそのように考えない．配当というフレームとキャピタルゲインというフレームは異なるのである．配当はほぼ確実に手に入る収入であるが，キャピタルゲインはそうではないと考える．また，配当が少ないからといって元本である株式の一部を売却することは，元本を崩すということになり，全体の取り分に変更がなくても，元本の減少は投資家にとってマイナスのイメージとして受け取られる．このように，見方を変えると同じ収入でも異なってみえるのは，人間の心のなかでいくつかの勘定

項目があって，それぞれが別々に評価されるからである．それを心の会計と呼んでいる．

a. 心の会計（mental accounting）

心の会計という概念は伝統的ファイナンスとは真っ向から対立する．伝統的ファイナンスでは，富，お金は代替可能であると考えているからだ．ギャンブルでもうけた金も，給料の金も，税金の還付金も，どの金を使っても同じようにモスバーガーを買うことができる．お金に色はないのである．どのような形でお金を手に入れようと，使うときには同じ価値だと考えられるので，使い方には違いがないはずであるというのが伝統的ファイナンスの考え方だ．ところが，実際の我々の生活をみるとどうだろうか．我々は，お金の手に入れ方によって使い方を変えているのである．有益な面をいえば，これはお金に関して自己管理ができない我々の究極の対応策と考えられる．

子どもの教育のために片方で貯金をしながら，車や家を購入するためにローンを組んだりすることはよくある話である．ローンを組んだときの利息は，貯金から得られる利息より高く，ネットでは損をしていることになるのに，なぜ，教育資金を取り崩してローンの返済にあてないのか．一見，非合理的にみえるこの行動も，人間が持つ意思の力の弱さ（bounded will power）を考えれば説明できるだろう．教育資金の取り崩しによる消費拡大が，家庭の財政状況を破綻させないように，心の会計によってコントロールしているのである．おかげで新しい家が手に入り，子どもも教育を受けられることになる．

稼いだお金ともらったお金では価値が違うことも確かだ．昼間の大学生が講義中に居眠りをしたり，講義をよくさぼるのは，授業料を親が払っているからであり，夜間の社会人学生が真面目で真剣なのは，他の要因ももちろんあるだろうが，自分で稼いだお金を授業料として払っていることが高いモチベーションにつながっているといえないだろうか．同様に，ひろいもののお金（税金の還付金やギャンブルのもうけ）と仕事で稼いだお金は，同じ金額でも人間にとって価値が異なるのである．

ⅰ）House money 効果

競馬に出かけた人が，最初のレースで5万円もうけたとしよう．つぎのレースで2万円負けたときに，3万円もうかっていると思うのか，それとも2万円

損をしたと思うのだろうか．これはつぎの意思決定において重大な問題である．多くの場合，ギャンブルでもうけたお金はあぶく銭，臨時収入だからと気が大きくなるのが常である．これを house money 効果と呼んでいる．臨時収入という勘定項目に入ったお金は無節操に使っても罪悪感がない．最近，麻雀で勝った，競馬で大穴をあてた，宝くじにあたった，ロトがあたったなど，もうかって気分のいいときには，人はリスクをとりやすくなる．また，合理的選択理論では，過去の成績は現在の意思決定に影響を与えないはずだが，現実の我々の行動はそれに大きく影響される．競馬で負けている人が最終レースで，その日の勝ち負けをゼロにするために (break even)，今日の負け分を全部賭けて，大勝負するのも1日の心の会計を満たすためである．これは break even 効果と呼ばれている．

ⅱ) ニューヨークのタクシー

Camerer ら (1997) の研究によれば，ニューヨークのタクシー運転手の行動は心の会計で説明できる．タクシーの運転手は，毎日一定額のレンタル料を払って12時間タクシーを借りている．彼らは毎日，何時間タクシーに乗るかを決めなくてはいけない．合理的な運転手であれば，雨の日でタクシーの需要が大きいときに，なるべく多く働いて稼ぎ，晴れのときには客もあまりいないので，早く仕事を終えようと考えるであろう．しかし，実際の行動は全くその反対だった．多くの運転手はある一定の収入を得るまで，すなわち，一日のレンタル料をカバーするまでは，客が少ない日でも仕事をやめることはなかった．逆に客が多い雨の日でも，一定の収入を得られれば仕事をやめてしまうことが多かった．この行動は収入を最大にしようとする合理的戦略に反しているが，毎日かならず帳尻を合わせておくという点では意味のある行動といえる．タクシー運転手には，自分の心の会計があって，毎日あらかじめ決めておいた利益に到達すれば仕事を終えてしまうのである．

b. 埋没費用

ファイナンスの教科書で述べられているように，すでに支払ってしまった費用，埋没費用は将来の意思決定に関係してはいけない．ところが，我々は日常生活でよくこの誤りを犯す．

サッカーの試合のチケットを持っているとしよう．チケットは5,000円とし

て，試合の日に朝から雨が降り出してしまった．悪天候のなかでの観戦はあまり楽しくない．さて，このチケットを自分で購入していた場合と，友人からもらっていた場合とでは，意思決定に違いが生じるだろうか．熱烈なサッカーファンは別として，もらったチケットであれば雨なら仕方ないかと行くのをやめてしまう人もいるだろう．過去に支払った5,000円はこれからの行動とは何の関係ないはずであるが，我々はこのような意思決定をよく行う．5,000円の代償なしには心の会計を閉じることはできないのである．この問題を時間の長さで考えてみると，5,000円を支払ったのが昨日の場合と1年前の場合とでは意思決定が異なることがある．昨日購入した場合の方が，キャンセルの痛みが大きく，出かける確率が高くなるのである．埋没費用のマイナスの効果は時間とともに減少していくようである．

　筆者が，2002年冬季オリンピックの開催されたソルト・レーク・シティに住んでいたとき，スキー場のシーズンパスを9月に購入したことがある．シーズンまで何が起きるかわからないので，シーズンまでまだ時間がある9月は，シーズンパスの価格は安く，1日券10回分ぐらいで購入できた．さて，シーズンが始まると，すでにお金は支払ってしまっているにもかかわらず，10回以上そのスキー場に行くまでは気持ちが落ち着かないのである．知らず知らずのうちに，1日券の購入とくらべて，シーズンパスを購入した自分の行動を正当化したいと考えていたのである．

　埋没費用の錯覚は，我々が日常的に犯す誤りである．政府が予算を策定するときに，前年の実績に基づいて行っていないだろうか．諫早湾を含めた各種干拓工事，日本中のいたるところで行われているダム建設工事，道路公団による高速道路建設などはその好例だろう．ここで政治家，官僚は，進めたいと思っている計画の初期段階でできるだけ多くの資金をつぎ込ませ，埋没費用の錯覚を利用して工事は今更中止できないと主張する．すなわち，今やめたらこれまでこれらの工事につぎ込んできた数百億円がむだになってしまうと埋没費用を強調し，追加工事を認めさせようとするのである．本当は，これまでにつぎ込んだお金はどのようにしてももどってこない．大切なことは，これからのキャッシュフローがどうなるかということであるが，我々はこのような考え方が大変苦手である．おかげで，ファイナンスの教授は職を失わないでいるのかもしれない．

━━━選択の理由を求めて━━━

　米国の大学でのお話．期末試験の後の冬休みに学生のハワイ旅行が計画された．しかし，もし試験に落ちれば，休み明けに追試を受けなければいけない．さて，5,000円を払えば，試験の結果がわかるまで旅行のキャンセルを受け付けてもらえるというので，大半の学生が，キャンセルオプションを5,000円で購入した．これは試験結果次第で旅行をやめると考えればもっともな意思決定である．しかしながら，試験に失敗した学生も合格した学生も，その過半数はハワイへの旅行を選んだのである．ここでのポイントは，旅行に行く理由の存在（自分の行動を正当化する理由）である．合格した学生は，よく勉強して合格したことに対するご褒美として，不合格の学生は，気分転換をしてからもう一度勉強をしようということで，どちらも立派な理由があることから，学生の多くがハワイに出かけたのである．多くの学生が購入したキャンセルオプションは，どういう意味があったのだろうか．

4.2.3 損失回避（loss aversion）と後悔回避（regret aversion）

　多くの実験心理学における研究が，損と得の非対称性を報告している．すなわち，人間は利益よりも損失に対して敏感に反応する．1万円から得られる喜びの大きさは，1万円を失うことから得られる悲しみほどには大きくないのである．このことから，人々は不確実性というよりは，損失そのものを嫌っていると考えることができる．この現象は損失回避と呼ばれている．この損失回避にはいろいろな形がある．一つは，所有効果（endowment effect あるいは，status quo effect）と呼ばれているものである．人は現在所有しているものにより多くの価値を見出すのである．たとえば，ある有名なゴルフ場の会員権を持っているとしたら，2,000万円で売却したいと考え，購入するのであれば1,000万円支払う用意があると考えているなどは所有効果の典型例であろう．持っている場合と，持っていない場合とでは，同じ資産に対する評価が異なるのである．所有権そのものに価値があり，売却することによって損をしたと感じたくないのである．

　この所有効果は，投資にどのような影響を与えるだろうか．Samuelson・Zeckhauser(1988)はつぎのような質問を学生に行っている．いま，遺産として多額の財産を相続したとしよう．その相続した金をどのように投資するだろうか．非常にリスクの高い証券に投資されたポートフォリオを相続した場合

も，米国の国債を相続した場合も，多数の学生は現状維持を選択した．リスクの高い証券への投資と米国国債への投資では，リスクの度合いが大きく異なるにもかかわらず，どちらも現状維持を選択したのである．

　現状維持を好むというこの行動は，自分の失敗を認めたくないという心理（後悔回避）と深く関係している．これは，人々に重要な決断を先延ばしさせる．あるいは，マイナスの新情報に耳をふさぐのである．同じ損をしても，税金の取り立てであるとか，強盗にはいられるとかといった自分がコントロールできない損失の場合には，損失からうける悲しみはあまり強くない．人間が深く傷つくのは，自分自身の決断によって失敗したときである．投資の世界では，損切りができれば相場では100戦100勝できるとまでいわれている．しかし，現実に損を出したときに売り切るのはむずかしい．売った翌日に価格が急上昇したらどうしようと思ってしまうからだ．株価が急落して，自分のポートフォリオが損失を被っているとき，ファンドマネジャーは自分のポジションを整理できない．大底で売る恐怖，間違った選択をしてしまったことによる後悔が，株式の売りを抑制させてしまうのである．一方，株価が上昇した場合はどうであろう．ファンドマネジャーは価格が上昇した銘柄を売り，利益を確定したがるだろう．なぜなら，ここでの利益は本人の銘柄選択能力によるものであり，パフォーマンスが観察されている場合には，それが正しい決断の証拠となり，自分自身を納得させる効果が強く働くことになる．後悔回避の裏側にあるプライド効果とでも呼ぶ現象である．そこで，このような後悔をなるべくしないように，上がった株式は即座に売って自分の能力を確認し，下がった株式は持ち続けることによって後悔を避ける．Shefrin・Statman(1985)は，これを処分効果（disposition effect）と呼んでいる．同じような効果は，実際に行動を起こさなかった場合にも生じる．他人に薦めた株式が値上がりしたとき，実際自分では何もしていないのに，なぜ自分も買わなかったのかという後悔の気持ちが頭をもたげる．また，逆に売却を薦められた保有株式が値下がりしてしまったときにも，同じような後悔の気持ちが心の中で膨れ上がる．誰もが失敗はしたくないのである[*12]．

―――― 金額のマジック ――――

　家を購入するときに20万円安くしてもらってもさしてうれしくないが，車を購入するときに20万円安くしてもらえばもうかった気がする．さらに，家電製品を購入するときは，2万円安くなるかどうかが問題になる．このことは，車を購入するときに，カーステレオを同時に取り付ける方が気持ちの上でははるかに簡単であることを示している．同様に，新しい家を購入したときに新しいテレビを買うことはできても，今の古い家に新しいテレビを買う気にはなれない．新車を買ったときに，ついついいろいろなオプションをつけてしまった経験は誰にもあるだろう．

4.3　プロスペクト理論

　Kahneman・Tversky(1979)は，期待効用に基づく選択の矛盾を数多くの実験結果によって指摘したうえで，期待効用理論に代わる理論として，プロスペクト理論を提案した．プロスペクト理論では，つぎに示すようなバイアスに注目している．一つは，確実性効果と呼ばれており，フランスの経済学者Maurice Allais(1953)によって最初に紹介された．簡単な例で示そう．
　「つぎの二つのうちのどちらを選ぶだろうか？
　　① A：80％の確率で4,000円，　B：100％の確率で3,000円
　　② C：20％の確率で4,000円，　D：25％の確率で3,000円
　　③ E：45％の確率で6,000円，　F：90％の確率で3,000円
　　④ G：0.1％の確率で6,000円，　H：0.2％の確率で3,000円」
　一つ目の質問に対して多くの人がBと答え，二つ目の質問に対してはCと答える．この違いは統計的にも1％の水準で有意であった．これは，明らかに期待効用理論が予想する選択に反している．0円のときは効用がゼロ（$U(0) = 0$）と考えて，期待効用理論に従えば，一つ目の質問に対する答の意味する関係は，$U(3,000) > 0.8 U(4,000)$であり，二つ目の質問に対する答の意味する関係

[*12)] 配当政策でよく話題になる自家製配当についても同じことがいえる．配当政策は株主にとってどうでもいいことだ．なぜなら，投資家は株式の一部を売却することにより自分自身で配当を作り出すことができるというのが，Miller・Modigliani(1961)の議論だった．この自家製配当であるが，株式の一部を売却して配当を作った直後に株価が暴騰したら，きっと売却したことをその人は悔やむであろう．

は，0.2U(4,000)＞0.25U(3,000)となる．これは，一つ目の結果とは正反対の選択になっている．同じように③と④を比較してみると，③ではFが，④ではGが多数の人に選ばれる．この例から人々の選択は明らかに期待効用理論と矛盾することがわかる．この矛盾はどこからくるかといえば，①と②は，確率が100%から25%に落ちる方が，80%から20%に落ちるより満足度に対する影響が大きいことを示している．別の言葉でいえば，ほぼ確実な収益に対しては，実際の確率よりも低い確率を考えがちであるとみることもできる．これを確実性効果と呼んでいる．③，④からは，確率が極端に低い収益に関して，その生起確率を実際よりも高い確率として考えがちであることがわかる．

以上の例は，プラスの収益についての考察だったが，損失についてはどうだろうか．人は選択において，損失回避の傾向があることを前章で述べた．損失が大きくなるとそれを取りもどそうと，無謀な賭けに出る傾向がある．すなわち，もうかっているところではリスク回避的だが，損失を被るとそれを取りもどそうとリスク愛好的になってしまう．損をしたか得をしたかによって行動が正反対になることから，反射効果とも呼ばれている．このような行動は，期待効用理論で扱う凹型の効用関数ではうまく記述できない．収益の領域では，リスク回避的な確実性効果が強く現れるが，損失の領域では，不確実なものを好むようになる[*13]．

損得についての問題を一歩進めると，何を基準に損得を判断するかの問題になる．これは，簡単なようで結構むずかしい．心の会計でも触れたように，人間は自分にとって都合のいいように基準となっている数値を変更して，自分の行動を正当化しがちだからである．購入時より50%値上がりしている株式を保有している人が，その株式を売却できない理由は，その株式の価格が一時期，購入価格の2倍になったことがあるので，そのときにくらべると損をした感じがするからかもしれない．この場合，損得を考える基準価格は，いつの間にか直近における最高値になってしまっている．金銭以外でもこのような現象は日常よくみられる．猛暑の中，1日だけ最高気温が30度の日があれば，涼しい一日だったというだろうし，ゴールデンウィークの時期に，気温が30度を超

[*13] このような人間行動の特性に対して，最初に損得に基づく効用を定義したのがノーベル賞を受賞したMarkowitz(1952)である．

4.3 プロスペクト理論

えれば暑い一日になる．基準をどこにとるかによって同じ温度でも表現が正反対になってしまう．

上述した人間行動のバイアスを考慮して提案されたのがプロスペクト理論である．プロスペクト理論では，確率 p で $x(\neq 0)$ が得られ，確率 q で $y(\neq 0)$ が得られるようなギャンブル $(x, p ; y, q)$ を考えるとき，人々はそのギャンブルの価値をつぎのように考え，その価値を最大にするように行動する[*14]．外見的には期待効用理論の式に似ているが，中身は大きく異なる．

$$価値 = \pi(p)v(x) + \pi(q)v(y)$$

ここで，$\pi(p)$ は確率 p に対するウエイトと呼ばれ，必ずしも p とは同じにならないし，$\pi(p) + \pi(1-p)$ は 1 に等しくなるわけではない．図 4.1 をみてみよう．確率と意思決定に対するウエイトとの関係が表されている．ウエイト関数は非線形であり，低い確率は過大評価され（$\pi(p) > p$），中程度から高い確率は過小評価（$\pi(p) < p$）されるように作られている．これは，確実性効果を含めた確率のバイアスを反映させたものであり，認識の度合いを測る尺度といってよい．

一方，価値関数 $v(x)$ は図 4.2 のようになり，価値関数そのものは伝統的ファイナンスの効用関数に対応しているが，横軸にもうけと損失を，縦軸に価値をおいており，その形状も伝統的ファイナンスの効用関数とは異なっている．損得ゼロの点は参照基準点（reference point）と呼ばれ，反射効果を考慮してその点で価値関数がねじれているのがわかる．また，この参照基準点は，時間とともに変化していく可能性がある．もし現在の株価が，購入時よりも高いとすれば，売却して利益を手にすることができるわけだが，もう少し待つという決断をした結果，株価が購入時の株価を下回ったとき，売る決断を延期した時点の高い株価が参照基準点にならず，購入時の株価が参照基準点となることが多い．人は自分の失敗を認めないように，自分に都合のいい参照基準点を選ぶ傾向にあるからだ．このように，自分にとって最も満足度を高めるように心の会計を操作することを hedonic framing と呼んでいる．

異なるギャンブルを比較するときには，この価値関数が示す価値の大小によって選択が行われる．この関数には，二つの特徴がある．一つは，効用が最終的な富ではなくて損得で表されていることである．この公式化は現実の我々の

[*14] 確率 $(1-p-q)$ で，何も手に入らないギャンブルと考える．この場合 $v(0) = 0$ である．

4. 心理学からのアプローチ

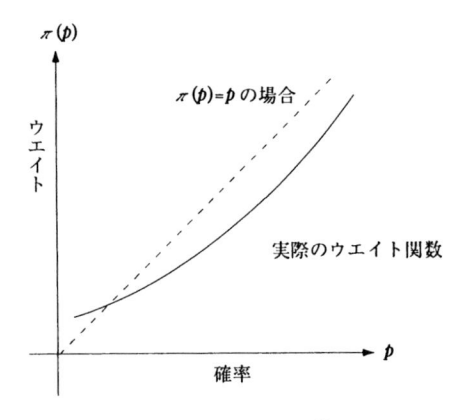

図4.1 ウエイト関数

ギャンブルに対する態度をうまく表しているし，我々の日常生活でも温度差，音量，明るさなど絶対的な数字ではなく，比較で物事を考えているのが常である．簡単な例を示すことにしよう．

■ **期末の富ではなく損得**

所持金のいかんにかかわらず，期の初めに選択1では100万円が与えられ，選択2では200万円が与えられる．どちらも最終的に期待される富は150万円となるにもかかわらず，選択1で確実なBを選ぶ人が，選択2ではギャンブルであるCを選ぶという損失回避行動に出るのである．

選択1

A = (100, 0.5)　　50%の確率で100万円がもらえる
B = (50, 1)　　　 100%の確率で50万円がもらえる

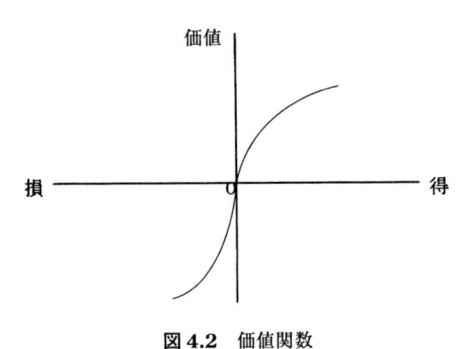

図4.2 価値関数

選択 2
C = (−100, 0.5)　　50%の確率で100万円を失う
D = (−50, 1)　　　100%の確率で50万円失う

　この例が示すところは，人々が問題とするのは自分の富の変化であり，期待効用理論が説くような期末の富のレベルではないということである．

　二つ目の大切な特徴は，価値関数 $v(x)$ の形である．100万円の得と200万円の得の間の違いと，1,100万円の得と1,200万円の得との間の違いは同じではない．同じ100万円の違いであるにもかかわらず，明らかに前者の方が違いが大きい．同じことが，損についてもいえる．このことは，損得の額が増えるにしたがって，効用関数の傾斜はなだらかになっていくことを示している．すなわち，得をしている領域においては効用関数は凹関数だが，損をしている領域では凸関数になる必要がある．このことは，価値関数が損益ゼロの点（参照基準点）でねじれていることを示している．このような関数は，得をするときはリスクを回避して確実な利益を望むリスク回避型の人間を，損をするときには，リスクをとって一発逆転をねらうというリスク愛好型の人間行動をうまく記述している．また，価値関数が損失を出すと急激に下がるのは，人は損失に対して回避的な側面を持っており，利益よりも損失に対して感応度が高いという性質を表している．

　Tversky・Kahneman(1992)では，二つ以上の事象が起きるギャンブルを考えて，プロスペクト理論の一般化を行っている．ここでの特徴は意思決定のウエイトを算出する際に用いる確率を累積で考えていることである．そのためにギャンブルのペイオフは，マイナスの一番大きなものから順にプラスの一番大きなものが最後にくるように並べられる．すなわち，$i > j$ のとき，ペイオフの大小は $x_i > x_j$ となる．この世界では以下の式に示すように人々はギャンブルの価値を決める．

$$価値 = \sum \pi_i v(x_i)$$

ただし，

$$v(x) \begin{cases} = x^\alpha & \text{if } x \geq 0 \\ = -\lambda(-x)^\beta & \text{if } x < 0 \end{cases}$$

意思決定のウエイト π_i はウエイト関数によって，つぎのように定義される．

$$\begin{cases} \pi_i^+ = w(P_i) - w(P_{i+1}), & x \geq 0 \\ \pi_i^- = w(P_i) - w(P_{i-1}), & x < 0 \end{cases}$$

ただしウエイト関数 w はつぎのように表現される．

$$\begin{cases} w^+(P) = P^\gamma / (P^\gamma + (1-P)^\gamma)^{1/\gamma}, & x \geq 0 \\ w^-(P) = P^\delta / (P^\delta + (1-P)^\delta)^{1/\delta}, & x < 0 \end{cases}$$

ここでギャンブルのペイオフがプラスのとき，P_i はギャンブルのペイオフが x_i よりも等しいかよい確率であり，ギャンブルのペイオフがマイナスの場合は，P_i はギャンブルのペイオフが x_i よりも等しいか悪い確率である．実験によってこれらのパラメーターを推定した結果は，$\alpha = \beta = 0.88$，$\lambda = 2.25$，$\gamma = 0.61$，$\delta = 0.69$ であった．ここで，λ は損失回避の係数で，損得に対する感応度を表している．

5

ファイナンスへの適用

　行動ファイナンスモデルは，現実の世界にあわせた記述的モデルであるがゆえに，前章で紹介した人間の犯すさまざまなバイアスを，どのようにモデル化するかがポイントになる．そこで，第3章で説明したように，伝統的ファイナンスのフレームワークでは説明できないアノマリーと呼ばれる事象に焦点をあてて，それらを説明できるようなモデルの提案が行われてきた．本章では株式収益率の予測可能性，経営者行動，投資家行動について，行動ファイナンスからのアプローチを理論，実証の両面から概観する．

5.1 株式収益率の予測可能性

　第3章で述べたように，株価の動きにはある種のパターンが存在しているようである．企業規模，会計指標，決算情報，過去のパフォーマンスなどの属性で株式を分類すると，リスクに見合った以上の高い収益を得ることができることを多くの研究が報告している．このようなアノマリーに対する見解は大きく二つに分かれる．一つは，未確認リスクファクターの存在であり，いま一つは市場の非効率性である．リスクは合理的選択モデルの一つ，CAPMで調整されていることから，モデルに問題があるという立場をとる研究者は多い．Fama・Frenchはその代表格であろう．彼らは，株式収益率の予測可能性に関していくつかの論文を発表し，そのなかで，CAPMには問題があることを認め，代替モデルとしてつぎのような3ファクターモデルを提案している．

a. 3ファクターモデル

　3ファクターモデルは，線形のリターン生成過程を仮定した(5.1)式に示すようなマルチファクターモデルである．

$$R_{i,t} - R_{f,t} = \alpha_i + \beta_{i,\text{HML}}(R_{\text{HML},t}) + \beta_{i,\text{SMB}}(R_{\text{SMB},t}) + \beta_{i,\text{Mkt}}(R_{\text{Mkt},t}) + \varepsilon_{i,t} \qquad (5.1)$$

ただし，

$R_{i,t}$：i 番目の株式のリターン
$R_{\text{HML},t}$：HML ファクターポートフォリオのリターン
$R_{\text{SMB},t}$：SMB ファクターポートフォリオのリターン
$R_{\text{Mkt},t}$：Mkt ファクターポートフォリオのリターン
$R_{f,t}$：無危険利子率
$\beta_{i,j}$：ファクターローディング（リスク感応度）
HML：バリュー株を買いグロース株を売る投資額ゼロのポートフォリオ
SMB：小型株を買い大型株を売る投資額ゼロのポートフォリオ
Mkt：無危険資産を売り市場ポートフォリオを買う投資額ゼロのポートフォリオ

　三つのファクターポートフォリオのリターンは，市場ポートフォリオのリターンと無危険利子率との差，大規模ポートフォリオと小規模ポートフォリオのリターンの差，高簿価/時価比率ポートフォリオと低簿価/時価比率ポートフォリオのリターンの差をとっている．最初のファクターは，CAPM の世界を考えればいいだろう．二つ目のファクターは，企業規模による収益の違いをリスクと考えている．三つ目は，簿価/時価比率の高い企業と低い企業の収益の違いをリスクとしてとらえている．二つ目と三つ目のファクターについては，さして強い理論的根拠があるわけではない．このモデルの発想自体が，株式市場のアノマリーである規模効果とバリュー株効果を説明したいというところから出発しており，CAPM のように合理的選択理論に基づいた期待効用最大化によって導出されたわけではない．それゆえに3ファクターモデルはアドホックな印象が否めない．

　Fama・French は，この3ファクターモデルを用いて，これまで報告されているアノマリーについていくつかの検証を行っている．結果は，このモデルに対する寄与率（R^2）は 90% と高く，短期，中期のモメンタムを除くと，株式市場の予測可能性に関するアノマリーはほとんど説明できると結んでいる[1]．彼らのモデルが，規模効果やバリュー株効果をある程度説明できるのは，それ

---

[1] それゆえに最近の実証研究では，モメンタムを含めた4ファクターモデルを使ったリスク調整が増えてきている．

ほど驚くにあたらない．彼らも認めているように，彼らのモデルにしたがって投資家が価格を決めているような経済の構造，それに投資家の選好が何であるかを，十分に説明できたときに，彼らの結果は大きな意味を持つといえるだろう．

b. 属性モデル (characteristic model)

Fama・Frenchの3ファクターモデルに異議を唱えたのが，Daniel・Titman(1997)である．彼らは，小型株やバリュー株のパフォーマンスがよいのは，投資家が何らかの理由でそれらの株式を好むからであって，リスクが高いからではないと考えた．3ファクターモデルのようなリスクプレミアムではなく，投資家の認知バイアスが生んだ効果と考えたのである．Fama・Frenchの検証方法では，この二つが区別できない．そこで彼らは，簿価/時価比率と規模によって分類した後で，3ファクターモデルのベータで分類するという2回分類法を用いて検証を行っている．この方法によって，同じ簿価/時価比率のグループで，簿価/時価比率に対するベータが異なる株式間に，収益率では差がないことを示した．この結果は，簿価/時価比率がリスクではなく，単なる投資家の嗜好といったものにすぎないことと整合的である．この問題に関しては，Davis・Fama・French(2000)が，米国の古い株式データを利用して，Daniel・Titman(1997)と同じ手法で外挿テストを行っている．結果は，三つのファクターはリスクファクターと考えられ，3ファクターモデルと整合的であると報告している．一方，Daniel・Titman・Wei(2001)は，日本のデータを利用して同様の検証を行い，属性モデルを支持する報告を行っている．外挿テストによるいずれの結果も，Daniel・Titman(1997)の結果ほど強いものではなく，この問題に関して結論は出ていない．

米国のデータを利用した研究に関する限り，以上述べた二つのモデル，3ファクターモデル，ならびに，属性モデルは，短期，中期のモメンタムに対して説明力を持っていない．国際的にも，日本を除くと多くの国でモメンタムがみられることから，モメンタムに対する説明が求められるようになった．そこで，モメンタムを説明することを中心に据えて，第4章で述べた認識のバイアスに焦点をあてたモデルが，最近いくつか提案されてきている．投資家がなぜそのような非合理的行動をとるのか，保守主義，自信過剰，代表性といった認識の

バイアスに焦点をあてたモデルをいくつか紹介することにしよう．

c. 認識バイアスのモデル

Barberis・Shleifer・Vishny(1998)は，将来のキャッシュフローを推定する際に生じる投資家のシステマティックなバイアスの結果，いくつかのアノマリーがみられると主張している．彼らのここでの関心は，代表性と保守主義に基づくバイアスであり，彼らのモデルはこれら二つのバイアスを取り込んでいる．このモデルでは，実際の利益がランダムウォークしていることを仮定し，そのときに代表的なリスク中立的投資家が，利益はランダムウォークではなく，二つのレジームの一つによってひき起こされると考えていると仮定する．一つのレジームは，平均回帰であり，もう一つのレジームは，トレンドである．すなわち，利益の動きについてあるときは平均回帰すると考え，あるときはトレンドを持っていると考えてしまうのであるが，実際の利益はランダムウォークを仮定していることから資産価格が影響を受けるのである．どちらのレジームになるかは，外的要因によって決まり，投資家としてはいま利益がどちらのレジームによって動いているのかを，時系列で利益を観察することによって見極めることが重要になる．

投資家がよい利益情報を何回か受け取ったとすると，代表性の一つである小数の法則により，実際の利益はランダムウォークをしているにもかかわらず，この企業は成長性の高い企業であり，将来にもわたって高い成長が続くと考えてしまう．このトレンドのレジームにおいては，少ないサンプルから得られた情報に基づいて将来を予想してしまうので，投資家は新情報に対して過剰に反応したようにみえる．トレンドにより高いウエイトをおく代表性の効果が織り込まれているからだ．平均回帰のレジームにおいては，保守主義が組み込まれる．事前の認識にくらべて，新しい情報に対して人々の反応は遅い．たとえ好ましい利益情報が入ってきたとしても，対応は慎重でつぎの期にはこれは反転するのではないかと予想してしまう．結果として，投資家は新情報に対して過小に反応しているようにみえる．

利益がランダムウォークするときに，このような二つのレジームが動いていると投資家が考えている市場では，投資家が考えているレジームが資産価格に影響を与える．トレンドのレジームでは過剰反応がみられ，平均回帰のレジー

ムでは過小反応がみられる．平均回帰のレジームを信じている投資家が，予想外の利益情報を受け取ったとき，次の期にはそれが反転するだろうと考える．しかし，実際の利益はランダムウォークであるので，投資家は平均すると次期の利益情報に対して思ったよりよかったということでプラスに反応するだろう．結果は，モメンタムを生み出す可能性が高い．しかし，数回にわたって利益情報が好ましい場合，最初の保守主義を改めるだけでなく，この傾向がこのままずっと続くと予想するようになる．トレンドレジームに変わったと考えるのである．その場合には，現在の利益情報に基づくより以上に，株価を高く評価してしまうだろう．しかし，実際の利益はランダムウォークであり，投資家は平均すると失望することになり，結果として長期のリバーサルを生み出すことになる．このモデルは，短中期のモメンタム，長期のリバーサルを説明するには好都合である．

Daniel・Hirshleifer・Subrahmanyam(1998)では，投資家の自信過剰をとりあげている．投資家は私的情報に対して過信するあまり，新しい公的情報に対して反応しなくなってしまう．結果として，公的情報が正しかった場合にも修正に時間がかかることが，モメンタムなどのアノマリーを生んでいると考えた．株価はこのような投資家の行動に影響されて，ファンダメンタルズを反映しないことが多い．私的情報が好ましいものであれば，株価を必要以上に押し上げるし，好ましくないものであれば，必要以上に押し下げることになるであろう．さらに，自己起因バイアスと呼ばれているバイアスによって，投資家は自分にとって都合のいい公的情報には過度に反応するが，自分の確信に反するような情報に対してはあまり反応しないと考える．情報が一時的に過大に評価されたり，情報が価格に反映されるのが遅れるというこのモデルはモメンタムやリバーサルををうまく説明することができる．

モメンタムやリバーサルは，投資家が行うトレンドに基づく投資戦略と関係が深いかもしれない．テクニカル分析に基づいて，直近に上昇した銘柄を購入する positive feedback 取引（順バリ）と呼ばれる戦略は，モメンタムと関係があるだろう．De Long ら(1990b) では，投資家の行う positive feedback 取引が，株価をファンダメンタルズから乖離させると主張してモデル化を行っている．positive feedback トレーダーは，過去のトレンドがそのまま将来も続くと考えて投資を行っている．この行動は，代表性の中の小数の法則によって説

明できるだろう．彼らのモデルでは，positive feedback トレーダーがいるような状況では，よい情報を受け取った合理的裁定投資家は彼らの行動を先読みして，ポジションを大きく増やす方向に動く．結果として，価格はファンダメンタルズから離れて高くなってしまう．positive feedback トレーダーが，そのような価格の上昇に呼応して，つぎの期に証券を大量に購入するので，価格はファンダメンタルズから乖離したままとなる．この場合，裁定取引者の存在は株価を一層不安定にさせている．彼らのモデルは，短期の正の自己相関，長期の負の自己相関を予想しており，米国の株式市場で見られる短期のモメンタム，長期のリバーサル現象と一致している．

Hong・Stein(1999)では，2種類の投資家を考えている．ニュースウォッチャーは，私的情報に基づいて予想を行い，モメンタムトレーダー[*2]は過去の株価の動きにのみ依存して予測を行う．また，ニュースウォッチャー同士は，お互いの情報を交換することができないとここでは考えているので，私的情報はゆっくりとしかニュースウォッチャー全体に行き渡らない．このゆっくりとした情報伝達がモメンタムを生むと考える[*3]．モメンタムトレーダーは，この効果をさらに増幅させる．株価の上昇（下降）を観察したモメンタムトレーダーは，私的情報が市場に反映され始めたと考える．そこで，この情報が行き渡る前に株式を購入（売却）しようとするだろう．結果として，このようなモメンタムトレーダーの投資行動は，モメンタムを増幅させると同時に，長期のリバーサルも生じさせる．なぜなら，モメンタムトレーダーは新しい情報がどこまで行き渡ったのかを判断できないので，価格がファンダメンタルズを反映した後でも，株式を購入（売却）し続けるであろう．結果として，株価が過剰反応をひき起こしてしまう．このようなモメンタムトレーダーの過剰反応が，後に修正されて株価のリバーサルを生むことになる．

以上述べたモデルは，認識のバイアスである自信過剰，代表性などに焦点をあてて，米国市場でみられる短期のモメンタム，長期のリバーサルを説明する

[*2] モメンタムトレーダーと positive feedback トレーダーは基本的に同じ投資家を指す．
[*3] Hong・Lim・Stein(2000)では，この見解を支持する証拠を示している．情報の伝達速度の遅れは，小企業，アナリストのカバーが少ない企業において強くみられるので，モメンタムはそれらの企業群では特に強くみられたと報告している．アナリストカバーの少ない企業のモメンタムに関しては，パフォーマンスが悪かった銘柄群が，つぎの期にもパフォーマンスが悪いという負のモメンタムが強く現れており，悪いニュースは，よいニュースにくらべて，市場における情報の浸透スピードに遅れがあることが報告されている．

ために提案された．つぎに，評価のバイアスに焦点をあてたモデルを紹介しよう．

d. 選択における評価のバイアスモデル

つぎに紹介する二つのモデルは，株式収益率の予測可能性ではなく、エクイティプレミアムパズルに対する説明を提供しようとしている。

Benartzi・Thaler(1995)は，プロスペクト理論から導出される効用関数，すなわち，損得を基本に効用が決まるモデルを使って，投資家の一期間における株式と安全資産へのポートフォリオ選択問題を扱っている．ここでは，損失回避という心の会計の問題をモデルのなかに織り込んでいるのが特徴である．特に，投資家の投資評価期間の長さに焦点をあてて分析している．投資評価期間が短くなればなるほど，危険資産価格の変動によって，損失を確認する回数がふえてしまう可能性は高い．結果として，損失回避の傾向が強い投資家にとっては危険資産より安全資産が魅力的になるというのが主張である．そこで，投資評価期間がどれくらいであれば，投資家にとって危険資産と安全資産に対する効用に違いがなくなるかを推定した結果，その長さは約1年であった．このことは，危険資産の期待リターン（プレミアム）が高くても，1年の投資評価期間を持っている投資家にとっては安全資産と同じ価値しかないことを示している．

このモデルでは，評価期間が短ければ短いほど，株式の高い変動に対して，高いリスクプレミアムを投資家は要求するようになる．このことは，高いエクイティプレミアムがあったとしても，投資家の損失回避の感情と頻繁な投資評価が，株式投資を躊躇させることになるとBenartziらは述べている．このような行動を近視眼的損失回避（myopic loss aversion）と彼らは呼んで，エクイティプレミアムパズルを生み出している要因と考えた．つぎに紹介する論文は，Benartzi・Thaler(1995)の考え方を踏襲して，ダイナミックなフレームワークでこの問題に取り組んでいる．

Barberis・Huang・Santos(2001)は，プロスペクト理論，フレーム効果，損失回避行動をまとめることによって，株式市場全体のアノマリーであるエクイティプレミアムパズル，ボラティリティパズル，予測可能性を説明しようとした．従来の消費型モデルが，富のもたらす将来の消費から受ける効用のみに焦

点をあてたのに対し，このモデルでは消費だけでなく，保有する株式の価値の変化から受ける効用も考慮している．また，利益よりも損失に対して投資家は敏感であると仮定している．そういった意味でこのモデルは，プロスペクト理論に基づいていると考えることができる．そこで，どの程度損失を回避したいかは，直前に損をしたか得をしたかにかかっていると考える．これは，利益を上げた投資家はリスクに対し鈍感になり，損を出してしまった投資家はリスクに対してより敏感になるという house money 効果と呼ばれている現象のモデル化である．株価が上昇した後は，投資家のリスク許容度が高まり，逆に下降した後は，リスク許容度は小さくなる．

このようにリスク選好が時間とともに不確実に変化することは，配当にくらべてリターンのボラティリティを増加させる．すなわち，増配の情報は株価を押し上げるが，投資家のリスク許容度の高まりから，ディスカウントレートも低下して，株価はさらに一層高くなってしまう現象がみられるのである．減配の場合も同様の現象が起きて，結果的に株価は下がる．リスク許容度は配当情報次第で反転しがちであり，結果として配当利回りによる株式収益率の予測可能性をひき起こすというのが彼らの議論である．従来の消費型モデルの中に，プロスペクト理論，house money 効果の二つを取り込んだこのモデルは，エクイティプレミアムパズル，ボラティリティパズル，株式収益率の予測可能性といった株式市場に関するパズルをある程度まで説明することができると述べている．また，配当が消費との間に低い相関しかないことから，株式収益率と消費の成長率の間の低い相関も説明できる．さらに，安全利子率も低い状態で安定していることも，このフレームワークのなかでは説明可能である．

最後に，評価のバイアスに焦点をあてて，株式収益率の予測可能性に取り組んでいる研究を紹介しよう．Barberis・Huang(2001)では，Barberis・Huang・Santos(2001)の考え方を個別株式に適用し，長期のリバーサル，バリュー株効果など株価との比率に関するアノマリーを分析している．ここでは投資家の心の会計がひき起こすバイアスに関して二つの形態を考えている．個別株式勘定モデルでは，投資家は保有している個別株式の損得から得られる効用によって意思決定を行い，ポートフォリオ勘定モデルでは，保有する銘柄からなるポートフォリオの成績から得られる効用によって意思決定を行うと考える．損失回避行動を前提にすると，得をした場合には将来の損失に寛容になるためリスク

に対して鈍感になり，将来のキャッシュフローに対する割引率が小さくなりがちである．一方，損をした場合にはさらなる損失を嫌って極端にリスクに敏感になり，割引率を必要以上に高く見積もってしまう．たとえば，何期間にもわたってパフォーマンスが悪い株式を考えてみよう．投資家は保有株式の損得に敏感であるので，将来にさらなる損失が広がることに対して非常に敏感になってしまう．結果として，投資家はその株式を実際よりリスクが高いと考えて，将来のキャッシュフローを高めの割引率で割り引いてしまう．これが株価収益率（P/E）を必要以上に低めてしまい，つぎの期のリターンを高いものにしてしまう．すなわち，バリュー株のパフォーマンスのよさは，株価が下がったときに投資家が感じる痛みが強く，必要以上にその株式のリスクを高く見積もってしまうことが原因と考えられる．シミュレーションの結果は，個別株式勘定の世界では，株式のリターンがファンダメンタルズを反映したものより高くなり，変動も激しくなることが示された．時系列的には，リターンの予測可能性を，横断的には，バリュー株効果をひき起こすことが示された．これらの結果は，アノマリーと呼ばれている現象のいくつかをこのモデルが説明できることを示している．一方，ポートフォリオ勘定を考えたときには，収益率も変動も小さくなり，現状のアノマリーを説明できないことがわかった．

5.2 株価と経営者行動

5.2.1 株式発行

　企業がなぜ株式を公開するのかといえば，資金調達を容易に行うため，また，経営者を含めた出資者が，市場で株式を自由に売却できることがあげられる．この IPO において，初値は売り出し価格を大きく上回ることが多い．しかし，そのように高い価格がついた IPO だが，長期的にみると必ずしもパフォーマンスはよくない．また，IPO には季節性があり，株式市場が好況のときには，多数の企業が株式を公開するが，市場が沈滞すると公開企業が極端に減少する．IPO については，Ritter・Welch(2002)で詳しいサーベイを行っているので，詳細は彼らの論文に譲るとして，ここでは，初値が高いことと，長期のパフォーマンスが悪いことを中心に議論することにしよう．最初に日本での典型的な例を紹介しよう．

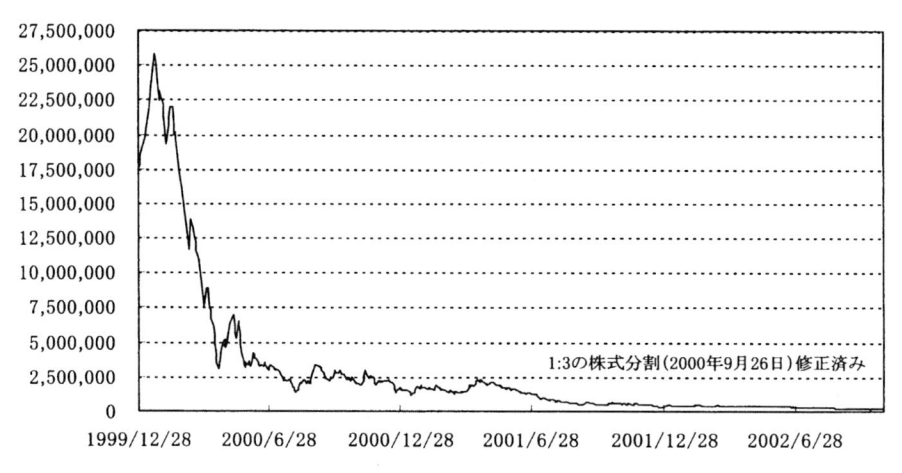

図 5.1 インターネット総合研究所の株価の動き

　1999年12月，インターネット総合研究所は，東京証券取引所マザースに上場を決めた．公募価格は1株1,300万円だったが，売り出し株数のわりに応募者が多く抽選になった．結局，取引初日の価格は買い注文だけで売り注文がないまま終了．翌日，3,000万円で上場初値をつけた．その後も株価は順調に上昇し，1月には一時，7,000万円の大台に乗った．インターネットバブルの最盛期の話である．その後のインターネット総合研究所の株価の動きは図5.1に示してあるように一貫して下げ続けている．インターネットバブルは崩壊し，平成14年9月現在の株価は17万円で，1対3の株式分割を考慮に入れても50万円程度の価値しかなく，2年前の高値に比べれば140分の1の資産価値となってしまった．IPOのアンダープライシングと長期のアンダーパフォーマンスの典型的な例であろう．

　Loughran・Ritter(2002)では，なぜ発行会社は，新規公開において低い価格で売り出すことに同意するのかという問題について検討を行っている．アンダープライシングは，発行を引き受けてくれる証券会社への間接的な手数料であると彼らは考えた．確かに，発行価格が低いと証券会社の直接手数料は低くなるが，一方で，新規公開株は割安になることから，投資家は割安な新規株を割り当ててもらおうと，証券会社に間接的な手数料を支払うかもしれない．それは，他の株式の購入であったり，売却であったりして証券会社の手数料収入を

5.2 株価と経営者行動

増加させるだろう．なぜ引受証券会社はこのような非効率的な方法で手数料を徴収するのだろうか．発行会社の立場からは，直接的に支払うコストは嫌だが，このような機会損失はあまり気にならないので，証券会社としては徴収しやすいことがあげられる．彼らは，プロスペクト理論を使ってこの現象を説明している．株価の上昇（ブックビルディング時の希望価格帯の平均にくらべて，公開初日の市場価格がどれだけ上昇したか）に伴う資産価値の上昇は，アンダープライシングに伴う機会損失を補ってあまりあると発行企業は考えるのである．

どのようなときに，このようなディスカウントが大きくなるのであろうか．実際，ほとんどのIPOでは，このような間接コストは大きくない．IPOがブームでないときには，発行企業はゆっくりと引受証券会社と交渉することができる．一方，IPOブームのときには交渉の時間はなく，通常より高い発行価格が望めるために，高いディスカウントを受け入れてもあまりある利益があると発行企業は考える．既存の株主の立場からいえば，ディスカウントでの発行は希薄効果によりコストは高くなるのであるが，市場価格が高いことから，自分自身の株主としての資産価値は大幅に上昇する．希薄効果による損失を補ってあまりある自分自身の資産価値の上昇によって，ディスカウントのことは忘れられてしまう．発行会社は，アンダープライシングによるこのような機会コストを認識しないので，引受証券会社は直接コストを請求した場合より，高い報酬を得ることができるのである．

それでは，発行企業は間接コストを支払わずに資産価値の上昇を目指すことはできるだろうか．多分，それはかなりむずかしいかもしれない．なぜなら，質の高い投資家をブックビルディングに参加させるためには，ある程度のアンダープライシングを容認する必要があるからだ．彼らは，強い交渉力をもっており，彼らの参加によって新規公開株の公開価格は妥当であるという保証が与えられる．彼らが参加を取りやめれば，一種の横並び現象が起きて，他の投資家も次々と参加を見合わせる可能性がある．結果として，応募者の応募株数が公開株数を下回ったり，もっと悪いことには，市場での取引価格が低迷することになってしまうかもしれない．このような新規公開の失敗は，ニュースとしてももちろんよくないし，将来の資金調達に悪い影響を与えることになるだろう．こう考えれば，アンダープライシングは，発行企業の合理的判断の結果と

もいえる．

　おもしろいことは，新規公開価格が市場の株価動向や発行企業の新情報とほとんど関係なく決まることである．ブックビルディング途中における株式市場の動向（公開日前15日間）は，公開価格の決定にプラスの影響を与えているがそれほど大きくはない．すなわち，新規公開価格は市場動向を十分に反映していないのである．もし十分な大きさの修正がなされていれば，アンダープライシングはそれほど大きくないであろう．アンダープライシングが，公開前15日間の株価動向と正の相関があることは，ダイナミックに市場の情報を吸収していることとは非整合的であり，IPOブーム仮説と整合的である．また，公開初日のリターンには時系列で強い正の自己相関があること，IPOの数も同様に正の自己相関があることを報告している．これらのことも，IPOブームが存在することを示している．

　IPOブームの背後にあるのは，情報の非対称性，あるいは，投資家のバイアスから生じる株価のミスプライシングを，冷静に判断できる合理的経営者の存在である．合理的経営者は，市場価格が割高になっていると判断したときに，新株を発行すると考えられる．新株発行による増資のアナウンスメント効果は，米国においてマイナスであり，この仮説と整合的である．一方，日本企業の株式発行増資に関しては，Cooney・Kato・Schallheim(2003)によって分析がなされ，プラスの株価効果が報告されている．米国と異なり，公募価格を応募期間の数日前に決定し，発表する日本の方式では，アンダーライターの引き受けリスクは大きい．アンダーライターである証券会社が公募価格で全株買い受けをすることは，発行企業の株価の妥当性を保証していることになると考えられる．このようなアンダーライターによる保証が，発表日の株価の上昇要因になっている．このことは，経営者が割高な市場価格を利用して発行を試みるというより，アンダーライターとしての証券会社の保証が市場で評価されていることを示している．ただ，90年代の半ば以降は，発表から応募までの期間が米国並みに短縮されたことから，アンダーライターのリスクは低くなり，証券会社の保証という効果はわずかなものになってしまった．結果としてアナウンスメント効果も米国のそれに似たものになってきたようである．

　IPOに限らず，公募増資（seasoned equity offering, SEO）においても，新株発行後の長期の株価パフォーマンスは低迷することが，日米ともに報告され

5.2 株価と経営者行動

ている．一方，自社株買いの場合には，市場価格が割安であるときに発表されることになり，その後の株式のパフォーマンスは良好となる．これも，米国だけでなく，日本の市場でも観察されることである．いずれのケースも，市場価格のミスプライシングを利用した経営者による裁定取引と考えることができるだろう．

このように，投資家のバイアス，あるいは，投資家の情報量の少なさからくる株価のミスプライシングが，企業経営者による証券の新規発行や株式の買いもどしに影響を与えているが，企業の投資決定には影響を及ぼしているのだろうか．株式による資金調達に依存している企業の合理的経営者が，非合理的投資家によるミスプライシングに直面したとき，投資決定との関係でいくつかの問題が生じる．一つは，そのような投資家が非常に悲観的なときであり，株価が必要以上低くなってしまい，調達コストが高くなりすぎてしまうことがあげられる．逆に，投資家が非常に楽観的であるときに，経営者が新規の投資を行わなければ，非合理的投資家は業績不振を懸念して，その企業の株式を売却することにより，株価を必要以上に押し下げるかもしれない．結果は，好ましくない乗っ取りの対象となる可能性がある．このような場合には，合理的経営者は，情報量の少ない，バイアスを持った投資家に彼らの判断を確信させるために，割高になっている株式による資金調達をした後，あまり意味のない新しい投資を行い，バイアスが長期に続くことを狙うかもしれない．さらに，企業価値最大化ではなく，企業規模最大化を考えるような経営者は，新たな資金が入れば新規の投資に走ってしまう可能性がある．

Blanchard・Rhee・Summers(1993)では，企業の投資行動と株価の関係を分析し，ファンダメンタルズから乖離した株価の動きは，将来の企業の投資行動をほとんど説明しないと報告している．バブルと呼ばれるような株価上昇後，投資は増えた形跡はないし，逆に，大きな下落があった後でも投資は冷え込んでいない．このことは，企業の投資活動が市場の動向にあまり影響されないことを示している．一方，日本のバブル期のデータを使ったChirinko・Schaller(2001)では，株式発行による資金調達が大幅に増加すると同時に，投資も非常に活発になったと報告している．

投資に関しては，異なる結果が出ているようだが，利益情報による市場誘導の傾向は，株式の発行時に特に顕著に現れている．利益操作によって，アナリ

ストは簡単にだまされてしまい，楽観的な利益予想をたてやすくなることが報告されている（Teoh・Wong(2002)）．結果として，株式発行時における利益操作は，長期の株価低迷をひき起こすことになる（Teohら(1998a,b)）．これは，投資家が，アナリスト情報の影響を受けた結果，利益操作に対して正確な判断ができなくなってしまうことを示している．経営者の利益操作とアナリストの資質に関しては，Enron 問題に端を発して，2001 年秋以降米国において大きな問題となった．アナリストも投資家も企業の会計情報を正確には評価できず，間違った行動をとってしまう原因としては，情報の非対称性もさることながら，自分の判断に対する自信過剰や，すべての情報ではなく，一部の情報に重点を置いた判断など，本書で解説した心理学的要因が考えられる．

5.2.2　M&A(企業の買収・合併)

これまでは投資家のバイアスについて述べてきたが，経営者にバイアスがある場合はどうであろうか．経営者を規律づけるストックオプションなどを導入したとしても，経営者自身が自分の判断にバイアスのあることに気がつかなければ，それらのメカニズムは機能しないだろう．Roll(1986)は，企業買収時における自信過剰な経営者行動を，傲慢仮説と名付けて説明している．ここでは，企業の買収において，買収企業が対象企業に対して支払う買収プレミアムが問題になる．買収側の経営者は自分自身の経営力，企業評価に自信過剰なために，買収にあたって高すぎる対価を対象企業に支払ってしまいがちだというのがこの仮説である．自信過剰な投資家が過剰な取引を行うように，自信過剰な経営者は，企業買収の市場で過剰な買収を行いがちである．結果として，このような経営者による企業買収は，買収企業に何の利益ももたらさないばかりか，損失をもたらしてしまうことが多い．米国における検証結果は，買収企業から対象企業への富の移転が起きていることを示している．日本においては，井上・加藤(2003)によって分析が行われている．日本においても同様の傾向がみられるが，米国のそれほど強くはなく，買収企業は平均すると損失を被ってはいない．考えられる理由として，日本において敵対的買収はまれであり，買収企業

[*4)] 敵対的買収には複数の企業が参加して競合する場合が多いので，買収価格の高騰を招き，買収には成功するが，買収価格は高くなりすぎてしまうケースが米国では多い．これを「勝者の呪い」と呼んでいる．

側が「勝者の呪い」に陥る可能性はほとんどないことがあげられる[*4]．

5.3 投資家行動

　投資家行動の分析は最近になって始まったばかりである．インターネット取引の普及によって取引コストが急速に下がるとともに，新しい情報を瞬時に取り入れることができるようになったおかげで，情報の非対称性が低くなり，より多くの個人投資家が株式市場で直接的に取引ができるようになった．ある意味でファイナンス理論の基本的仮定である完全資本市場に近づいたといえる．そのような世界では，分散投資はモダンポートフォリオ理論の教えるところだが，実際には投資家の多くが十分な分散投資を行っていないことが報告されている．よく知られているものにホームバイアスがある．

　French・Poterba(1991)は，米国，日本，イギリスにおいて，投資家の保有する株式のうち93％，98％，82％が国内の株式であると報告している．同様の現象が，フィンランドにおいてもみられている．Grinblatt・Keloharju(2001)による分析では，フィンランドの投資家は，地理的に近くの企業で，財務のレポートは母国語で書かれており，経営者は同じ文化圏の出身の企業の株式を保有する傾向が強いことが報告されている．また，従業員持株会で自社株を保有する投資家が非常に多いことは，明らかに分散投資の考え方に反している．

　このことも，行動ファイナンスにおける不確実性への回避と考えれば説明がつく．人間は，自分の慣れ親しんでいることに対しては，それ自体が全く情報としての価値がないとしても安心感を抱くことによって価値を見出すのである．外国株も他社の株も投資家にとっては未知の領域である．そんなわけで，外国株や他社の株は，自国の株式，自社株に比べて，明らかにリスクが高いと考えてしまうのである．

　自信過剰は過剰な取引を生み出す．将来に対する異なる見方が取引を活発にするのだが，そのときに影響を与えているのが，投資家の自信過剰である．自信過剰な投資家は，将来に対する見通しについて過剰な自信を持っているので，自分の投資行動についてリスクは低いと感じている．個人投資家について分析を行ったBarber・Odean(2000)によれば，平均のリターンはベンチマークよりも低く，取引量は非常に大きいことがわかっている．悪いパフォーマン

スは，頻繁な取引からくる取引コストもあるが，銘柄選択の悪さにもよっている．Odean(1999)は，これらの投資家が売却した銘柄の方が，購入した銘柄よりもつぎの1年間のパフォーマンスが上回っていることを報告している．購入銘柄は過去2年間の価格が売却銘柄のそれより上昇しており，損を出した銘柄よりもうかった銘柄，特に，直近の数週間が価格の上がった銘柄を売却している．このことは，損失の実現を先送りする処分効果と呼ばれる損失回避行動と整合的である．利益が上がった株式を売却し，損失のある株式を保有し続けるのは，プロスペクト理論の価値関数が利益（損失）の領域で凹関数（凸関数）であることからも説明できる．

このような投資家行動は，株式市場だけに限ってみられるものではない．Genesove・Mayer(2001)は，住宅市場にも同じ効果がみられることを報告している．

評価損をしているコンドミニアムの所有者は，自分の購入価格より25〜30%高い売値を設定することがわかった．結果として，売却までの時間は長くかかり，取引コストは高くなってしまう．そしてこの傾向は，投資目的で購入した人より，コンドミニアムに実際住んでいる人の方が強い．この行動は，所有している物に対してより高い価値を見出してしまう所有効果と整合的である．

自信過剰が投資行動に及ぼす影響について，Barber・Odean(2001)は，株式投資における取引回数が，性別や婚姻の有無とどのような関係にあるかについても分析を行っている．彼らの研究によると，性別でみると男性の方が取引頻度は多く，そのなかでも独身男性が最も頻繁に取引を行っていることがわかった．この結果はつぎの二つの可能性を示している．男性，特に独身の男性は，自分の選択に対して自信過剰でよく取引をする．あるいは，女性にくらべてより多くの情報を持っているから頻繁に取引をする．そこで，どちらの説明が妥当かを調べるために，取引頻度と投資パフォーマンスの関係を検証している．結果は，取引頻度が増えれば増えるほど，取引費用を考慮したときのパフォーマンスが悪くなることがわかった．このことは，独身男性が優れた情報を持っていないことを示している．また，独身男性は，リスクの高いポートフォリオを持つことも報告されている．独身男性は自信過剰ゆえに，ポートフォリオのリスクを実際のリスクよりも低く見積もってしまう可能性が高いのだろう．

Barber・Odean(2002)では，過去の株式投資の成績がよかった人が，電話取

引からインターネット取引に移行した場合，それらの投資家は，移行直後から取引が急に頻繁になり，投資成績が悪化することを報告している．過去の株式投資における成功が自信過剰をもたらし，インターネット取引を加速させたと考えられる．インターネット取引における取引手数料の安さ，換金の不必要性などだけではこれらの現象を説明できない．インターネット取引を行っている投資家は，膨大な量の投資情報を手に入れることによって，自分自身が投資の専門家と同じ判断ができると錯覚し（知識の錯覚），自信過剰に陥ることからこのような現象が生じていると述べている．十分な情報量があったとしてもそれは必要条件にすぎず，優れた投資パフォーマンスをあげるためには，それらを分析できるだけの能力が要求されるのであるが，多くの人はそれを認識せず自信過剰に陥り，過剰な投資へと向かうようである．

5.4 空売り規制と非合理的投資家

Miller(1977)は市場が非効率である要因として，空売りに対する規制の影響を指摘している．市場には空売りをできない投資家は多い．機関投資家の多くは空売りができない．年金，投信などはその典型であろう．市場における意見が分かれたとき，多くの投資家が空売りをできないことは，市場が一方向に進むことを示唆している．本来ならば，異なった意見はお互いに打ち消しあって，価格の一方向への動きを止めるはずだが，空売りをできない投資家が，マイナスの見通しを持った場合には，市場から退出するしか方法はないのである．結果として，株価はプラスの見通しを持った投資家の意見を反映することになる．それは，高い株価収益率（P/E）を一時的にもたらし，のちに株価のリバーサルをひき起こすことになる．Miller(1977)のポイントは，空売りに対する制限があれば，私的情報のばらつきが偏っていない場合でも，株価は楽観的予想を持っている投資家の影響をより強く受けるということである．ここで楽観的予想を立てる投資家は，限界合理的な人間である．なぜなら合理的投資家であれば，空売りによって規制を受ける投資家が，情報をよく知っている投資家とすれば，彼らが投資をしないことを悪材料と考えて投資を控えるはずである．しかし，楽観的な投資家は，空売り規制を受ける投資家の取引停止を悪材料と考えず，市場価格を正しいと判断してしまうので，市場価格は高止まり

をしてしまうのである．

　実証的研究の結果はこの主張を支持している．Diether・Malloy・Scherbina (2003)は，アナリスト予想の分布と株価パフォーマンスの間には負の関係があることを指摘している．アナリスト予想が大きく分かれたような銘柄と，そうでない銘柄ではつぎの期のリターンに大きな差があることがわかっている．予想が大きく分かれた銘柄は価格が高くなりすぎた結果，次期のリターンは低くなってしまうと述べている．同様に，Chen・Hong・Stein (2002)は，株式を保有している投資信託の比率を，投資家間の意見の相違を表す代理変数とみなして分析を行った．投資家間の意見が分かれているときには，空売り制限ゆえに投資信託のファンドマネジャーはその株式の保有を見送るだろう．結果は，投信が所有比率を下げた銘柄のパフォーマンスは，そうでない銘柄にくらべて悪いことが報告されている．空売り規制のために，投資家間の意見の相違を的確に価格に反映できず，株価が一時的に上昇してしまう結果，後に価格の反転が生じることになる．

第II部
実　証　編

6

日本市場の実証分析 I
株式収益率の予測可能性

　本章においては，モメンタム戦略とコントラリアン戦略に焦点をあて，日本の株式収益率の予測可能性について検証した．25種類の取引期間について検証をした結果，日本の株式市場においては，「コントラリアン戦略」が有効であることが示された．しかしながら，いくつかのモデルでリスクを調整した後は，短期間，特に1か月のコントラリアン戦略のみがプラスに有意な利益を上げることがわかった．そこで，この短期のリバーサルについて，いくつかのファクターに注目して分析を行った．取引高，投資家の過剰反応といったものが関連する要因として浮かび上がってきた．特に，小型株式に対する個人投資家の過剰反応が原因となっている可能性が高い．

6.1　ウイナー・ルーザー効果の検証[*1]

6.1.1　はじめに

　株式収益率の予測可能性は，ファイナンスにおいて多くの研究者から注目を浴びてきた研究分野の一つである．いくつかの研究では，将来の株価の動きが過去の株価の動きに関係していることを報告している．また，平均収益率とCAPMのベータには弱い正の関係しかないにもかかわらず，企業規模，簿価/時価比率，キャッシュフロー/時価比率のような会計関連指標は，平均収益率のクロスセクションの変動を説明することができることも，多くの研究者によって報告されている．

　DeBondt・Thaler(1985)は，アメリカ市場において，3年から5年という長い投資期間をとったとき，株価にリターンリバーサルがみられることを報告している．過去，パフォーマンスの悪かった株式（ルーザー）が，パフォーマンスのよかった株式（ウイナー）より，つぎの期間において有意に高い収益率（リターン）を得ることである．これは，ルーザーを買って，ウイナーを売るといったコントラリアン戦略が，よいパフォーマンスをあげることを意味している．加えて，このウイナー・ルーザーリバーサルは，1月の収益率と関係していることが知られている．また，Richard(1997)

[*1] 本節は Iihara・Kato・Tokunaga(2002)をもとにまとめたものである．

は，リスク修正後でさえも16か国の株式市場において，同様のウイナー・ルーザーリバーサルがみられると報告している．

一方，Jegadeesh・Titman(1993)は，6か月から12か月といった短中期の投資期間をとったとき，株価にモメンタムがみられることを報告している．これは，過去のウイナーが引き続きよいパフォーマンスを実現し，過去のルーザーは引き続き悪いパフォーマンスであることを意味し，短中期の投資期間ではウイナー・ルーザーリバーサルとは反対のパターンがみられることを示している．たとえば，過去6か月のウイナーを購入し，過去6か月のルーザーを売却する戦略が，つぎの6か月で1か月あたり約1％の収益率が得られると彼らは報告している．Rouwenhorst(1998)は，同様の傾向を欧州12か国で確認し，収益率のモメンタムが，世界的な傾向であること確認している．

いくつかの研究は，リターンリバーサルやモメンタムが他のファクターとどのように関係しているかについて検討している．たとえば，Moskowitz・Grinblatt(1999)は，企業固有のモメンタムのかなりの部分が業種モメンタムで説明できることを示した．Liew・Vassalou(1999)は，企業規模と簿価/時価に基づくポートフォリオが経済成長に有意な情報を含んでいる一方で，モメンタムポートフォリオリターンは将来の経済成長と関係していないことを報告している．

日本の株式市場の規則性に焦点をあてた研究もある．Kato(1990b) は，ルーザーがウイナーを上回るパフォーマンスをあげるという長期のリターンリバーサルを報告している．しかし，このリバーサルに1月効果はみられなかった．Bremer・Hiraki(1999)は，日本の週次リターンを使い，短期のリターンリバーサルを報告している．彼らは，前週に取引高の多かった銘柄を含むルーザーポートフォリオが，翌週に大きなリターンリバーサルを経験する傾向にあると述べている．Chan・Hamao・Lakonishok (1991)は，株式のリターンと利益/株価(E/P)，企業規模(F/S)，簿価/時価(B/M)，キャッシュフロー/株価（C/P)のような会計関連指標との間のクロスセクションの関係を検証し，E/P，B/M，C/Pが収益率と正の関係を持ち，F/Sが負の関係を持つことを報告している．小林(1997)はB/Mとリターンリバーサルの関係を分析し，B/M効果（バリュー株効果）はリターンリバーサルと独立であると述べている．

本章においては，1975年から1997年の間に東京証券取引所に上場されている株式を使って，ウイナー・ルーザー効果に関する詳細な分析を行っている．ここでは，日本株式のリターンの規則性について報告すると共に，Fama・French(1993)によって提唱された3ファクターモデルとDaniel・Titman(1997)が提唱した属性モデルについて，日本市場のアノマリーに焦点をあてて，その妥当性を検証している．最初に，

過去のパフォーマンスに基づくポートフォリオを，いくつかの期間に対して構築し，日本の株式リターンに特異なパターンが存在するかどうかを調べた．その結果，日本の株式市場ではリターンリバーサルが支配的であることがわかった．特に，短期のリバーサルが強くみられ，おもしろいことに，欧米でみられるようなモメンタム効果は観察されなかった．つぎに，3ファクターモデルと属性モデルが，日本のリターンリバーサルを説明できるかを調べた．どちらのモデルも1か月のリターンリバーサルはうまく説明できなかった．最後に，業種分類，取引高，投資家の過剰反応といったリターンリバーサルと関係すると思われるいくつかの要因について分析を行っている．

6.1.2 過去のパフォーマンスと将来のパフォーマンスの関係

テクニカル分析は日本でも人気のある取引戦略の一つで，コントラリアン戦略やモメンタム戦略は，多くの投資家によって注目されてきた．しかし，市場が効率的であればこのような戦略は有効とはなりえない．ここではまず，長期のデータを使い，日本の株式収益率にどのようなパターンがみられるのか明らかにする．本分析で使用されるデータは，ロードアイランド大学が編集しているPACAPデータベースである．このデータベースは1975年から1997年における月次株式収益率と会計情報を含んでいる[*2]．

Jegadeesh・Titman(1993)が採用したアプローチに従い，過去のパフォーマンスに基づいた五つの均等加重ポートフォリオを構築する．ポートフォリオを構築する方法だが，基準月から $J=(1,6,12,36,60)$ か月さかのぼった期間（ポートフォリオ構築期間）の株式収益率を使って行われる．そして，各構築期間に対して五つのポートフォリオ保有期間（$K=(1,6,12,36,60)$ か月）を考える．結果として，構築期間と保有期間の組み合わせによって25個の取引戦略に焦点をあてることになる．たとえば，$J=1$, $K=6$ の場合には，過去1か月のパフォーマンスがよい順に株式を並べ替え，5グループに分類した後，将来6か月間のパフォーマンスを観察することになる．このとき過去1か月でパフォーマンスの最もよかったグループをウイナー，最も悪かったグループをルーザーと呼ぶ．

表6.1は，これら25の取引戦略に対するコントラリアンポートフォリオとそれを形成するウイナーとルーザーの各ポートフォリオの平均月次収益率を示している[*3]．すべての期間でルーザーポートフォリオ収益率がウイナーポートフォリオ収

[*2] ここでは負の簿価を持つ株式を除外する．PACAPデータベースは連結財務諸表のデータを含んでいないので，B/Mの計算に単独決算の数値を使用している．
[*3] コントラリアンポートフォリオとは，ウイナーポートフォリオを空売りし，ルーザーポートフォリオを購入する投資額ゼロのポートフォリオである．

表6.1 ウイナー, ルーザー, コントラリアンの平均月次収益率 (%)

構築期間	構築期間平均月次収益率	保有期間				
		$K=1$	6	12	36	60

パネルA：ルーザーポートフォリオ

$J=1$	−8.979	1.784	1.270	1.132	1.382	1.715
	(−22.1)	(3.59)	(2.70)	(2.47)	(2.90)	(3.60)
6	−2.767	1.792	1.195	1.127	1.425	1.753
	(−6.13)	(3.40)	(2.47)	(2.43)	(3.02)	(3.75)
12	−1.618	1.531	1.145	1.146	1.469	1.793
	(−3.55)	(3.00)	(2.40)	(2.50)	(3.13)	(3.83)
36	−0.288	1.710	1.365	1.385	1.663	1.989
	(−0.60)	(3.54)	(2.90)	(2.99)	(3.50)	(4.13)
60	0.567	1.811	1.484	1.464	1.723	2.031
	(1.17)	(3.74)	(3.11)	(3.10)	(3.50)	(4.02)

パネルB：ウイナーポートフォリオ

$J=1$	14.01	0.390	0.791	0.937	1.232	1.589
	(24.4)	(0.95)	(1.90)	(2.18)	(2.65)	(3.37)
6	6.012	0.430	0.809	0.896	1.148	1.507
	(12.4)	(1.06)	(1.86)	(2.04)	(2.42)	(3.15)
12	4.495	0.577	0.788	0.789	1.057	1.424
	(9.51)	(1.41)	(1.78)	(1.76)	(2.19)	(2.93)
36	3.145	0.515	0.625	0.618	0.915	1.297
	(6.64)	(1.23)	(1.40)	(1.36)	(1.86)	(2.67)
60	3.155	0.461	0.558	0.589	0.885	1.274
	(6.25)	(1.10)	(1.26)	(1.30)	(1.83)	(2.68)

パネルC：コントラリアンポートフォリオ

$J=1$	−22.99	1.395	0.479	0.196	0.150	0.127
	(−58.0)	(4.70)	(3.21)	(1.94)	(2.17)	(1.88)
6	−8.779	1.362	0.386	0.230	0.277	0.246
	(−29.4)	(3.59)	(1.38)	(1.07)	(1.91)	(1.89)
12	−6.113	0.953	0.357	0.356	0.412	0.369
	(−20.7)	(2.62)	(1.19)	(1.37)	(2.16)	(2.13)
36	−3.434	1.194	0.740	0.767	0.748	0.692
	(−10.9)	(3.65)	(2.38)	(2.61)	(3.25)	(2.91)
60	−2.588	1.350	0.925	0.875	0.838	0.757
	(−8.02)	(4.64)	(3.32)	(3.27)	(3.16)	(2.70)

注：( )内はt値を表す.

6.1 ウイナー・ルーザー効果の検証

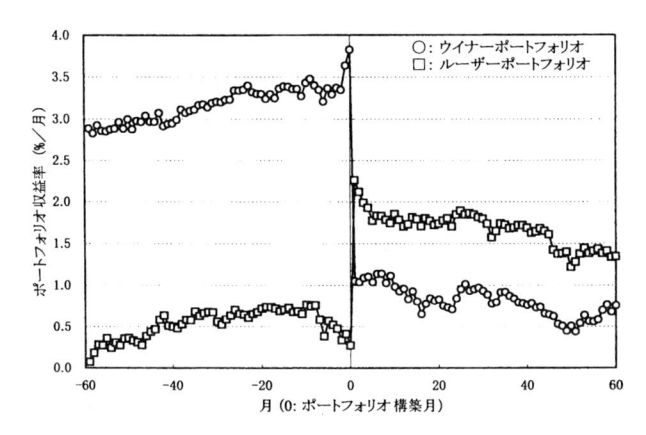

図 6.1 ポートフォリオ構築月前後 60 か月のポートフォリオ収益率 ($J = K = 60$)

益率を上回っていることがわかる．この結果は，1年以内ではモメンタム効果が観察される米国の結果とは異なっている．それに加えて，保有期間収益率の大きさはすべての期間に対して変化がみられないにもかかわらず，構築期間の月次平均収益率の大きさは，構築期間が長くなるにつれて減少している．結果として，収益率のリバーサルはより短い期間においてよりはっきりと現れていることがわかる．

ウイナーとルーザーの各ポートフォリオのパフォーマンスを視覚的にみるために，図 6.1 において構築月前後 60 か月 ($J = K = 60$) の平均月次収益率の動きをプロットしている[*4]．大きな変化が構築月後に現れることから，ウイナー，ルーザー，二つのポートフォリオに含まれる株式が，つぎの期にどのポートフォリオに含まれるのかを $J = K = 60$ の投資戦略について調べることにした．すなわち，ウイナーポートフォリオ（ルーザーポートフォリオ）に含まれる株式の多くが，つぎの期にはルーザーポートフォリオ（ウイナーポートフォリオ）に含まれるのかどうかということである．構築月後に五つのグループに含まれる株式の割合を計算することにした結果，予想通りこの割合の分布は各グループに対して決して等しく分布していなかった．ルーザー（ウイナー）ポートフォリオに含まれる株式の多くは翌期にウイナー（ルーザー）ポートフォリオに含まれ，多くのルーザー株がウイナー株に転換することがわかった[*5]．この結果は表 6.1 の結果と一致する．

23 年間に及ぶ月次データを使って，日本の株式収益率にはパターンが存在してい

[*4] その他の組み合わせ ($J = 1, 6, 12, 36$) に対しても平均月次収益率をプロットしたが，パターンに大差はなかった．

[*5] $J = K = 1$ や $J = K = 12$ のポートフォリオに対しても同様の分析を行った．この結果と基本的に大きな違いはなかった．

ることを確認した．25のポートフォリオ構築・保有期間すべてに対して，構築月後，ウイナーとルーザーの各ポートフォリオの平均収益率は逆の方向に大きく変化し，株式収益率に強いリターンリバーサルがあることがわかった[*6]．しかし，モメンタムについては観察されなかった．加えて，リターンリバーサルは保有期間の長さに関係なく存在することがわかった．リターンリバーサルは，ウイナー（ルーザー）ポートフォリオに含まれる株式の多くが，翌期におけるルーザー（ウイナー）ポートフォリオに含まれるという事実と整合的である．

6.1.3 属性モデルとファクターモデル

ルーザー・ウイナーのリターンリバーサルは，さまざまな構築・保有期間に対して，日本ではっきりと観察される．一方，米国と異なり，モメンタムは日本に存在しないようである．この結果は，米国で観察されるモメンタム効果が世界的な現象ではないことを示唆している．米国においてモメンタム効果を説明するのに提案された投資家の過小反応をベースにしたモデルは，日本市場に対しては適用できないかもしれない．しかし，前節で観察した結果はリスクを修正していないので，説得力のある結果とはいえない．観察したリターンリバーサルはB/MやF/Sのような他の会計指標の代理変数であるかもしれないからだ．

市場ベータや消費ベータでは，株式の平均収益率と組織的リスクのクロスセクションの関係をほとんど説明していないので，Fama・French(1993)は，3ファクターモデルを提案した．一方，Daniel・Titman(1997)は，リスクをベースにした3ファクターモデルではなく，属性モデルを提案している．日本のデータを使い，Daniel・Titman・Wei(2001)は，属性モデルを支持し，Fama・Frenchの3ファクターモデルを棄却している．一方，Davis・Fama・French(2000)は，1929年までサンプルを延ばして分析した結果，3ファクターモデルがモメンタムを除く株式のクロスセクション変動をうまく説明できると報告している．どちらのモデルもモメンタムを除くアノマリーの多くは説明できるようである．しかし，外挿テストによる検証結果は異なるので，依然として結論は出ていない．日本のリターンリバーサルは，これら二つのモデルを検証するには適当な対象といえる．本章において，属性モデルや3ファクターモデルが日本のリターンリバーサルを説明できるかについて検討する．

a. 属性モデル

米国の研究に従い，B/MとF/Sという二つの属性に焦点をあてる属性モデルが，日本のリターンリバーサルを説明できるかについて検証する．

[*6] 80年代と90年代に分けて分析したところ，リターンリバーサルは90年代により強まることがわかった．

6.1 ウイナー・ルーザー効果の検証

リターンリバーサルを検証する前に,日本の株式市場におけるF/SとB/Mの効果を確認する.Daniel・Grinblatt・Titman・Wermers(1997)が使った手法を採用し,B/MとF/Sを基準とした25個のベンチマークポートフォリオを構築した.1975年から1997年の各6月末において,東京証券取引所に上場されているすべての株式が,F/Sに基づいて小さい規模順に五つのグループに分類される[*7].同様に,独立して,B/Mに基づいて小さい順に五つのグループに分類する.このように,各年の6月末における市場規模と簿価,時価の比率を基準に,25個の属性ポートフォリオが構築された.F/S,B/Mを独立にグルーピングしたのち,ポートフォリオを構築したため,各ポートフォリオに含まれる平均銘柄数はポートフォリオによって異なる[*8].たとえば,高F/S,高B/Mポートフォリオは高F/S,低B/Mポートフォリオより多くの株式を含んでいる可能性がある.25個のポートフォリオそれぞれに対する月次均等加重収益率が,6月末から翌年の6月末の間に対して毎年計算される.

表6.2にはこれら25個のベンチマークポートフォリオに対する基本統計量が示されている.各パネルの一番下の行と一番右端の列は,それぞれ,B/Mを固定したうえで計算した小型株ポートフォリオと,大型株ポートフォリオの平均収益率格差と,サイズを固定したうえで計算した高B/Mポートフォリオと低B/Mポートフォリオの平均収益率格差を表している.

パネルAの(小型-大型)は,B/Mを固定したうえで計算した小型と大型のリターン格差で,低B/M(グロース)株の方が大きいことを示している.顕著なサイズ効果は,高B/M(バリュー)株に対してはみられない.一方,パネルAのバリュー-グロースをみると,すべてのサイズグループに対して,大きなB/M効果が存在することがわかる.バリューとグロースの格差はすべてのサイズに対して統計的に有意である.

表6.2のパネルBとCは,1月と1月以外でサンプルを分けている.サイズ効果は1月により大きくみられ,B/M効果は1月以外で有意である.これは,B/M効果は1月の小型株により強くみられるという米国の結果と異なっており興味深い.この結果は,Daniel・Titman・Wei(2001)の結果とおおむね一致している.

つぎにこれら25個の属性ポートフォリオを使い,過去のパフォーマンスに基づく25種類の戦略($J=1, 6, 12, 36, 60$, $K=1, 6, 12, 36, 60$)に対して超過収益率を計算した.その結果は表6.3に示されている[*9].表6.3(p.96)は,属性プレミアムを修正

[*7] 日本企業の多くは3月決算である(2000年において企業の80%以上).すべての企業は,決算期末から3か月以内に決算情報を公表しなければならないので,多くの企業の財務データが更新される6月末時点で入手可能な情報に基づいて,ポートフォリオを構築することにした.

[*8] 2段階分類法ではなく独立にグルーピングすることにより,FSとB/Mの間の相関からひき起こされるグルーピングバイアスを除いている.

表6.2 25個の規模とB/Mポートフォリオの平均月次収益率（%）

	B/M					バリュー－グロース
	1 低B/M(グロース)	2	3	4	5 高B/M(バリュー)	

パネルA：全月

規模						
1 小型	1.556 (2.62) 48.86	1.909 (3.55) 36.06	1.916 (3.54) 39.11	2.030 (3.91) 43.43	2.261 (4.59) 59.38	0.705 (2.85)
2	0.790 (1.60) 38.54	1.013 (2.08) 41.81	1.112 (2.37) 43.31	1.252 (2.65) 49.17	1.676 (3.58) 54.02	0.885 (3.47)
3	0.376 (0.78) 39.26	0.703 (1.53) 42.65	0.996 (2.31) 46.18	1.117 (2.69) 48.59	1.699 (3.91) 52.02	1.323 (4.58)
4	0.420 (0.95) 38.09	0.700 (1.68) 46.76	0.875 (2.16) 49.69	1.203 (3.03) 50.65	1.478 (3.53) 41.65	1.058 (4.04)
5 大型	0.567 (1.32) 62.09	0.648 (1.58) 59.56	1.023 (2.58) 50.41	1.444 (3.47) 35.01	1.747 (3.89) 19.78	1.180 (3.77)
小型-大型	0.989 (2.16)	1.262 (3.17)	0.893 (2.33)	0.587 (1.53)	0.514 (1.60)	

パネルB：1月

規模						
1 小型	5.182 (2.32)	4.086 (2.14)	4.495 (2.43)	4.080 (2.16)	4.251 (2.49)	−0.931 (−0.99)
2	4.699 (2.52)	3.750 (2.16)	3.808 (2.28)	2.701 (1.60)	3.789 (2.36)	−0.910 (−0.97)
3	2.619 (1.79)	2.380 (1.62)	3.395 (2.42)	2.905 (1.96)	3.377 (2.24)	0.758 (1.29)
4	2.114 (1.65)	2.323 (1.61)	2.145 (1.66)	2.590 (1.98)	3.275 (2.39)	1.160 (1.07)
5 大型	2.190 (1.42)	1.529 (1.09)	2.089 (1.47)	2.513 (1.79)	2.709 (1.99)	0.519 (0.71)
小型-大型	2.992 (2.02)	2.557 (2.11)	2.406 (2.20)	1.567 (1.39)	1.542 (1.55)	

注：( )内は t 値を表す．

(表 6.2 つづき)

		B/M					バリュー－グロース
		1 低 B/M (グロース)	2	3	4	5 高 B/M (バリュー)	
パネル C：1月以外							
規模	1 小型	1.226 (2.01)	1.711 (3.06)	1.681 (2.98)	1.844 (3.42)	2.080 (4.05)	0.854 (3.36)
	2	0.435 (0.86)	0.764 (1.52)	0.867 (1.78)	1.120 (2.28)	1.484 (3.04)	1.049 (4.00)
	3	0.172 (0.34)	0.550 (1.14)	0.778 (1.73)	0.954 (2.21)	1.547 (3.41)	1.375 (4.42)
	4	0.266 (0.57)	0.553 (1.27)	0.760 (1.78)	1.077 (2.58)	1.315 (3.00)	1.049 (3.89)
	5 大型	0.420 (0.94)	0.567 (1.32)	0.926 (2.24)	1.346 (3.09)	1.659 (3.49)	1.240 (3.70)
小型-大型		0.806 (1.68)	1.144 (2.72)	0.755 (1.86)	0.498 (1.23)	0.421 (1.25)	

したウイナー，ルーザー，コントラリアンポートフォリオのパフォーマンスを表している．ウイナーポートフォリオもルーザーポートフォリオも，1か月買い持ち戦略（$J=1,\cdots,60, K=1$) に対しては，有意なリターンリバーサルを示している．結果として，コントラリアンポートフォリオは正に有意なリターンを示している．また，1か月のリターンリバーサルはポートフォリオ構築期間が短くなるにつれて大きくなることがわかる．($J=1, K=6$) 戦略を除いて，リターンリバーサルは1か月を超える保有期間に対しては消えるようである．1か月のリターンリバーサルは日本の属性モデルに付加すべき別の属性が存在することを示唆しているのかもしれない．これは有意な短中期リターンのモメンタムが存在している米国の結果とは明らかに異なるものである．

b. 3ファクターモデル

ここでは，Fama・French の3ファクターモデルが日本のリターンリバーサルを説明できるかを検討する．

3ファクターモデルがリターンリバーサルを説明できるかどうかを検証するために，Fama・French が行ったように以下の時系列回帰分析を，過去のパフォーマンスに基づいた戦略のそれぞれに対して行う．

---

[9] 個別銘柄の超過リターンは，その個別銘柄が属する属性ポートフォリオの平均収益率をひいて計算される．

表 6.3　属性モデルで修正された超過収益率（％）

	保有期間				
	$K=1$	6	12	36	60

パネルA：ルーザーポートフォリオ

$J=1$	0.634	0.124	-0.002	-0.007	-0.026
	(4.64)	(1.85)	(-0.04)	(-0.15)	(-0.56)
6	0.498	0.020	-0.067	-0.022	-0.034
	(2.90)	(0.16)	(-0.73)	(-0.38)	(-0.64)
12	0.188	-0.099	-0.091	-0.030	-0.043
	(1.19)	(-0.78)	(-0.85)	(-0.44)	(-0.72)
36	0.252	0.010	0.030	0.087	0.079
	(2.04)	(0.09)	(0.30)	(1.12)	(1.04)
60	0.318	0.106	0.097	0.123	0.112
	(3.23)	(1.14)	(1.09)	(1.32)	(1.16)

パネルB：ウイナーポートフォリオ

$J=1$	-0.749	-0.224	-0.095	-0.073	-0.078
	(-5.70)	(-3.65)	(-2.39)	(-2.23)	(-1.77)
6	-0.528	-0.097	-0.007	-0.058	-0.077
	(-3.56)	(-0.94)	(-0.08)	(-1.02)	(-1.27)
12	-0.334	-0.048	-0.061	-0.101	-0.119
	(-2.34)	(-0.42)	(-0.62)	(-1.42)	(-1.61)
36	-0.328	-0.148	-0.150	-0.167	-0.185
	(-3.29)	(-1.63)	(-1.64)	(-1.76)	(-1.64)
60	-0.318	-0.184	-0.167	-0.179	-0.193
	(-3.44)	(-2.02)	(-1.73)	(-1.52)	(-1.39)

パネルC：コントラリアンポートフォリオ

$J=1$	1.383	0.348	0.093	0.067	0.052
	(5.50)	(2.89)	(1.14)	(1.34)	(1.07)
6	1.026	0.117	-0.061	0.036	0.042
	(3.34)	(0.53)	(-0.37)	(0.39)	(0.52)
12	0.522	-0.051	-0.030	0.071	0.076
	(1.82)	(-0.22)	(-0.15)	(0.59)	(0.74)
36	0.580	0.158	0.180	0.255	0.263
	(2.76)	(0.83)	(1.00)	(1.65)	(1.60)
60	0.637	0.290	0.263	0.302	0.305
	(3.67)	(1.75)	(1.58)	(1.59)	(1.44)

注：( )内は t 値を表す.

6.1 ウイナー・ルーザー効果の検証

$$R_{i,t} - R_{f,t} = \alpha_i + \beta_{i,\text{HML}} R_{\text{HML},t} + \beta_{i,\text{SMB}} R_{\text{SMB},t} + \beta_{i,\text{Mkt}} R_{\text{Mkt},t} + \varepsilon_{i,t} \tag{6.1}$$

ここで，$R_{i,t}$は，過去のパフォーマンスに基づくポートフォリオiの収益率である．$R_{\text{HML},t}$, $R_{\text{SMB},t}$, $R_{\text{Mkt},t}$は，それぞれ，t時点におけるHML，SMB，Mktファクターポートフォリオのリターンで，$R_{f,t}$はt時点における安全資産利子率である．$\beta_{i,j}$はファクターj (j = HML, SMB, Mkt) に対するポートフォリオのファクターローディングである．HMLは，高B/Mポートフォリオを購入し，低B/Mポートフォリオを売却する投資額ゼロのポートフォリオである．SMBは，小型株を購入し，大型株を売却する投資額ゼロのポートフォリオである．Mktは，市場ポートフォリオを購入し安全資産を売却する投資額ゼロのポートフォリオである．市場ポートフォリオの代理変数として東京証券取引所に上場されている全銘柄の均等加重収益率を使用する．

過去のパフォーマンスに基づく25個の異なる取引戦略に対して，保有期間収益率の時系列を計算する必要があるが，データ期間が23年と長くないため，より長い取引戦略(K = 36, 60)に対して，重複を許さずに十分なサンプルをとることができない．属性モデルの検証からも長期に関しては，リバーサルが消滅することがわかっているので，保有期間が比較的短い15の取引戦略（J = 1, ···, 60, K = 1, 6, 12）に焦点をあてて分析を進めることにし，各戦略ごとにウイナーからルーザーまで五つのポートフォリオに対して時系列回帰分析を行った．もし3ファクターモデルが，リターンリバーサルを説明できるのであれば，この回帰分析における切片α_iはゼロになるはずである．

表6.4はFama・Frenchの3ファクターモデルに対する切片パラメーターα_iとそのt値を表している[*10]．3ファクターモデルは日本においてリターンリバーサルのほとんどを説明しているようである．J = 1, 6とK = 1のウイナーポートフォリオとJ = K = 1のルーザーポートフォリオを除いて，t値は有意ではない．しかしながら，1か月のリターンリバーサルは，3ファクターモデルを使ってリスクを修正した後でも，有意に存在することが明らかである．

本項では，属性モデルと3ファクターモデルという二つのモデルが日本におけるリターンリバーサルをうまく説明できるのかについて検証した．長期リターンリバーサルは，リスクや属性を修正することである程度消えることがわかったが，どちらのモデルも短期のリターンリバーサル，とりわけ$J = K = 1$戦略が超過収益をあげること

[*10] 比較として，我々は1ファクターモデル（CAPM）も考慮した．切片パラメーターに対する値は戦略に対する以外は有意なものは少なかった．これは，CAPMが短期のリターンリバーサルはほとんど説明できないが，長期のリターンリバーサルをある程度まで説明できることを示している．これは，先ほど考察した属性モデルの結果と似ている．

表6.4 Fama・Frenchの3ファクターモデルの α_i に関する検定

	ランク1 (ルーザー)	ランク2	ランク3	ランク4	ランク5 (ウイナー)
パネルA：保有期間 $K=1$					
$J=1$	0.390	0.008	−0.110	−0.283	−0.733
	(1.88)	(0.05)	(−0.96)	(−2.24)	(−4.18)
6	0.209	−0.013	−0.247	−0.259	−0.404
	(0.84)	(−0.09)	(−2.15)	(−1.93)	(−2.13)
12	−0.224	−0.179	−0.145	−0.066	−0.087
	(−0.95)	(−1.28)	(−1.27)	(−0.49)	(−0.54)
36	−0.246	−0.102	−0.034	−0.164	−0.090
	(−1.40)	(−0.77)	(−0.27)	(−1.30)	(−0.70)
60	−0.067	−0.102	−0.119	−0.161	−0.168
	(−0.45)	(−0.77)	(−0.94)	(−1.26)	(−1.29)
パネルB：保有期間 $K=6$					
$J=1$	3.026	2.183	1.277	0.754	−0.873
	(1.00)	(0.83)	(0.52)	(0.33)	(−0.29)
6	3.546	2.658	1.660	0.427	−1.822
	(1.11)	(0.89)	(0.66)	(0.17)	(−0.82)
12	2.547	2.795	2.261	0.900	−1.953
	(0.81)	(0.95)	(0.85)	(0.34)	(−1.03)
36	2.952	2.780	2.290	0.377	−1.781
	(0.86)	(0.91)	(0.83)	(0.12)	(−1.04)
60	4.206	2.911	1.768	0.142	−2.548
	(1.18)	(0.89)	(0.69)	(0.02)	(−1.43)
パネルC：保有期間 $K=12$					
$J=1$	−0.980	−3.436	−4.345	−4.176	−3.647
	(−0.12)	(−0.49)	(−0.61)	(−0.55)	(−0.62)
6	−1.540	−3.245	−3.542	−3.842	−4.537
	(−0.13)	(−0.39)	(−0.53)	(−0.61)	(−0.76)
12	−2.471	−3.508	−3.612	−3.551	−3.539
	(−0.27)	(−0.43)	(−0.52)	(−0.57)	(−0.75)
36	−1.761	−2.104	−3.213	−5.371	−4.752
	(−0.15)	(−0.23)	(−0.43)	(−0.99)	(−0.93)
60	−0.496	−3.119	−3.369	−5.170	−5.230
	(−0.03)	(−0.34)	(−0.48)	(−0.99)	(−1.07)

注：( )内は t 値を表す．

を説明することができなかった．次項でこの現象をより詳しく考察する．

6.1.4 要因分析

長期のリターンリバーサルはリスクや属性を修正することで消えることがわかった．しかし，3ファクターモデルでも属性モデルでも1か月のリターンリバーサルは説明できない．この1か月リターンリバーサルは，米国におけるモメンタム効果と同じように，注目すべき現象である．本節において，業種・取引高・投資家の過剰反応に焦点をあてながら1か月のリターンリバーサルとの関係を分析する．ここでの要因分析に対しては，属性モデルによってリスクの修正を行っている．

a. 業種分類

Moskowitz・Grinblatt(1999)は，業種別のモメンタム効果が，個別株式のモメンタムをある程度説明できることを報告している．モメンタムは日本においては存在しないが，1か月のリターンリバーサルが業種と関係している可能性はある．すなわち，業種のリバーサルが個別株式のリバーサルに影響を与えていることが考えられる．この可能性を探るために，我々は東証33業種の業種指数を過去1か月のパフォーマンスに基づき五つのグループに分類した[*11]．すなわち，各グループには6ないし7の業種が含まれる．各グループに対して，6ないし7業種の均等加重収益率を計算した結果，ウイナーグループがその後ルーザーグループもしくはウイナーグループになったり，ルーザーグループがその後ウイナーグループもしくはルーザーグループになるという規則性を見つけることはできなかった．業種指数にはリバーサルもモメンタムが存在しないのである．よって，業種に基づくコントラリアンもしくはモメンタムポートフォリオからは魅力的なパフォーマンスを導くことはできない．業種モメンタムは米国においては観察されたが，日本では似たような結果は得られなかった．

つぎに，業種内効果を検証した．1か月のリターンリバーサルは，特定の業種にのみ存在するかもしれない．このことを検証するために，全株式を製造業・金融・その他の三つのグループに分類した．各グループにおいて，前項で行ったように，各月で過去のパフォーマンスに基づく五つのポートフォリオを構築した．1か月のルーザー，ウイナー，コントラリアンポートフォリオに対して超過リターンが計算され，その方が表6.5に示されている．金融業においては若干弱いものの有意なリターンリバーサルは全業種のウイナーにもルーザーにも観察される．コントラリアンポートフォリオリターンは全3業種において有意に正である．このことは，1か月のリターンリバーサルは業種分類と独立していることを示している．

[*11] この分析では属性を使ったリスクの修正を行っていない．

b. 取引高

取引高は市場に流入する情報量の代理変数である．低取引高銘柄は，企業に関して投資家に利用可能な情報がほとんどないので，その株式が市場で軽視される傾向がある．軽視された株式は投資家の過小反応や過剰反応の対象になりやすい．言い換えると，これらの株式は価格がファンダメンタルズから乖離しやすい可能性がある．

Conrad・Hameed・Niden(1994)は，リターンリバーサルが頻繁に取引される株式のみに観察され，あまり取引されない株式にはモメンタムが現れることを示した．Lee・Swaminathan(2000)は，過去の取引高がモメンタムやバリュー戦略と重要な関係があることを示している．過去に高い（低い）取引高を持つ株式は，グロース（バリュー）株の特徴を持ち，将来の収益率は低く（高く）なる．関連して，Brennan・Chorda・Subrahmanyam(1998)は，流動性の代理変数として取引代金を使い，流動性の低い株式が流動性の高い株式より高い収益率を獲得することを示している．この結果は流動性仮説と一致する[*12]．日本の週次データを使い，Bremer・Hiraki(1999)は，前週に高い取引高をもつルーザーが翌週に高いリターンリバーサルを経験する傾向があることを報告している．

ここでは，翌月のリターンを予測するのに過去の収益率と取引高の両方を考慮した．取引高の尺度としては月次回転率を利用する[*13]．構築期間の取引高に基づいて三つのグループを作り，各グループに対して過去のパフォーマンスに基づく五つのポートフォリオを構築する．ルーザー，ウイナー，コントラリアンポートフォリオ構築月と翌月のパフォーマンスについて，結果を表6.6に示した．1か月のリバーサルと

表6.5 業種別 $J = K = 1$ 戦略の超過収益率（%）

	構築期間 ($J=1$)			保有期間 ($K=1$)		
	製造業	金融業	その他	製造業	金融業	その他
ルーザー	−9.015 (−21.1)	−6.315 (−14.7)	−8.850 (−21.2)	0.616 (3.82)	0.615 (2.20)	0.775 (4.70)
ウイナー	14.21 (24.6)	9.934 (14.0)	13.67 (21.2)	−0.787 (−5.58)	−0.280 (−0.80)	−1.047 (−5.19)
コントラリアン	−23.22 (−61.9)	−16.25 (−26.2)	−22.52 (−46.7)	1.404 (5.41)	0.895 (2.74)	1.822 (6.96)

注：( )内は t 値を表す．

[*12] 流動性仮説によれば，相対的に低い取引高を持つ企業は流動性が低く，それゆえに投資家はより高い期待リターンを要求することになる．

[*13] 回転率は，取引株数/発行済株式数で定義される．

6.1 ウイナー・ルーザー効果の検証

表6.6 $J=K=1$ 取引高別戦略の超過収益率 (%)

	構築期間 ($J=1$)			保有期間 ($K=1$)		
	低	中	高	低	中	高
ルーザー	−8.495	−8.738	−9.066	0.757	0.774	0.310
	(−23.6)	(−20.9)	(−18.5)	(5.94)	(4.56)	(1.58)
ウイナー	9.081	9.424	20.56	−0.663	−0.530	−0.874
	(19.4)	(18.4)	(28.1)	(−3.34)	(−4.23)	(−4.81)
コントラリアン	−17.58	−18.16	−29.62	1.420	1.304	1.185
	(−46.4)	(−56.0)	(−57.2)	(5.55)	(5.23)	(3.99)

注：( )内は t 値を表す．

取引高との関係はあまり強くない．強いてあげればルーザーのリターンリバーサルは低い取引高を持つ株式により顕著にみられる．これは Conrad・Hameed・Niden (1994)の結果と逆である．また，ウイナーポートフォリオのポートフォリオ構築期間における収益率は，低い取引高より高い取引高に対して高くなっている．これらの結果は，高い取引高のルーザーポートフォリオとウイナーポートフォリオに対して，より高い将来の収益率がみられると報告した Lee・Swaminathan(2000)とは異なっている．低い取引高が必ずしも高い将来のリターンを実現するとは限らないので，この結果は流動性仮説とも一致しない．さらに，ここでの結果は週次データを使った Bremer・Hiraki(1999)とも異なる．

1か月のリターンリバーサルは，低い取引高を持つルーザーの高い将来の収益率とウイナーのパフォーマンスの悪さによってひき起こされることを示した．低い取引高の株式は，投資家によって利用される情報が少ないので，軽視される傾向にある．結果としてこれら株式は投資家の過剰反応にさらされる．我々の結果はこの解釈と一致する*14)．そこでつぎに，投資家の過剰反応について異なった視点から検証する．

c. 新しい情報に対する過剰反応

第4章で述べたバイアスの一つである代表性の小数の法則により，日本の投資家は最新のニュースに過剰反応することが考えられる．結果として株価は一時的に高騰あるいは，暴落する．しかし，その後投資家が落ち着いてくると，株価はファンダメンタルズを反映するようになる．1か月のリターンリバーサルは，このような過剰反応と関係があるかもしれない．このような投資家の過剰反応を検証するために，多くの情報が市場に入ってくる企業の決算月に焦点をあてることにする．たとえば，東京証

---

*14) しかし，低取引高を持つウイナー株はルーザー株と同じようなパターンを示さない．この非対称性は，投資家の過剰反応仮説を必ずしも支持しない．

券取引所の公開規則のもとで，日本の企業は，利益などの決算情報が当初予想していたものと異なったときはそれらを改訂しなければならない[*15]．このようなアナウンスは会計情報が明らかになる決算期末に向けて多くなってくる．また，経営者の交代の発表もこの期間に多くなる．さらに，企業戦略の変更もあわせてこの時期に公表されることが多い．証券アナリストはこのような情報に反応し，自分の予想を修正したのち，決算に向けて新しい予想が市場に流される．

このような新情報に対する過剰反応を調べるには，日本企業は都合がいい．なぜなら，日本企業の多くが3月決算であるので，3月と4月のパフォーマンスを分析することによってある程度検証可能である．もし投資家が新しい情報に過剰反応するなら，悪い（よい）ニュースの企業は年度末で過小（過大）評価され，翌月にその反動で株価が上昇（下降）するだろう．

以上の推測を検証するために，ウイナー（ルーザー）ポートフォリオに含まれる株式を決算月によって，3月とそれ以外の二つのグループに分類した．仮説通りであれば，リターンリバーサルは3月決算のグループに対して4月に現れると考えられる．すなわち，3月決算のルーザー（ウイナー）はそれ以外のルーザー（ウイナー）より4月により高（低）い収益率を示すであろう．結果として，3月決算のコントラリアンポートフォリオはそれ以外のコントラリアンポートフォリオより4月に高い正の収益率を獲得するはずである[*16]．

表6.7 会計年度末別 $J=K=1$ 戦略の4月の超過収益率（％）

	4月の超過収益率		平均値の差に対する値
	3月決算企業	その他	
ルーザー	0.541 (1.10)	1.161 (2.29)	(−0.88)
ウイナー	−1.370 (−3.21)	0.536 (1.06)	(−2.88)
コントラリアン	1.910 (2.27)	0.625 (0.78)	(1.11)

注：( )内は t 値を表す．

[*15] 実際の売り上げが予想から10％以上異なったとき，実際の営業利益や純利益が予想から30％以上異なったとき，実際に配当が予想から20％以上異なったときに，企業は予想変更をアナウンスしなければならない．

[*16] 取引高との関係を調べるために高取引高銘柄と低取引高銘柄に分割して同様の分析を行ったが，二つのグループの間に違いはなく，1か月のリバーサルに関連する過剰反応効果は流動性とは関係がなかった．

結果は表6.7である。予想通り，3月決算の4月のウイナー収益率は有意に負である。そして，3月以外のウイナーより低い。加えて，3月決算の4月のコントラリアンポートフォリオ収益率は有意に正である。有意な差ではないが，3月決算の4月のコントラリアンポートフォリオ収益率は3月以外のそれより高い[*17]。この結果は，1か月のリターンリバーサルが，決算前後における投資家の過剰反応によってひき起こされるという仮説と整合的である。

6.1.5 まとめ

本節では，日本の株式収益率の予測可能性について分析した。日本では，米国市場をはじめとして，欧米の市場でみられるような短中期の収益率に関するモメンタムは観察されず，その代わりに，短期のリターンリバーサル（特に1か月）が確認された。そして，この1か月のリバーサルは，属性モデルや3ファクターモデルによる調整後も観察された。明らかに，日本の市場は欧米の市場と異なっていることがわかる。このことは，行動ファイナンス研究者達が提案しているモメンタムを説明するためのモデルは，日本にそのまま適用できないかもしれないことを示唆している。

米国において，業種はモメンタムと関係が深かったが，日本では，業種とリバーサルとの間に何の関係もなかった。取引高は，1か月のリバーサルとの関係があり，取引高の少ない銘柄はルーザーのときに，より顕著にその関係が観察された。取引高の少ない銘柄は，市場での関心も低く，市場における情報量も少ないので，投資家は新情報に過剰に反応する可能性があり，投資家の過剰反応が仮説として考えられる。

そこで，企業決算月の前後の株価の動きに焦点をあててこの仮説の検証を行った。決算月は，新情報が市場に出る可能性が高いことから，投資家の過剰反応があるとすれば，決算末にかけて価格がファンダメンタルズから乖離することが考えられる。3月決算企業に焦点をあてた分析により，投資家の過剰反応を支持する結果を得た。

6.2 小型株と株価の短期リバーサル[*18]

6.2.1 はじめに

本節では，日本の株式市場にみられる「短期リターンリバーサル」の要因をさらに詳しく探ることを目的とする。前節で定義したように，リターンリバーサルとは，「過

[*17] ルーザーに対しては顕著なパターンがみられない。
[*18] 本節における研究（執筆者徳永俊史（南山大学））は，財団法人石井記念証券研究振興財団より研究助成（第1302号）を受けている。記して感謝する。

表6.8 短期コントラリアン戦略(1980-1999年)

パネルA：翌月から保有したときのパフォーマンス				パネルB：翌々月からの保有したときのパフォーマンス			
	$K=1$	6	12		$K=1$	6	12
$J=1$	1.66*	0.47*	0.22*	$J=1$	0.67*	0.15	0.07
6	1.40*	0.45	0.30	6	0.59*	0.12	0.10
12	1.12*	0.49	0.39	12	0.57*	0.18	0.13

注：* は 5% 水準で統計的に有意であることを表す．

去 J か月に対して低い株式リターンを経験した銘柄群（ルーザー）の翌 K か月のパフォーマンスが，同じく過去 J か月に対して高い株式リターンを経験した銘柄群（ウイナー）の翌 K か月のパフォーマンスを上回る」という現象のことである．短期とは J や K が，1年以内の時間区間であることを意味する．加えて，ウイナーポートフォリオの売りとルーザーポートフォリオの買いを組み合わせた戦略を「コントラリアン戦略」と呼ぶ．

東京証券取引所 1 部，2 部上場銘柄を対象に，1980 年から 1999 年のデータを使って $J, K = (1, 6, 12, 36, 60)$ か月の時間区間でコントラリアン戦略をとってみた．手法は，6.1.2 項と同様，Jegadeesh・Titman(1993)に従っている．表 6.8 のパネル A は，表 6.1 で使用したデータに 1997 年から 1999 年の 3 年間分のデータを追加して再計算した結果（$J, K = (1, 6, 12)$）である．表中の数値は，コントラリアン戦略のパフォーマンスを％表示で表したものであり，* 印は 5% 水準で統計的に有意であることを意味する．前節で考察した結果に最近 3 年分のデータを追加したとしても，依然としてコントラリアン戦略が有効であることは明らかである．

この結果について興味深いことは，米国を中心とした欧米の株式市場では，3 か月から 12 か月の時間区間に対して，リターンリバーサルとは逆の「短期モメンタム」が支配的であるということであり，米国に対しては Jegadeesh・Titman(1993)，欧州に対しては Rouwenhorst(1998)が代表的な論文である*[19]．

表 6.8 のパネル A では，ポートフォリオ構築期間の長さに関係なく，保有期間 1 か月間のリバーサル効果が非常に強く現れるというのが大きな特徴である．そこで確認のために，表 6.8 のパネル B において，保有期間 1 か月のリバーサルの効果を取り除いたときに，日本でもモメンタムがみられるかどうかを検証した．具体的には，

---

*[19] Chui・Titman・Wei(2000)も日本にモメンタム効果がみられないことを指摘している．また，Glaser・Weber(2002)はドイツのモメンタム効果を検証している．Jegadeesh・Titman(2001b)はモメンタム効果に関するサーベイを行っている．一方，長期リターンの振る舞いについては，日本も欧米もリターンリバーサルが支配的である（米国に対しては De Bondt・Thaler(1985)，日本に対しては前節参照）．

6.2 小型株と株価の短期リバーサル

表 6.9 規模別短期コントラリアン戦略

パネル A：翌月から保有したときのパフォーマンス				パネル B：翌々月からの保有したときのパフォーマンス			
	$K=1$	6	12		$K=1$	6	12
小型				小型			
$J=1$	2.89*	0.68*	0.37*	$J=1$	0.76*	0.20	0.10
6	2.71*	0.70*	0.38*	6	0.81*	0.23	0.14
12	2.46*	0.62*	0.43*	12	0.73*	0.22	0.23
大型				大型			
$J=1$	0.90*	0.17	−0.02	$J=1$	0.53	−0.04	−0.10
6	0.80*	0.06	−0.04	6	0.31	−0.15	−0.10
12	0.50	0.02	−0.04	12	0.25	−0.09	−0.09

注：* は5％水準で統計的に有意であることを表す．

表 6.10 B/M別短期コントラリアン戦略

パネル A：翌月から保有したときのパフォーマンス				パネル B：翌々月からの保有したときのパフォーマンス			
	$K=1$	6	12		$K=1$	6	12
高 B/M				高 B/M			
$J=1$	1.83*	0.66*	0.44	$J=1$	0.93*	0.36	0.28
6	1.44*	0.58	0.41	6	0.74	0.32	0.30
12	1.30*	0.52	0.42	12	0.67	0.31	0.32
低 B/M				低 B/M			
$J=1$	2.01*	0.18	−0.08	$J=1$	0.44	−0.22	−0.29
6	1.82*	0.13	−0.07	6	0.34	−0.24	−0.24
12	1.68*	0.16	−0.00	12	0.33	−0.16	−0.17

注：* は5％水準で統計的に有意であることを表す．

ウイナーポートフォリオとルーザーポートフォリオに分けた構築月の翌々月から投資を始める．数値は全体的に小さくなったものの，すべての戦略（$J=(1,6,12)$）に対して，翌々月（$K=1$）に有意なリバーサル効果が残り，その後の保有でもモメンタム効果（負の値）は全く現れない．

Jegadeesh・Titman(1993)による短期モメンタムの発見以降，その効果に関する議論が盛んに行われている．その多くは，なぜこのような簡単な戦略で正のリターンをあげることができるのかを解明することに注力している．たとえば，Fama・French(1996)は，彼らが提案した3ファクター（市場，規模，簿価/時価）モデルでは短期モメンタム効果を説明することができないことを示している．日本市場についても，前節において，この3ファクターでは短期リバーサルを説明できないことを示した．

つぎに，企業属性とリターンリバーサルとの関係を調べる．表6.9は属性として「規模」を使用し，表6.10はB/Mを使用している．それぞれの計算手順は以下の通りである．まず，各企業を属性別に昇順で並べ，下位4割と上位4割に銘柄を振り分ける．つぎに，各グループ内でコントラリアン戦略を実行する．コントラリアン戦略の実行については表6.8と同様である．

表6.9は，表6.8のコントラリアン戦略の優位性が小型株により強いことをはっきりと示している．特に，パネルBの翌々月からのパフォーマンスをみると，大型株には有意な値がみられない．さらに，保有期間が長くなるにつれてモメンタム効果を示す負の値がみられる．ただし，この値は統計的に有意ではないので，日本でも大型株だけには欧米のようなモメンタム効果が現れたと断言することはできない．

これに対して，表6.10からは，B/Mの大きさに依存したリバーサル効果の非対称性を見つけることはできない．さらに，翌々月からのパフォーマンスを計算すると，高B/M（バリュー銘柄）の$J=K=1$のケースを除いてリバーサル効果が有意に現れなくなる．

それではつぎのステップとして，Lo・MacKinlay(1990)の手法に基づき，短期リターンリバーサル効果がどのような要因によってもたらされるのかについての議論を行いたい．米国の短期モメンタム効果の源泉について，Conrad・Kaul(1998)は，モメンタム効果の要因として平均収益率の銘柄格差が大きな寄与を持つと報告する一方で，Grundy・Martin(2001)やJegadeesh・Titman(2002)はその結果を否定している．この例をみても，短期モメンタムが発見されて10年近くたつにもかかわらず，なぜそのような現象が起きるのかについての議論に決着はついていない．以下では，Lo・MacKinlay(1990)の手法から派生したJegadeesh・Titman(1995)の方法に従い，表6.8にみられる短期リターンリバーサル効果の源泉について考察する．表6.8から表6.10で明らかにしたように，短期リターンリバーサルに一番影響を与えているのは1か月のコントラリアン（$J=K=1$）戦略である．以下ではこの戦略にのみ焦点をあてる．

6.2.2 コントラリアン戦略の要因分解

表6.8で示した戦略は，過去のリターンに基づいて銘柄を5グループに分け，最上位グループと最下位グループの売買戦略でその後のパフォーマンスを計測するというものである．ここでは，次の式に基づき投資ウエイトを決定する．

$$w_{i,t} = \frac{1}{N}(r_{m,t-1} - r_{i,t-1}) \tag{6.2}$$

ここで，Nの銘柄数，$r_{i,t-1}$は，i番目の銘柄の$t-1$月における投資収益率，$r_{m,t-1}$は，

6.2 小型株と株価の短期リバーサル

表6.11 Jegadeesh・Titman によるコントラリアン戦略のパフォーマンス分解

パネルA：3要因分解

トータル	σ_μ^2	Ω	$\delta\sigma_f^2$
6.81(4.98)	−0.38	7.02	0.68

パネルB：市場要因と個別要因への遅行反応効果

	μ_i	b_{0i}	b_{1i}	R^2	ρ
平均	−0.01	1.00	0.00	0.32	−0.08
最小	−4.92	0.05	−1.05	0.03	−0.49
第1四分位	−0.34	0.77	−0.10	0.23	−0.16
中央値	−0.07	1.00	−0.01	0.33	−0.09
第2四分位	0.26	1.23	0.10	0.42	−0.02
最大値	5.23	2.88	0.73	0.69	0.38

$t-1$月における全銘柄の均等加重収益率を表す．この投資ウエイトは，市場全体の収益率を下（上）回った銘柄を購入（売却）し，トータルでゼロとなる戦略である．表6.8との違いは，(6.2)式は全銘柄を対象とした投資であることと，過去のパフォーマンスで加重されているという点であり，結果がより強調されることは容易に想像できる．このウエイトを採用した理由は，Jegadeesh・Titman(1995)が提案したパフォーマンス要因分解を日本の短期リターンリバーサルから得られる正の収益率に適用することで，日米で正反対の現象をもたらす株式市場の短期的な振る舞いを，① 平均収益率の銘柄間格差，② 共通要因への遅行反応効果（銘柄間の先行・遅行関係），③ 個別銘柄要因への過剰・過小反応効果，という3要因でとらえたいということである．

式に基づくコントラリアン戦略のt月のパフォーマンスは，

$$\pi_t = \sum_{i=1}^{N} w_{i,t}\, r_{i,t} \tag{6.3}$$

で計算される．表6.11のパネルAが示すトータルリターン6.81%は，(6.3)式に基づいた戦略の翌1か月の平均パフォーマンス（$\sum \pi_t / T$）である．もちろん，表6.8のパネルAに示されている$J=K=1$に対するパフォーマンスと同様にコントラリア

---

[20] 後ほど説明するが，表6.11の目的は，(6.3)式に基づくコントラリアン戦略から得られるパフォーマンスの要因分解にある．この要因分解に際して，時系列データを対象とした統計量の計算が必要となる．したがって，できるだけ推定誤差を小さくするために，サンプル期間中，最低60か月連続して収益率データが存在する銘柄のみを分析の対象とした．

ン戦略の有効性を示唆している．（ ）内は t 値を表す[*20]．

(6.3)式のコントラリアン戦略から得られる正のパフォーマンスをもたらす要因を探るため，Jegadeesh・Titman(1995)が提案した要因分解の方法を採用する．まず，各銘柄の収益率は，共通ファクター f_t を使った次のようなモデルによって生成されると仮定する．

$$r_{i,t} = \mu_i + b_{0i} f_t + b_{1i} f_{t-1} + \varepsilon_{i,t} \tag{6.4}$$

このモデルは，シングルファクターモデルを基本にしているが，各リターンが感応度 b_{1i} をもってファクターの変動に対して1か月遅れて反応することを認めている．ファクターモデルの一般的な仮定のもと，(6.3)式のトータルリターンの期待値は，(6.4)式を使って以下のように分解される．

$$E[\pi_t] = \sigma_\mu^2 + \Omega + \delta \sigma_f^2 \tag{6.5}$$

ここで

$$\sigma_\mu^2 = -\frac{1}{N}\sum_{i=1}^{N}(\mu_i - \bar{\mu})^2, \qquad \Omega = -\frac{1}{N}\sum_{i=1}^{N}\text{Cov}(\varepsilon_{i,t}, \varepsilon_{i,t-1})$$

$$\delta = -\frac{1}{N}\sum_{i=1}^{N}(b_{0i} - \bar{b}_0)(b_{1i} - \bar{b}_1), \qquad \sigma_f^2 = V(f_t)$$

第1項 σ_μ^2 は，平均収益率の銘柄間格差，第2項 Ω は，個別銘柄要因への過剰・過小反応効果，第3項 $\delta\sigma_f^2$ は，共通要因への遅行反応効果（銘柄間の先行・遅行関係）を表す．各要因の意味を考えると，第1項は，各銘柄の平均収益率（トレンド）がどれだけ多様であるかに依存している．具体的には，この散らばりをクロスセクションの分散で計測する．トータルリターンへの寄与は，この分散にマイナスがかかっているので，必ずマイナスになる．すなわち，この項は，モメンタム効果のみを高める．第2項は，共通ファクターで説明できない企業特有の情報に関連している．もし投資家が企業特有の情報に過剰に一喜一憂してしまうと，前月と今月の銘柄固有要因には負の相関が現れるであろう．第2項は全体にマイナスがかかっているので，この過剰反応が強ければ強いほど，リターンリバーサル効果の支配力を高める．逆に，企業特有の情報への反応が鈍ると，正の自己相関が観察され，モメンタム効果の支配力を高める．第3項は，各銘柄が何らかの要因で前月の共通ファクターの影響を受けたとき現れる．言い換えると，ファクターへの遅れた反応は，銘柄間に先行・遅行関係を生み出し，これがリターンリバーサル効果やモメンタム効果をもたらす．まとめると，上式は，トータルリターンの源泉が，各銘柄の平均収益率の違いによるものなのか，個別情報へ過剰・過小反応してしまうことによるものなのか，共通ファクターへの遅れた反応によるものなのかを把握することが可能となる．

表6.11のパネルBは，(6.5)式に基づく要因分解に必要なパラメーターの推定結

果を表している．ここでは，Jegadeesh・Titman(1995)やChen・Hong(2002)と同様に，市場（全銘柄の均等加重ポートフォリオ）収益率をファクターの代理として使用する．注意しなければならないのは，(6.5)式の要因分解に(6.4)式のモデル推定誤差が影響するため，パネルAが示している各要因の和はトータルリターンに等しくならない．脚注で述べたように，表6.11では，最低60か月以上収益率データが存在しない銘柄はサンプルから除いている．

$\{\mu_i, b_{0i}, b_{1i}\}$は，(6.4)式を個別銘柄別に対して推定したパラメーターの要約である．また，R^2は(6.5)式の説明力を表す．結果は，平均すると市場ファクターによって個別銘柄の変動の約33%が説明できることを示している．

μ_iは，マイナスの値を頂点にやや右に裾が広がって分布している．μ_iは，無条件の期待収益率を意味するので，この値が銘柄間で大きく散らばれば散らばるほど，モメンタム効果が強まることを意味する．したがって，μ_iの分散は，コントラリアン戦略のパフォーマンスに対して負に寄与する．パネルAのσ_μ^2の値は，コントラリアン戦略のパフォーマンスに影響を与えるほど大きな値ではない．

係数b_{1i}をみると，全銘柄の平均はゼロであるものの個々にみるとゼロを中心にマイナスとプラスの値を示している．これは，共通ファクターに1か月遅れて反応する銘柄が存在することを示唆している．パネルAは，この要因がコントラリアン戦略に対して正に寄与していることを示している．ただし，大きな寄与ではない．

コントラリアン戦略から得られる正のパフォーマンスに対する最も大きな寄与は，共通ファクターで説明できない銘柄固有情報に対する過剰反応Ωである．パネルBのρは，(6.4)式の$\varepsilon_{i,t}$の自己相関を表す．おおよそ全体の4分の3は負である．これは，各銘柄の個別銘柄要因に対する過剰反応が株式市場全体を支配していることを意味する．そして，この結果が(6.5)式から明らかなように，コントラリアン戦略の正のパフォーマンスに大きく寄与する．

最後に，結果の安定性を考察する．まず，データの後半1990年以降のデータを使った分析結果は，表6.11のパネルAに合わせて示すと，トータルリターンが9.54% ($t = 3.94$)，$\sigma_\mu^2 = -0.62$，$\Omega = 10.12$，$\delta\sigma_\varepsilon^2 = 0.85$である．これは，これまで考察してきた表6.11の結果と傾向に大差はみられない．

また，ポートフォリオ構築月の翌々月のパフォーマンスに関する分析結果は，表6.11のパネルAに合わせて示すと，トータルリターンが3.58% ($t = 2.80$)，$\sigma_\mu^2 = -0.45$，$\Omega = 2.87$，$\delta\sigma_\varepsilon^2 = 0.56$である．これは，表6.8のパネルAとパネルBの関係と同様，トータルリターンは表6.11のパネルAの値の半分以下である．ただし，リターンは統計的に有意である．この減少をもたらした要因は，個別銘柄要因の減少による．

表 6.12 ポートフォリオによる戦略と3要因分解

	トータル	σ_μ^2	Ω	$\delta\sigma_t^2$
業種(9)	−0.09(−0.16)	−0.02	−0.06	0.19
規模(10)	−0.25(−0.85)	−0.06	0.28	−0.31
B/M(10)	−0.17(−1.56)	−0.03	−0.11	0.02
規模とB/M(25)	−0.18(−0.64)	−0.07	0.25	−0.19

6.2.3 ポートフォリオによる戦略

Lewellen(2002)は，個別銘柄だけでなく，業種，規模，簿価/時価比率などのポートフォリオを使っても短期モメンタム効果があることを示している．しかし，前項で考察した結果から，もし日本の株式市場にみられる短期リターンリバーサルが個別銘柄要因によってもたらされているなら，分散効果により個別銘柄要因は消え，ポートフォリオを使った分析では，短期リターンリバーサルがみられないはずである．あるいは，(6.4)式で考慮していない別の共通ファクターが存在している可能性も考えられる．

表 6.12 は，九つの業種（水産・農林・鉱業，建設，製造業，卸売・小売，金融，不動産，運輸・通信，電力・ガス，サービス）ポートフォリオ，時価総額で10個に分割されたポートフォリオ，B/Mで10個に分割されたポートフォリオ，時価総額とB/Mで5×5の計25個に分割されたポートフォリオを使ったコントラリアン戦略（$J=K=1$）の結果とその要因分解を表す．

表 6.12 の結果は，表 6.11 の結果と逆の傾向を示している．( )内に示された t 値から統計的に有意ではないものの短期モメンタムの傾向を示している．要因分解された数値をみると，個別銘柄に基づくコントラリアン戦略の結果とくらべ，個別銘柄要因が大幅に減少している．言い換えると，同業種や規模，B/Mが同じような水準である銘柄群をまとめたポートフォリオは個別銘柄要因を打ち消している．

6.2.4 個別銘柄要因に対する過剰反応と企業規模

業種，規模，B/Mに基づくポートフォリオを構築すると，個別銘柄要因に対する過剰反応が消えることから，日本市場におけるリターンリバーサルは各ポートフォリオ内に存在するようである．この節では類似した属性を持つポートフォリオ内の特徴を分析する．

表 6.13 のパネル A は，企業規模に基づき二つのユニバースを作り，各ユニバース内でのコントラリアン戦略を実行した結果である．構築の手順は以下の通りである．まず，毎年6月末の企業規模で大小二つのグループに分ける．つぎに，分析対象の

6.2 小型株と株価の短期リバーサル

表6.13 サブサンプルと3要因分解

パネルA:企業規模

	トータル	σ_μ^2	Ω	$\delta\sigma_f^2$
超小型[111]	19.38(9.92)	−0.41	19.41	0.96
小型[464]	13.03(7.99)	−0.51	12.34	1.37
大型[544]	3.13(2.66)	−0.29	3.43	0.56
超大型[165]	1.49(1.04)	−0.24	1.80	0.27

パネルB:B/M

	トータル	σ_μ^2	Ω	$\delta\sigma_f^2$
高B/M[84]	7.77(6.29)	−0.38	8.33	0.29
低B/M[125]	8.83(3.18)	−0.52	7.51	1.36

1980年から1999年の間,企業ごとにリターンデータが存在する期間に対して常に小型株に分類された銘柄を「小型」ユニバースとする.一方,分析期間中ずっと大型株であった銘柄を「大型」ユニバースとする.「超小型」は「小型」のなかでさらに下位4割に留まっていた銘柄群で構成される.逆に,「超大型」は「大型」のなかでさらに上位4割に留まっていた銘柄群で構成される.表中[ ]内の値は平均銘柄数である.分析対象全銘柄の平均が1,518社であるので,約3分の1ずつ「小型」,「大型」,「その他」に分類されている.

表6.13のパネルAの結果は,個別銘柄要因に対する過剰反応の多くが小型株,さらには超小型株にみられることを示している.また,値は小さいものの,「小型」ユニバースには,共通ファクターに対する遅行反応が正の寄与をもたらしており,「大型」ユニバースの倍以上である.これらの結果は,週次データを用いて分析したJegadeesh・Titman(1995)の結果と同じである.

一方,パネルBの結果は,分析対象となる平均銘柄数が規模基準にくらべてかなり少ないとはいえ,コントラリアン戦略の優位性が各銘柄のB/Mの大きさに依存していないことを示している.

以上の結果から,日本の株式市場において,1か月から1年までの短期投資を考えたとき,欧米の株式市場と異なり,短期リターンリバーサル効果が強く現れる.そして,その要因の大部分は,個別銘柄要因に対する過剰反応が占める.さらに,この過剰反応は,相対的に情報量が少ないと考えられる小型株に強く現れる.一方,要因の寄与としては少ないものの,共通要因としての市場ファクターに対する先行・遅行関係がもたらす正の寄与も観察される.

6.2.5 まとめ

本節では，日本の株式市場にみられる短期リターンリバーサルの要因を探ることに焦点をあてた．その結果，各銘柄の個別銘柄要因に対する過剰反応が，コントラリアン戦略から得られる正のリターンに最も大きく貢献していることをみつけた．これは，さまざまな基準で作られたポートフォリオに基づくコントラリアン戦略から有意なリターンが獲得できないことからも支持される．言い換えると，個別銘柄要因に依存した戦略は，ポートフォリオを構築することによって，分散効果がその要因を消してしまう．また，個別銘柄要因への過剰反応は，小型株ほど強いこともわかった．これは，情報の少ない小型株式に対して，投資家が過剰に評価してしまうことの現れであると考えることができる．

情報量と過剰反応に関してはさらなる分析が必要である．表6.14は，過剰反応が強く現れている小型株ほど1か月あたりの平均取引日数が少ないことを示している．ここで，「超小型」，「小型」，「大型」，「超大型」の定義は表6.13と同じである．このような証拠がコントラリアン戦略にどのような影響を与えるのかについて考察することは今後の課題としたい．

本節での分析は，すべて無条件期待値に基づく分析である．したがって，20年間における経済状況の変化や株価変動の不均一分散等の情報は一切考慮されていない．したがって，さらなる分析の方向としては，Tokunaga(1993)やAng・Chen(2002)が考察しているように，分散の不均一性を考慮しながら条件付き期待値の要因分析を行うという可能性が残されている．

表 6.14 規模と1か月あたりの平均取引日数

	平均日数	最小	最大
超小型	16.3	4.1	25.0
小型	18.4	7.8	25.2
大型	20.8	14.6	25.5
超大型	21.5	16.8	25.8
その他	19.6	11.0	25.2

7

日本市場の実証分析 II

投資家行動

　第4章で述べたように，人々の群集心理を観察するには，金融市場は都合のよい場所である．この章では，投資家のハーディング（横並び）行動に焦点をあてた分析を紹介する．豊富な投資データが公開されるようになったここ数年，多くの研究者が株式市場を中心に投資家のハーディング行動の存在を報告している．したがって，本章では，米国を中心とした先行研究の結果をふまえ，日本の金融市場における投資家の行動と資産価格の変動にどのような関係があるのかを考察する．

　本章の前半では，株式市場に焦点をあて，すべての投資家を，「個人投資家」，「機関投資家」，「外国人投資家」という三つの集団に分類した分析を行っている．20年間の市場データを使って，外国人投資家が他の2種類の投資家より強い価格インパクトを持つことを明らかにした．さらに，機関投資家によって保有されたポートフォリオのリターン特性から，機関投資家の投資行動は，株価を不安定にするという結果を得た．これらの結果を米国の先行研究と比較すると，日本における外国人投資家の行動は，米国における機関投資家の行動に類似していることがわかる．

　後半では，商品先物市場に焦点をあてる．株式市場にくらべ，商品先物市場は明らかに投資家の数や種類の点で限定されている市場であるといえる．そのような市場における投資家行動は価格に影響を与えているのか，商品先物価格間の連動性に焦点をあてて分析を行っている．日本の商品先物市場の最大の特徴は，海外商品に依存した商品を対象とした取引が多いということである．言い換えると，各先物価格は為替相場の影響を強く受けているので，たとえ関係がなさそうにみえる穀物と貴金属の間にも，為替という共通の要因を通して強い連動性がみられる．しかし，この連動性は為替相場の影響を除去した後にも観察されることが明らかになった．このことは，本来存在しないはずの関係が異なった商品間の価格に存在することを意味している．投資家のハーディング行動がその原因の一つと考えられる．

7.1 株 式 市 場[*1)]

7.1.1 はじめに

米国のいくつかの先行研究をみると,個人投資家の取引行動は非合理的であり,ノイズに基づいていると結論づけている.たとえば,個人投資家は過去の株式の高い成長率を観察したとき,このような高い成長が将来も持続するであろうと思い込んでしまったり,個人投資家は何か新しいニュースが流れるとそれに過剰に反応したりしてしまうのである[*2)].

機関投資家はどうであろうか.Scharfstein・Stein(1990)によると,機関投資家(ファンドマネージャー)が互いに評価される状況にあるとき,自分自身に対する周りの評判を気にするので,他人と同じ行動をとる方が合理的である.したがって,ファンドマネージャーは自分の能力が劣っていることが表に出てしまうような危険をおかすぐらいなら,他のファンドマネージャーの行動を真似することを好むだろう.さらに,彼らはファンダメンタルズに基づくというよりは,feedback取引のようなテクニカル分析に基づいて短期的な取引を行い,株式市場のボラティリティを高めていると考えられる[*3)].

一方,機関投資家の取引は情報に基づいており,他の投資家(主に個人投資家)のセンチメントに基づく取引に対して逆のポジションをとると考えることもできる.機関投資家はさまざまなニュースの源泉から上手に情報を得る傾向にあるため,彼らは株式のファンダメンタルズをより的確に評価できる立場にあるからである.したがって,彼らは過小評価された株式を購入し,過大評価された株式を売却する.Nofsinger・Sias(1999)を代表とする米国のいくつかの研究はこのような考え方を支持している.

米国のデータを使ってハーディング行動やpositive feedback取引を分析している研究は数多く存在するにもかかわらず,日本の市場に関する分析は見当たらないのが現状である.日本の株式市場は大きな影響力があるので,日本市場に関する分析は重要である.さらに,機関投資家を取り巻く環境の違いや企業文化の違いにより,日本の機関投資家や個人投資家は米国におけるそれら投資家と同じ振る舞いをするとは限らないことから,日本市場における投資家行動の研究は興味深い.

米国における研究と比較するために個人投資家と機関投資家に焦点をあてる一方,

[*1)] 本節はIihara・Kato・Tokunaga(2001)をもとにまとめたものである.
[*2)] Lakonishok・Shleifer・Vishny(1994), De Long・Sheifer・Summers・Waldmann(1990a).
[*3)] このことは,もし他の投資家がニュースに過小反応している場合には成立しない.Brennan・Cao(1997)は,情報入手能力に劣る外国人投資家にとって,国内機関投資家がニュースに過小反応しているならば,国内機関投資家の取引を観察してから取引を行うことは合理的だと述べている.一種のfeedback取引だが,彼らの取引は情報と関係している.

新たに外国人投資家も加えた分析を行う．外国人投資家は，日本の投資家と考え方や行動様式が異なるので，取引戦略も異なる可能性がある．Shiller・Konya・Tsutsui (1996)は，株式市場に対する予想が米国と日本とでは異なるという興味深い結果を提示している．サーベイデータを使い日本人が米国人よりも株式市場に対する短期間の期待について一様に楽観的であることを報告している．これは，地理的な位置や国の違いなどが，株式市場における情報処理や予想と何らかの関係を持っていることを示唆している．

東京証券取引所 (TSE) における外国人投資家の取引はここ数年大幅に増加している．彼らの年間取引高は1994年以降個人投資家の年間取引高を越えている．具体的には，外国人投資家による取引高は，1990年において全取引高の13%であったが1998年においては41%にまで増加して，日本の機関投資家の取引高に匹敵する大きさになっている．このように，外国人投資家は日本の株式市場において大きな存在であり，彼らの取引は株価に大きな影響を与えていると考えられる．外国人投資家に対する研究はこれが最初ではなく，Choe・Kho・Stulz(1999)によって韓国の株式市場における外国人投資家の影響が分析されている．彼らの研究によれば，韓国の経済危機以前におけるfeedback取引と投資家のハーディング行動の間には強い関係があることが発見された．しかしながら，韓国における外国人投資家の取引が株価を不安定にするという証拠はなかったと報告している．

ここではNofsinger・Sias(1999)によって用いられた分析方法を踏襲して分析を行う．ハーディング行動をはかる時間の長さは1年とする．言い換えると，その銘柄が1年間でどれだけ集中して売買されたのかに注目する．投資家別の株式保有割合の変化を投資家別ハーディングの代理変数として使用し，投資家のハーディング行動が株式収益率とどのような関係にあるのかを分析する．具体的には，個人投資家，機関投資家，外国人投資家という異なる三つの投資家に対して，保有比率の変化と株式収益率のクロスセクション関係を分析することになる[*4]．さらに，保有比率の変化がハーディングのあった年の前後の年における収益率とどのような関係にあるかについても分析する．

7.1.2 データ

投資家を「個人投資家」「機関投資家」「外国人投資家」の三つに分類し，Nofsinger・Sias(1999)に従い，1年ごとに各投資家による株式保有比率の変化を分析する[*5]．三

[*4] Nofsinger・Sias(1999)は，彼らの分析において外国人投資家を明示的に分けていない．
[*5] 月次や週次の情報が入手できないので，より短い時間間隔での分析はできなかった．したがって，保有比率の変化がある特定の年のいつの時点（月日）で起きたかまではわからない．より短い期間のデータを使って，近い将来ハーディングに関して詳細な分析が望まれる．

つの投資家グループのなかのある特定の投資家が購入（売却）株数のみを一方的に増やしていくことを，ハーディングが大きくなるといい，投資家による買い（売り）ハーディングと呼ぶ．たとえば，もしある銘柄の保有比率の変化が主として機関投資家の買いハーディングによってもたらされたなら，この銘柄に対する売買注文の不均衡はこの銘柄の株価を押し上げる可能性がある．この場合には，機関投資家の買い行動が機関投資家の保有比率を高め，正の超過収益率がみられることが予想される．

分析に使用するデータは，1975年から1996年における東京証券取引所1部，2部上場銘柄（金融を除く）に対して，月次株式収益率，年次株式時価総額，年次投資家別株式保有数である．東京証券取引所1部，2部は，日本の株式時価総額の90%以上を占めており．1部と2部の違いは，米国におけるニューヨーク証券取引所（NYSE）とアメリカン証券取引所（AMEX）の違いと似ている．表7.1は1部，2部に関する基本統計量である．1部が，上場株式数，取引代金，取引高，時価総額のすべてにおいて2部を上回っていることがわかる．

7.1.3 分析方法

投資家別の株式保有比率の変化と収益率の関係は，毎年3月を基準月として分析し，株式保有構造の情報が会計年度末に対応していることから，3月に会計年度末を迎える企業のみを分析対象とする[6]．3月を基準にした理由は，図7.1が示すように，日本では3月決算の企業が圧倒的に多いことによる．1996年3月をみると，上場企業のおよそ84%が決算を迎えている．加えて，3月決算の企業はさまざまな産業におよんでいる[7]．以上のことから，3月決算の企業は東京証券取引所に上場している企業を代表していると考えても問題はないだろう[8]．

まず最初に，毎年3月末において，前年末にくらべて株式保有比率がどの程度変化したかを投資家別に集計する．つぎに，各年ごとに東京証券取引所上場全銘柄を，各年ごとに集計された保有比率の変化の小さい順，すなわち売りハーディングの顕著な企業から買いハーディングの顕著な企業の順に並べ，それに基づいてこれら企業を五つのグループ（ポートフォリオ）に分類する．投資家は「個人投資家」，「機関投資家」，

---

[6] 3月以外に会計年度末を迎える企業に対して保有構造を調べたが，以下で説明する結果と大きな差はみられなかった．

[7] 3月以外に決算が集中している月はみられない．唯一の例外は，小売業であり，3月に加えて2月に決算を迎える企業が多くみられる．

[8] 3月決算企業が市場の大多数であるとはいえ，分析サンプルの選択バイアスという問題は絶えず存在する．3月決算企業のみを対象にしたことで，結果にバイアスがあるかどうかを調べるために，3月決算だけでなく前年の10月以降（6か月間）に決算を迎える企業を含めて同様の分析を行った．結果は全体的にその傾向がやや弱まったものの，基本的には同じであった．したがって，以下では3月決算のみを対象とした分析結果を報告する．

7.1 株式市場

表 7.1 東京証券取引所上場企業の基本統計量

	1975 年		1997 年	
	1 部	2 部	1 部	2 部
企業数	901	497	1,327	478
取引代金(10億円/日)	53	1.3	434	8.4
取引高(100万株/日)	178	4	430	8
時価総額(10億円)	41,468	1,776	273,907	7,022

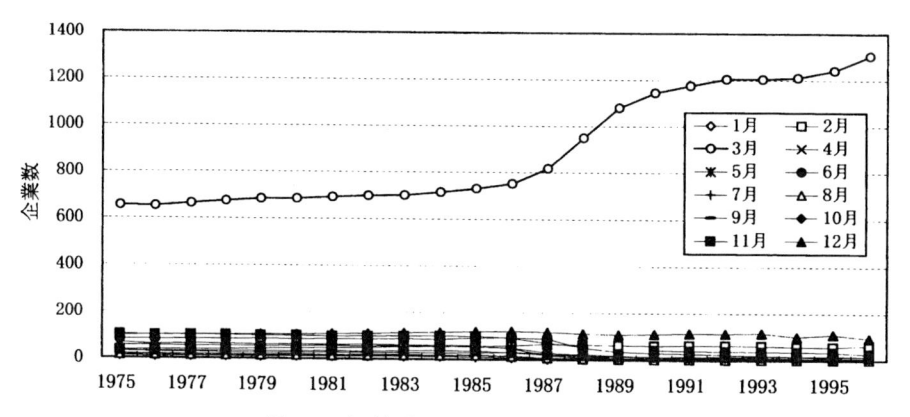

図 7.1 会計年度別企業数(1975-1996 年)

「外国人投資家」の3タイプに分類されているので、五つのポートフォリオも三つの投資家ごとに作られる。ここで、保有比率とは、毎年3月末において各企業の株式が各投資家によってどれだけ保有されたかを発行済み株式数に対する割合で表した数値ある。したがって、分析期間における最初の保有比率の変化のデータは、1975年3月から1976年3月にかけての数値が使われる。分析対象企業数は、分析期間に対して、642社から1244社の間であった[*9]。

各ポートフォリオ収益率のリスクを修正する方法は、ベンチマークポートフォリオを構築しながらリスク修正を行っている Daniel・Grinblatt・Titman・Wermers(1997) の手法に従った。毎年3月において、市場規模と簿価/時価比率を基準に以下の手順で分析対象全銘柄を九つのポートフォリオに分類した。具体的には、各基準で銘柄を三つのグループに分け、それぞれの組み合わせからさらに計9通りに分けた。そして、各銘柄の超過収益率は、その銘柄が属しているグループのポートフォリオ収益率

[*9] ハーディング期間を1年としていることから少なくとも2年続けて3月に決算を迎える企業のみが分析対象となる。

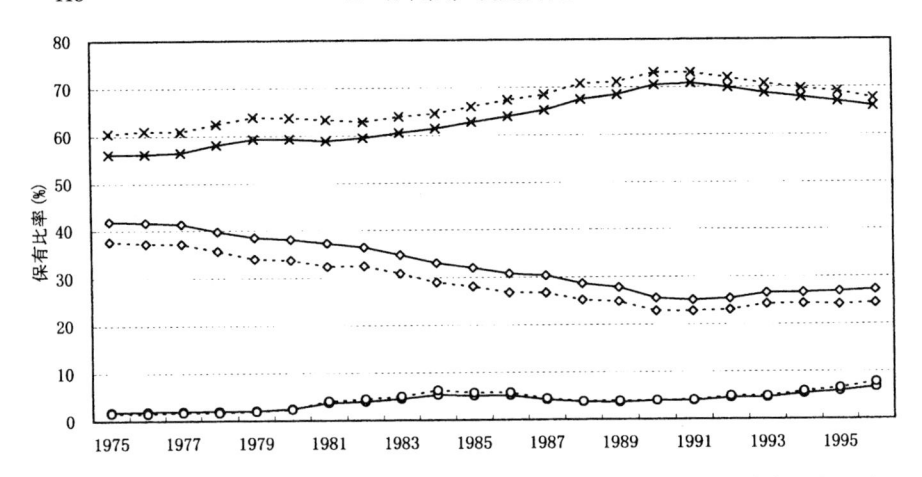

図 7.2 東京証券取引所上場企業の投資家別保有比率（実線：1部, 2部の合計, 破線：1部のみ）

に対する超過部分で定義される[*10]．たとえば，小型・バリュー銘柄の超過収益率は，九つのポートフォリオから小型・バリューを表すポートフォリオを選択し，同銘柄のリターンから対応するポートフォリオの平均収益率をひくことによって求められる．

図7.2は，「個人投資家（◇）」，「機関投資家（×）」，「外国人投資家（○）」によって保有された株式の割合を時系列で表したものである．二つの線は，実線が東京証券取引所1部, 2部上場企業，破線が1部上場企業を対象として計算されている．機関投資家の保有比率は，1975年の56%から1991年の71%まで上昇している[*11]．しかし，その後は徐々に減少している．逆に，個人投資家は，1975年の42%から1991年の27%まで減少している．個人投資家による保有比率の減少は機関投資家による保有比率の上昇でおおむね相殺される．個人投資家の保有比率はその後安定し，1996年においても27%となっている．外国人投資家の保有比率は1980年代の前半まで小さいものの，その後徐々に上昇し，1996年には6.7%まで上昇している．外国人投資家の保有比率は小さいとはいえ，無視することはできない．図では示されていないが，外国人投資家の株式取引高は，1990年において全取引高の13%にすぎなかったが，1999年には41%にまで上昇している．これは機関投資家の取引高に匹敵する大

[*10] Danielらは業種効果を考慮しているが，ここでの分析にはこの修正は含まれていない．また，前章で考察したように日本市場には短期モメンタム効果は存在しないので，これも考慮していない．

[*11] 機関投資家は金融機関と非金融機関に分けられる．この上昇は，おもに金融機関による比率上昇が原因である．具体的には25%から33%まで上昇している．一方，非金融機関はおよそ30%前後で推移している．

7.1 株式市場

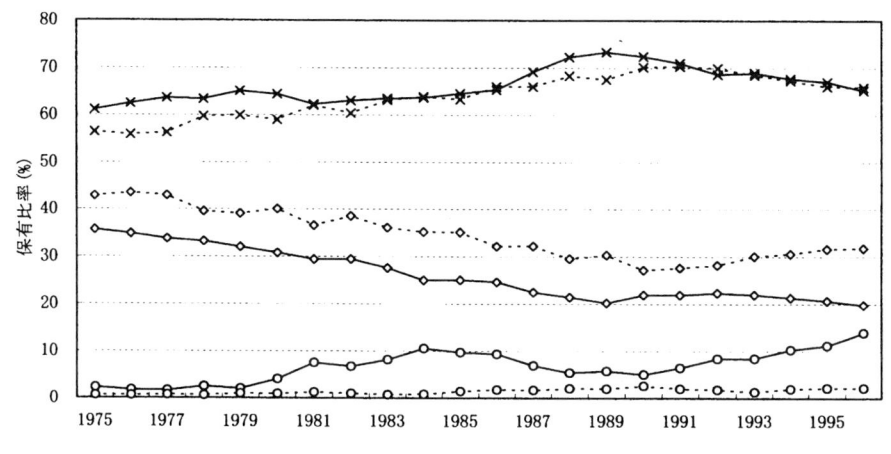

図7.3 東京証券取引所上場企業の投資家別保有比率（実線：大型株，破線：小型株）

きさであり，市場への影響度は大きい．

　企業規模は，ある特定の投資家がポートフォリオを選択する際に重要な要素となる．たとえば，Kang・Stulz(1997)は，外国人投資家が日本市場において大企業の株式を保有する傾向にあることを報告している．また，機関投資家は，見栄えをよくするために大型でよく知られた株式を保有するといわれる．図7.3は，企業規模に基づいた各投資家の保有比率を時系列で表したものである．Kang・Stulzの結果と同様，外国人投資家は大型株を保有する傾向にある．一方，個人投資家は小型株をより多く保有している．機関投資家は70年代後半から80年代後半にかけて大型株をわずかながら多く保有しているが，1990年以降に両者の差はみられない．

　株式保有構造は，「系列」グループ企業であるかどうかによって異なるかもしれない．日本には，六つの主要な都市銀行を中心とした系列グループが存在する[12]．加えて，トヨタや松下などの企業は，流通システムなどの効率性を達成するために独自の系列グループを形成している．日本企業の多くは，これら系列グループの少なくとも一つに属している．グループ内の株式持ち合いにより，非系列企業より系列企業に対してより高い機関投資家保有比率が観察されることを予想したが，実際には両グループの間に有意な差を見つけることはできなかった．さらに，九つの業種（農林水産，建設，製造，卸売り，小売り，金融，不動産，運輸・通信，電力・ガス，サービス）

---

[12] 合併（富士と第一勧業，住友とさくら，三和と東海）により，いまや6大都市銀行系列グループは存在しない．しかし，本節での分析期間ではまだこれら系列が存在しているので，系列分析は重要である．

間に所有比率に関して，有意な差はみられなかった．

7.1.4 保有比率の変化と超過収益率

「個人投資家」,「機関投資家」,「外国人投資家」という三つの異なる投資家に対して，この節では株式保有比率の変化と超過収益率の関係を分析する．前節で述べたように，Nofsinger・Sias(1999)が採用した方法に従い，まず，投資家別に保有比率変化に基づく5分割ポートフォリオを構築する．つぎに，ポートフォリオを構築した年を含め，その前後の年におけるポートフォリオの超過収益率の時系列平均を計算する[*13]．

ここでは，以下の手順で三つの期間（前年，当年，翌年）における超過収益率に焦点をあてる．ハーディング期間の前年の超過収益率は，feedback取引の証拠を検証するために使われる．正のfeedback取引が行われているとすれば，買いハーディング銘柄群の前年のパフォーマンスはプラスの超過収益率が観察されるはずである．ハーディング期間の超過収益率は，投資家のハーディング行動の株価への影響を検証するために利用され，ハーディング期間の翌年の超過収益率は，投資家の取引が果たして情報に基づくものであったかを検証するために利用される．情報に基づく取引であれば，翌年のパフォーマンスに影響は与えないが，情報に基づかない取引の場合には，マイナスの超過収益率が観察されることになる．時間軸を使って説明すると，ポートフォリオは時刻$t=0$月で構築され，保有比率の変化は$t=0$と$t=11$の間で計算される．この12か月間をハーディング年と呼ぶ．その他の期間を定義すると，ハーディング年の前年は$t=-12 \sim -1$，ハーディング年の翌年は$t=12 \sim 23$となる（図7.4）．

さらに，ポートフォリオの属性をみるために，各ポートフォリオに対して超過保有比率，超過規模，超過簿価/時価も計算する[*14]．

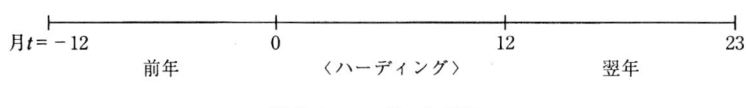

月 $t=-12$　　　　　　0　　　　　　　12　　　　　　23
　　　　　　前年　　〈ハーディング〉　　翌年

図 7.4　ハーディング年

[*13)] 年ごとに計算される保有比率の変化は株式増資や消却の影響を受ける．自社株消却は最近まで認められなかったが，公募増資は最近15年間をみても日本企業の主要な資金調達方法の一つである．詳細な結果の報告を省略するが，我々は発行済み株式数に10%以上変化のあった企業をサンプルから除外することで間接的にではあるが公募増資の影響を分析した．さらに20%基準でも同様の分析を実行した．両ケースとも以下で説明する分析結果と大きな差はみられなかった．一方，上場廃止企業の影響については，サンプルが少ないことから検討は行っていない．

a. 個人投資家によるハーディング

毎年3月，個人投資家の保有比率の変化で各企業を小さい順に並べ，それらを五つのグループに分類した．表7.2は，各グループに含まれる銘柄からなるポートフォリオの特性とハーディング期間前後における超過収益率を表している．パネルAは各ポートフォリオの特性を分析期間に対する時系列平均で表している．まず，期首保有比率（$t=0$ における保有比率の水準）は，保有比率の変化の増加に伴って減少している．すなわち買いハーディングが強まるとともに減少している．これは，個人投資家が，平均以上に保有している株式を売却し，平均以下に保有している銘柄を購入する傾向にあることを示している．言い換えれば，保有構造の平均回帰を意味する．もし個人投資家がある特定の年にある特定の株式に過剰投資すると，彼は翌年にその銘柄の保有を減らすことになることを示している．その他の二つの指標，企業規模と簿価/時価はポートフォリオ間で有意な差となっていない．

パネルBはポートフォリオの平均超過収益率を均等加重と時価加重で計算した結果である．個人投資家による保有比率の変化と超過収益率の間には強い負の関係がみられる．個人投資家による保有比率が最も増加した銘柄群（Q5）は，均等加重で年率 −13.23% と，大きなマイナス超過収益率となっている．これは統計的に 1% 水準で有意である．一方，個人投資家による保有比率が最も低下した銘柄群（Q1）は，均等加重で年率 +25.29% であり，大きなプラス超過収益率となっている．これも統計的に 1% 水準で有意である．時価加重による評価も同様な結果である．また，ここでの結果は，Nofsinger・Sias(1999)によって報告された米国の結果と一致する．彼らの結果は，米国の個人投資家のハーディングは他の投資家とくらべると株価に与えるインパクトは小さいというものである．計算された数値がハーディングを計測するのに使用した1年単位であることから，個人投資家はこの1年の間に下がった銘柄を購入するという negative feedback 取引を行っているようである．

パネルCは，ハーディング年の翌年の超過収益率を示している．均等加重のQ4ポートフォリオを除いて，翌年の収益率はゼロから有意に乖離していない．この結果は，大きく保有比率を低下させた株式の次期のパフォーマンスはよくなるという米国の結果と一致しない．

パネルDは不安定な結果となっている．Q1ポートフォリオに対する前年の均等加重超過収益率は正に有意である．一方で，Q5ポートフォリオもまた正の超過収益率である．しかし，時価加重で計算すると，どちらも有意ではなくなってしまう．パネ

[*14)] 各変数に対する全銘柄の年別クロスセクション平均（全平均）を計算し，各ポートフォリオに対して計算された年別クロスセクション平均との乖離を時系列で平均したものを超過保有比率，超過規模，超過簿価 時価と呼ぶ．なお，規模と簿価 時価比率についてはハーディング年の期首時点（$t=0$）で計算される．

表 7.2 個人投資家による保有比率の変化に基づくポートフォリオの特徴

	Q1 (減少)	Q2	Q3	Q4	Q5 (上昇)	F 値
パネル A：個人投資家の保有比率(%)に関する統計量						
Δ個人	−5.973 (−12.2)	−1.748 (−7.78)	−0.386 (−3.31)	0.717 (6.77)	3.789 (21.2)	183.6
期首比率[a]	5.264 (3.94)	0.293 (0.29)	−1.300 (−0.99)	−1.932 (−1.93)	−2.325 (−2.79)	6.619
簿価／時価[a]	−0.001 (−0.04)	0.011 (0.39)	0.027 (0.94)	0.002 (0.08)	−0.039 (−1.62)	0.857
規模[a]	−3924 (−2.81)	1466 (0.66)	986 (0.51)	312 (0.12)	1160 (0.30)	0.785
Δ機関	4.140 (6.68)	1.224 (2.65)	−0.356 (−0.96)	−0.460 (−8.00)	−2.725 (−14.2)	68.21
Δ外国人	1.845 (5.41)	0.540 (2.39)	−0.035 (−2.45)	−0.257 (−5.22)	−1.013 (−5.65)	33.40
パネル B：ハーディング年の超過収益率($t=0\sim11$)						
均等加重	25.29 (8.91)	5.397 (5.17)	−5.383 (−4.79)	−10.21 (−7.73)	−13.23 (−7.39)	79.44
時価加重	22.78 (7.21)	7.372 (3.73)	−2.257 (−1.75)	−10.26 (−5.66)	−16.77 (−6.56)	47.51
パネル C：翌年の超過収益率($t=12\sim23$)						
均等加重	0.153 (0.13)	0.507 (0.89)	1.133 (1.06)	1.795 (2.11)	−0.713 (−0.54)	0.86
時価加重	−1.059 (−0.76)	0.553 (0.19)	−0.952 (−0.45)	0.309 (0.25)	−2.075 (−1.13)	0.30
パネル D：前年の超過収益率($t=-12\sim-1$)						
均等加重	3.605 (2.76)	0.949 (0.91)	−4.349 (−3.57)	−3.206 (−3.21)	4.900 (2.12)	7.84
時価加重	−0.466 (−0.27)	0.316 (0.14)	−3.179 (−1.80)	−1.963 (−1.02)	−2.299 (−0.78)	0.43

注：[a] の数値は全体の平均からの乖離を，( ) 内は t 値を表す．

ル C と D の結果は，Nodsinger・Sias(1999)によって報告された米国の結果とはやや異なった結果を示している．

7.1 株式市場

表 7.3 機関投資家による保有比率の変化に基づくポートフォリオの特徴

	Q1 (減少)	Q2	Q3	Q4	Q5 (上昇)	F 値
パネル A：機関投資家の保有比率(%)に関する統計量						
Δ機関	−3.906 (−23.0)	−0.879 (−6.34)	0.220 (1.42)	1.511 (6.09)	5.560 (11.3)	159.8
期首比率[a]	3.113 (4.19)	2.215 (2.72)	0.813 (0.75)	−0.970 (−0.89)	−5.170 (−4.61)	11.09
簿価／時価[a]	−0.029 (−1.14)	0.007 (0.24)	0.027 (0.92)	0.013 (0.47)	−0.019 (−0.91)	0.756
規模[a]	−72 (−0.03)	2792 (0.94)	−211 (−0.11)	−1253 (−0.81)	−1256 (−0.51)	0.509
Δ個人	2.396 (11.2)	0.497 (11.3)	−0.385 (2.50)	−1.370 (−2.83)	−4.778 (−8.43)	90.33
Δ外国人	1.501 (4.72)	0.386 (1.37)	0.167 (−0.95)	−0.146 (−3.59)	−0.761 (−5.15)	25.06
パネル B：ハーディング年の超過収益率($t=0\sim11$)						
均等加重	−4.918 (−3.16)	−7.377 (−5.54)	−4.464 (−4.04)	1.598 (2.17)	17.07 (6.32)	36.92
時価加重	−6.497 (−3.18)	−6.448 (−3.24)	−3.143 (−2.21)	2.525 (1.50)	8.615 (3.01)	10.00
パネル C：翌年の超過収益率($t=12\sim23$)						
均等加重	0.738 (0.89)	2.049 (2.29)	2.351 (2.31)	−0.024 (−0.03)	−2.301 (−2.51)	4.18
時価加重	0.058 (0.04)	1.246 (0.69)	2.917 (1.25)	−3.007 (−1.45)	−4.424 (−1.98)	2.30
パネル D：前年の超過収益率($t=-12\sim-1$)						
均等加重	2.928 (1.58)	−2.711 (−1.91)	−4.096 (−3.46)	−0.332 (−0.43)	6.121 (3.65)	8.47
時価加重	−1.962 (−0.91)	−3.374 (−1.23)	−3.684 (−2.61)	−0.113 (−0.07)	4.752 (1.98)	2.59

注：[a] の数値は全体の平均からの乖離を，（ ）内は t 値を表す．

b. 機関投資家によるハーディング行動

表 7.3 は，機関投資家によるハーディング行動に関する分析結果である．パネル A が示しているように，機関投資家は，期首において平均以上に保有している株式を売る傾向にある．逆に，平均以下しか保有していない株式を買う傾向にある．このパタ

ーンは個人投資家の行動と同じである．企業規模や簿価/時価については個人投資家同様，有意なパターンは観察されない．投資家間の関係をみると，機関投資家が保有比率を上昇させると，個人投資家は外国人投資家以上に保有比率を減少させていることがわかる．

パネルBでは，個人投資家のケースと逆に，ハーディング年の超過収益率は保有比率の上昇とともに増加することがわかる．保有比率を最も上昇させたポートフォリオは，＋17.07％の超過収益率を均等加重ポートフォリオでは示している．これは統計的に1％水準で有意な値である．一方，保有比率を最も減少させたポートフォリオは，－4.92％と統計的に有意なマイナスの超過収益率を示している．結果は時価加重で計算したケースとくらべても大きな違いはみられない．これらは，米国での検証結果と同様，機関投資家のハーディングは，他の投資家のハーディングにくらべ株価に対するインパクトが大きいこと，さらに，ハーディング年の1年間の間にpositive feedback取引をしていることと整合的である．

このようにパネルBの結果は，機関投資家のハーディング行動が同年（ハーディング年）に起きる大きな価格変化と強く関係していることを示している．もし機関投資家のハーディングが株価に影響を与える何らかの情報と関係しているなら，機関投資家のハーディングは，同年の株価をそのファンダメンタルズ価値から乖離させることはないはずである．これに関しては，ハーディング年の翌年のリターンを観察することで検証することができる．パネルCが示すように，Q5ポートフォリオに対するハーディング年の翌年の超過収益率は有意に負である．これはリターンリバーサルの傾向を示唆する結果である．一方で，このようなリバーサルはQ1ポートフォリオには観察されない．言い換えると，機関投資家によって大きく売られた株式はその翌年に見かけ上わずかに（統計的に有意でない）正のリターンを示すが，逆に，大きく買われた株式はその後有意に負の収益率を示している．この結果は，機関投資家が最も大きく保有比率を増やしたポートフォリオには，リターンリバーサルが観察されなかった米国の結果と異なる．

有意なリターンリバーサルは，ハーディング年の正のリターンが株式市場の過剰反応によってひき起こされている可能性がある．たとえば，日本の機関投資家は自信過剰であるので，何らかの情報を入手したとしてもタイムリーに自分の予想を改訂しようとはしないかもしれない．あるいは，このリターンリバーサルは，ハーディング年における正の収益率がトレンド追随戦略から得られたものであることとも整合的である．日本のファンドマネージャーの多くは自分自身の評判を気にするので，お互い同士の行動を真似たりして，情報とは関係のないトレンド追随戦略に従ってしまうのかもしれない．いずれにせよ，ここでの結果は，日本の機関投資家の投資行動が株価を

7.1 株式市場

不安定にすることを示唆している.

パネルDは,五つのポートフォリオに対するハーディング年の前年における超過リターンを表す.均等加重のQ5ポートフォリオは,正に有意な超過収益率を示している.これは機関投資家による順バリの取引を支持するものである.一方,Q1ポートフォリオのリターンは有意でない.この結果は時価加重で計算しても変わらない.すなわち,機関投資家は過去のウイナーを購入するが,必ずしも過去のルーザーを売らない[*15].これは米国におけるGrinblattら(1995)の結果と一致する.結局,ここでの結果は,機関投資家が過剰反応したり,株価を不安定にするトレンド追随戦略に従うことを示している[*16].また,機関投資家のハーディングが他の投資家より株価にインパクトを与えているか,ハーディング年にpositive feedback取引を行っていることと整合的である.

c. 外国人投資家によるハーディング

表7.4パネルAは外国人投資家による保有比率の変化に基づくポートフォリオの特性を表している.期首の保有比率は,個人投資家や機関投資家の結果と異なり,有意なパターンを示していない.さらに,企業規模や簿価/時価比率についても有意なパターンがみられない.投資家間の関係をみると,外国人投資家が保有比率を上昇させると,個人投資家が機関投資家より保有比率を低下させる.

パネルBで示すように,外国人による保有比率の変化と均等加重の超過の間には正の関係が観察される.同じ関係は時価加重で計算したケースでも観察される.これは,外国人投資家がハーディング年にpositive feedback取引に従事しているか,あるいは,彼らのハーディングが他の投資家(少なくとも個人投資家)のハーディングより株価にインパクトを与えていることを示唆している.前節で,機関投資家の取引は他の投資家の取引より株価にインパクトを与えると述べたが,外国人投資家と機関投資家のどちらが価格に強いインパクトを持つのかというのは興味深い問題であるので次節で考察する.

ハーディング年の翌年には,どのポートフォリオにも有意な超過収益率が観察されなかった.特に,日本の機関投資家のケースとは逆に,翌年にリターンリバーサルは観察されない.このことは,ハーディング年において外国人投資家は株価に影響を与える情報を的確に評価するので,収益率にその情報が正確に織り込まれるという仮説

[*15] 「ウイナー」,「ルーザー」については第6章を参照のこと.
[*16] 脚注で述べたように,機関投資家は金融機関と非金融機関で構成されている.我々は両者の行動に違いがあるかについて追加の分析を行った.結果は,金融機関の方が非金融機関にくらべより顕著にここで報告したような現象が現れた.非金融機関の性格を考えると当然の結果といえる.

表7.4 外国人投資家による保有比率の変化に基づくポートフォリオの特徴

	Q1 (減少)	Q2	Q3	Q4	Q5 (上昇)	F 値
パネルA：外国人投資家の保有比率(%)に関する統計量						
Δ外国人	-2.383 (-7.20)	-0.341 (-3.83)	0.013 (0.44)	0.459 (4.77)	3.394 (9.44)	84.07
期首比率[a]	3.369 (4.52)	-1.115 (-3.88)	-2.111 (-15.7)	-0.905 (-2.89)	0.762 (1.44)	22.26
簿価／時価[a]	-0.029 (-1.26)	0.001 (0.05)	0.012 (0.38)	0.007 (0.26)	0.008 (0.35)	0.392
規模[a]	1214 (0.54)	-3008 (-1.65)	-3481 (-1.55)	2276 (0.83)	2999 (1.14)	1.648
Δ個人	0.609 (6.48)	-0.256 (2.28)	-0.415 (1.67)	-0.686 (-0.20)	-2.892 (-6.22)	29.95
Δ機関	1.788 (4.48)	0.607 (0.45)	0.414 (-0.46)	0.231 (-1.29)	-0.504 (-2.92)	10.21
パネルB：ハーディング年の超過収益率($t=0\sim11$)						
均等加重	-6.384 (-4.58)	-6.748 (-4.83)	-4.147 (-4.19)	0.365 (0.25)	18.77 (7.31)	42.05
時価加重	-6.407 (-4.13)	-7.836 (-3.11)	-5.491 (-2.26)	-2.259 (-1.13)	12.47 (5.42)	14.35
パネルC：翌年の超過収益率($t=12\sim23$)						
均等加重	-2.386 (-1.40)	-0.754 (-0.66)	1.078 (0.91)	2.467 (2.12)	2.438 (1.23)	2.04
時価加重	-2.909 (-1.62)	-2.153 (-1.22)	1.083 (0.55)	0.563 (0.18)	-0.307 (-0.15)	0.60
パネルD：前年の超過収益率($t=-12\sim-1$)						
均等加重	7.695 (2.96)	-3.023 (-2.58)	-4.900 (-2.83)	-1.518 (-1.63)	3.490 (2.00)	8.83
時価加重	2.857 (1.94)	-1.084 (-0.44)	-5.912 (-2.55)	-3.321 (-1.55)	-1.689 (-0.85)	2.32

注：[a]の数値は全体の平均からの乖離を，( )内は t 値を表す．

と一致する．このように，ハーディング年内の positive feedback 取引とその翌年のリターンリバーサルの欠如は外国人投資家の取引が情報と関係しており，株価を不安定にしないという議論を展開した Brennan・Cao(1997)と一致する．

一方で，ハーディング年の前年に対する結果は，パネルDが示すように，はっき

りしない．均等加重のQ1とQ5のポートフォリオに対する収益率は正に有意である．時価加重で計算されたポートフォリオでは同様の傾向がみられず，有意でない値を示している．小型株の効果がより強く反映される均等加重の特性から考えて，少なくとも，過去のウイナーとルーザーを購入したり販売したりするという行動は，小型株により強くみられることが考えられる．

以上をまとめると，日本における外国人投資家は，その行動の結果としてハーディング年の翌年にリターンリバーサルをひき起こさないので，彼らは十分に情報を持ち，彼らの行う取引は情報と密接に関係している．この結果は，米国における機関投資家に対する結果と似ており，日本では外国人投資家が米国の機関投資家の役割を担っていると考えることもできる．

d. 機関投資家と外国人投資家の関係

これまでの分析で，機関投資家と外国人投資家のハーディング行動は，他の投資家（少なくとも個人投資家）のハーディング行動より株価に強いインパクトを与えることを報告した．そこでここでの関心は，どちらのハーディング行動がより強い価格インパクトを持つのかという点である．これを調べるためにはまず個人投資家の影響を除く必要がある．そこで，個人投資家の影響が強い表7.2におけるQ1とQ5ポートフォリオに含まれる株式をサンプルから除くことにする．言い換えると，残ったサンプルに含まれる株式は，個人投資家による保有比率の大きな変化を経験していないことになる．この操作により，我々は機関投資家と外国人投資家による保有比率の変化と超過リターン関係を個人投資家の影響を最小に抑えて比較することができる．

このサブサンプルに対して，まず，前節同様，機関投資家による保有比率の変化に基づき各株式を五つのグループに分類する．平行して，外国人投資家による保有比率の変化に基づいて五つのグループに各株式を分類する．つぎに，機関投資家が最も保有比率を減少させ，かつ外国人投資家が最も保有比率を高めた銘柄群をG1ポートフォリオとする．つぎに，機関投資家が2番目に保有比率を減少させ，かつ外国人投資家が2番目に保有比率を増加した銘柄群をG2ポートフォリオとする．以下同様の手順で，G3，G4，G5ポートフォリオをそれぞれ構築する．したがって，G5ポートフォリオは，機関投資家が最も保有比率を増加させ，かつ外国人投資家が最も保有比率を減少させた銘柄群となる．

これらG1からG5のポートフォリオは，機関投資家と外国人投資家による保有比率の変化に基づいて構築したものである．比較のため，個人投資家と機関投資家の関係，さらには個人投資家と外国人投資家の関係も分析するために，同様の方法でG1からG5のポートフォリオを構築した．

表7.5 2投資家の関係に基づくハーディング年の超過収益率

	G1	G2	G3	G4	G5
パネルA：機関投資家/外国人投資家					
均等加重	4.317	−7.246	−5.615	−7.202	−0.651
	(2.87)	(−3.23)	(−2.62)	(−4.20)	(−0.34)
パネルB：個人投資家/機関投資家					
均等加重	14.41	−0.227	−6.755	−11.11	−13.80
	(5.77)	(−0.15)	(−3.83)	(−6.88)	(−7.61)
パネルC：外国人投資家/個人投資家					
均等加重	−15.98	−13.30	−5.210	0.549	21.468
	(−8.53)	(−6.88)	(−2.39)	(0.27)	(8.00)

注：「i 投資家/j 投資家」は，G1 ポートフォリオ（保有比率最大低下/保有比率最大増加），G5 ポートフォリオ（保有比率最大増加/保有比率最大低下）に対応する．( )内は t 値を表す．

表7.5のパネルAは，外国人投資家と機関投資家の関係に対するハーディング年の超過リターンを表している[17]．G1 ポートフォリオの超過収益率は有意に正であるが，G2からG4までのポートフォリオの超過収益率は負に有意である．そして，G5 ポートフォリオの超過収益率は有意でない．この結果は，個人投資家の影響を除くと，外国人投資家のハーディングが機関投資家のハーディングよりも価格インパクトが強いことを示唆している．パネルBとCは，前節で得た結果と矛盾がなく，機関投資家や外国人投資家のハーディング行動が個人投資家のハーディング行動より価格に強いインパクトを持つことを示している．

7.1.5 感応度分析

個人投資家のハーディング行動は株価にインパクトを与えず，ハーディング行動や収益率の計測期間であるハーディング年のなかで negative feedback 取引を行っている．一方で，機関投資家や外国人投資家のハーディング行動は株価にインパクトを与えている．ハーディング年のなかで positive feedback 取引がこれら投資家に対しては観察される．ただし，その後のリターンリバーサルは機関投資家にのみ観察される．以下の節では，これまでの結果の頑健性をテストするために，ポートフォリオ構築方法，時間安定性，期首保有比率，企業規模が結果にどのような影響を与えるのかについて考察する[18]．

---

[17] 表は均等加重ポートフォリオの場合だが，時価加重で計算したケースでも同様の結果を得た．

7.1 株式市場

a. 時間安定性とポートフォリオ構築

これまでの分析では，Nofsinger・Sias の方法に従い，毎年3月末において，保有比率の変化に基づくポートフォリオを構築した．この方法は，分析対象データが年次データでありサンプル数が少ないという理由で，たとえばバブル前後といったサブサンプルを使った分析結果の安定性を検証するときにはふさわしくない．日本では1980年代の後半にバブルを経験しているので，投資家行動がその前後で変化したかどうかを考察することは興味深い．加えて，東京市場における外国人投資家の存在はバブル以降重要になってきた．さらに，もし保有比率の変化のばらつきが時間に対して不安定であるなら，Nofsinger・Sias の方法は説得力のある結果をもたらしてくれない．結果の頑健性を検証するために，毎年ポートフォリオを構築するのではなく，期間を三つに分け，年に関係なく期間内のすべての保有比率の変化に基づいてポートフォリオを構築することにした．

表7.6は，ハーディング年とその前後に対するQ5ポートフォリオとQ1ポートフォリオのリターンを表している．サンプルは期間に対応して三つのサブサンプル（期間1（バブル前）：1976-1984年；期間2（バブル）：1985-1989年；期間3（バブル後）：1990-1996年）に分類される．ハーディング年における超過リターンは，各投資家とも時間と共に安定している．これら結果は，表7.2から表7.4までのパネルBに示された結果と一致する．

個人投資家に関してみると，Q1ポートフォリオのハーディング年の前年の超過収益率は安定して正である．一方，Q5ポートフォリオの超過収益率は正であったり負であったりと安定しない．Q1とQ5のリターン格差は，前半正に有意であったが，後半負に有意であり，全体的には有意ではない．これは表7.2のパネルCの結果と同じである．機関投資家に関してみると，Q5ポートフォリオのハーディング年の前年の超過収益率は安定して正である．これは機関投資家によるトレンド追随の投資を示唆し，表7.3のパネルCの結果と同じである．外国人投資家についてみると，Q1ポートフォリオのハーディング年の前年の超過収益率は安定して正である．一方，Q5ポートフォリオの超過収益率は，前半は正に有意であったが，後半は有意でない．全体的に正に有意であるという結果は，バブル前の期間の結果の現れである．言い換えると，外国人投資家の割合が少なかった期間前半において，外国人投資家はトレンド追随の投資を行っていたと考えられる．

ハーディング年の翌年の収益率について通期でみると，個人投資家のQ1とQ5ポ

[*18] 本章のこれまでの結果は異常値の影響を受けている可能性がある．そこで保有比率の変化や超過収益率の幅が10%（1年あたり）を越えたものをサンプルから除外し再度分析を行った．しかし，結果に大きな違いはみられなかった．また，本節では，均等加重ポートフォリオを使った結果のみ示している．

表7.6 ポートフォリオ構築と時間安定性

	ハーディング年			前年			翌年		
	Q1	Q5	Q5-Q1	Q1	Q5	Q5-Q1	Q1	Q5	Q5-Q1
パネルA：個人投資家ハーディング									
期間1	29.73	-10.93	-40.67	4.339	9.602	5.263	0.009	1.079	1.070
	(17.2)	(-11.7)	(-20.7)	(3.72)	(6.32)	(2.75)	(0.01)	(0.96)	(0.64)
期間2	34.52	-25.19	-59.71	0.804	4.057	3.254	0.974	-6.562	-7.536
	(14.1)	(-23.6)	(-22.4)	(0.37)	(1.84)	(1.05)	(0.57)	(-4.13)	(-3.24)
期間3	12.10	-6.646	-18.75	2.955	-1.351	-4.306	-2.519	2.067	4.586
	(13.2)	(-11.1)	(-17.1)	(3.54)	(-1.74)	(-3.78)	(-4.73)	(2.60)	(4.79)
全期間	23.35	-12.24	-35.59	2.362	2.979	0.617	-0.401	-0.405	-0.005
	(25.4)	(-25.0)	(-34.2)	(3.09)	(3.88)	(0.57)	(-0.60)	(-0.64)	(-0.01)
パネルB：機関投資家ハーディング									
期間1	-2.956	21.94	24.90	9.603	3.400	-6.203	1.183	-0.773	-1.956
	(-2.57)	(12.5)	(11.8)	(6.81)	(2.96)	(-3.41)	(1.05)	(-0.64)	(-1.18)
期間2	-12.61	22.79	35.40	-0.935	8.979	9.914	-2.548	-2.519	0.028
	(-8.56)	(9.23)	(12.3)	(-0.48)	(3.73)	(3.19)	(-1.62)	(-1.53)	(0.01)
期間3	-0.177	6.604	6.781	-1.846	4.395	6.241	2.497	-3.364	-5.861
	(-0.26)	(7.52)	(6.14)	(-2.67)	(5.10)	(5.65)	(3.11)	(-6.68)	(-6.18)
全期間	-3.146	15.47	18.62	2.201	4.800	2.600	1.295	-2.402	-3.697
	(-5.72)	(17.0)	(17.5)	(3.23)	(5.78)	(2.43)	(2.15)	(-3.67)	(-4.16)
パネルC：外国人投資家ハーディング									
期間1	-4.189	23.98	28.17	7.877	9.040	1.163	0.043	4.674	4.632
	(-3.48)	(15.3)	(14.2)	(5.74)	(7.55)	(0.64)	(0.04)	(3.50)	(2.61)
期間2	-13.56	20.15	33.71	11.16	-2.455	-13.62	-8.089	1.252	9.340
	(-9.29)	(11.3)	(14.6)	(5.14)	(-1.42)	(-4.90)	(-4.95)	(0.78)	(4.08)
期間3	-4.073	8.925	13.00	4.338	0.596	-3.741	-1.616	1.473	3.089
	(-6.97)	(13.1)	(14.5)	(5.59)	(0.97)	(-3.77)	(-2.88)	(2.67)	(3.93)
全期間	-6.577	15.48	22.05	7.202	2.165	-5.037	-3.350	1.930	5.280
	(-10.7)	(22.4)	(23.9)	(8.97)	(3.83)	(-5.13)	(-5.59)	(3.15)	(6.16)

注：期間1は1976-1984年，期間2は1985-1989年，期間3は1990-1996年である．（ ）内はt値を表す．

ートフォリオの超過収益率は有意でない．これは表7.2のパネルBの結果と一致している．しかし，このパターンは時間に対して安定していない．機関投資家に関しても，通期でみると，表7.3のパネルBの結果と一致する．Q5ポートフォリオのリターンは3期間とも負であるが，Q5とQ1ポートフォリオの収益率の差は必ずしも有

意であるというわけではない．リターンリバーサルは最後の期間で観察される．外国人投資家に関してみると，すべての期間に対して，Q5 ポートフォリオのリターンが Q1 ポートフォリオのリターンより大きい．Q5 ポートフォリオにはリターンリバーサルは観察されない．ここでの結果は，ポートフォリオの構築方法やサンプル期間にかかわらず前節の結果が変わらないことを示している．

b. 期首保有比率の水準

個人投資家は，自分の保有比率が全体の平均より少ないとき，その後の1年間でその保有比率を高める傾向にある．同じパターンは機関投資家にもみられる．言い換えると，両投資家とも高い保有比率の銘柄を売却し，低い保有比率の銘柄を購入する．しかし，外国人投資家にはこのような傾向があてはまらない．具体的には，彼らの保有比率が平均以上であればそれを低下させる傾向にあるものの，平均以下の銘柄を必ずしも増やすとは限らない．したがって，個人投資家や機関投資家にくらべてこのパターンは強くない．

この現象がこれまで考察してきた結果に影響を与えるかをみるために，毎年期首保有比率に基づく五つのグループを作った．このうち，最も大きな期首保有比率の銘柄群と最も小さな期首保有比率の銘柄群について，それぞれ保有比率の変化で5分割し，このなかの両極端なグループが異なるパターンを持つかどうかを調べることにした．これまでと同様，各グループの五つのポートフォリオに対する超過収益率の時系列平均を計算する．この手順は，個人投資家，機関投資家，外国人投資家，それぞれ対して行われる．結果は表 7.7 に示されている．

パネル A は個人投資家に対する結果である．ハーディング年や翌年の超過収益率に対して，二つのグループ間に有意な差はみられない．最も低い期首保有比率のグループは，最も高い期首保有比率のグループより高い前年の超過収益率を持つ．

パネル B は機関投資家に対する結果である．ハーディング年における超過収益率は両グループとも同様なパターンを示している．機関投資家が保有比率を増加（低下）したとき，正（負）の超過収益率が観察される．両グループとも Q5 ポートフォリオに対して，翌年には負に有意な収益率を示し，前年には正に有意なリターンを示す．この結果は，これまでの結果と一致し，リターンリバーサルや機関投資家によるトレンドを追いかける投資行動を示唆している．

パネル C は外国人投資家に対する結果である．ハーディング年とその翌年に対する超過収益率のパターンは両グループとも同じである．前年に対して，最も高い期首保有比率のグループは最も低いグループより高い正の収益率を示している．これは，その株式が市場全体よりも高い（低い）上昇率のとき，その株式に対する外国人投資家の保有比率はより平均以上（以下）になることを示唆している．しかし，前年の収

表7.7 期首保有比率別にみる保有比率変化に基づくポートフォリオ収益率

		Q1	Q2	Q3	Q4	Q5	F値
パネルA：個人投資家ハーディング							
最大期首保有比率グループ	ハーディング年	27.50 (6.77)	7.676 (3.28)	-2.995 (-1.77)	-8.640 (-4.80)	-15.52 (-5.96)	42.5
	翌年	-0.496 (-0.18)	1.584 (1.18)	3.128 (2.56)	1.627 (0.77)	3.886 (2.31)	0.77
	前年	4.167 (1.57)	-3.420 (-1.52)	-4.368 (-2.38)	-11.44 (-5.41)	-2.618 (-1.21)	6.26
最小期首保有比率グループ	ハーディング年	21.88 (7.27)	-0.838 (-0.45)	-7.592 (-4.09)	-9.583 (-6.03)	-11.65 (-4.28)	38.2
	翌年	-1.380 (-0.81)	0.164 (0.10)	-0.317 (-0.22)	-1.166 (-0.75)	-1.183 (-0.54)	0.15
	前年	9.004 (3.17)	4.005 (2.10)	1.011 (0.47)	2.691 (1.41)	12.54 (3.47)	3.46
パネルB：機関投資家ハーディング							
最大期首保有比率グループ	ハーディング年	-3.961 (-1.85)	-6.315 (-3.64)	-6.481 (-3.83)	-3.403 (-1.78)	11.88 (3.48)	12.0
	翌年	-4.948 (-3.52)	1.395 (1.51)	4.111 (2.02)	-0.778 (-0.42)	-3.889 (-1.57)	4.18
	前年	7.754 (2.32)	0.759 (0.36)	-2.525 (-1.10)	-1.911 (-1.07)	4.186 (1.96)	3.24
最小期首保有比率グループ	ハーディング年	-8.409 (-2.62)	-4.593 (-2.95)	-3.129 (-1.87)	4.232 (2.46)	18.91 (5.41)	20.0
	翌年	2.652 (1.23)	4.622 (2.33)	2.219 (2.39)	-0.884 (-0.62)	-2.764 (-1.23)	2.64
	前年	-3.170 (-1.52)	-5.905 (-4.20)	-4.529 (-2.90)	1.445 (0.80)	8.340 (2.54)	7.36
パネルC：外国人投資家ハーディング							
最大期首保有比率グループ	ハーディング年	-4.600 (-1.37)	-6.678 (-3.24)	-2.490 (-1.40)	3.555 (1.07)	18.30 (4.94)	12.3
	翌年	-2.803 (-0.94)	-0.888 (-0.46)	-3.891 (-2.02)	4.181 (1.14)	3.364 (1.03)	1.63
	前年	18.06 (3.70)	12.85 (4.24)	4.776 (2.28)	5.484 (2.37)	10.85 (2.79)	2.60
最小期首保有比率グループ	ハーディング年	-1.934 (-0.94)	-4.877 (-2.34)	-1.052 (-0.43)	-1.138 (-0.50)	10.86 (4.25)	7.39
	翌年	-0.948 (-0.58)	4.660 (1.80)	3.167 (1.49)	-0.509 (-0.33)	1.458 (0.85)	1.48
	前年	-5.854 (-2.90)	-3.757 (-1.41)	-2.203 (-1.09)	-3.240 (-2.58)	-0.495 (-0.28)	0.98

注：( )内はt値を表す。

益率は翌年の保有比率の変化を説明しない．これはこれまでの結果と一致する．結局，最も高い期首保有比率と最も低い期首保有比率のグループに対してハーディング年前後の超過収益率を分析したが，両者とも同じようなパターンを持つことがわかった．したがって，期首保有比率を考慮したとしても前節の結果が変わることはないといえる．

c. 企業規模と feedback 取引

Nofsinger・Sias(1999)は，機関投資家の feedback 取引が小型株に限定されることを報告している[*19]．ここでは，企業規模と feedback 取引，ならびに保有比率の変化の間の関係を分析する．これまで得た結果に対する企業規模の影響を調べるために，すべての企業を毎年企業規模で五つのグループに分類する．そして，大型企業グループと小型企業グループ内を個人投資家の保有比率の変化でさらに五つに分割する．両極端な企業規模グループが異なるパターンを持つのか考察するために，これまでと同様，各グループごとに五つのポートフォリオに対する超過収益率の時系列平均を計算する．ハーディング年とその前後の年の超過リターンを計算する．同じ操作は機関投資家や外国人投資家に対しても行う．結果は表7.8に示されている．

パネルAは個人投資家に対する保有比率変化と超過収益率の関係を示している．基本的なパターンは，両グループとも似通っている．しかし，ハーディング年の前年における正に有意な収益率は大型グループに観察される一方で，小型グループには負に有意なリターンが観察される．これはパネルB，Cにおける機関投資家や外国人投資家にも観察される．これは大型株がより多くのウイナーを含み，小型株がより多くのルーザーを含むという点で予想通りの結果といえるかもしれない．Nodsinger・Sias (1999)も米国において同様な結果を示している．しかし，彼らは，大型株に対するQ1ポートフォリオのより高いラグ付きパフォーマンスを示すことによって，機関投資家の feedback 取引が小型株に限定されていると結論付けている．しかし，ここでは大型株に対するQ5ポートフォリオの収益率がQ1ポートフォリオの収益率より高く，小型株ではQ1ポートフォリオとQ5ポートフォリオの間に違いが見られないので，日本における結果は米国の機関投資家のそれとは逆である．機関投資家の feedback 取引は日本において機関投資家の主要な投資対象である大型株に限定されていると考えられる．

ハーディング年における超過収益率に対する基本的なパターンは変わらない．翌年の収益率についてみると，大型株にのみリターンリバーサルが観察される．言い換えると，小型株は翌年に大型株より高い収益率を示す．この結果は，小型株に引き続き

[*19] Lakonishok・Shleifer・Vishny(1992)は，年金基金のファンドマネージャーによる feedback 取引は小型株に限られていることを報告している．

7. 日本市場の実証分析 II

表7.8 企業規模別にみる保有比率変化に基づくポートフォリオ収益率

		Q1	Q2	Q3	Q4	Q5	F値
パネルA：個人投資家ハーディング							
大型グループ	ハーディング年	22.52 (6.18)	6.638 (3.36)	−1.032 (−0.68)	−8.992 (−4.94)	−16.19 (−7.54)	40.7
	翌年	−0.945 (−0.57)	0.931 (0.51)	2.130 (0.91)	−1.461 (−0.89)	0.465 (0.23)	0.58
	前年	8.933 (4.47)	6.856 (3.42)	7.750 (2.36)	5.617 (3.28)	13.17 (3.20)	1.09
小型グループ	ハーディング年	26.14 (4.97)	5.217 (2.33)	−4.152 (−1.85)	−8.697 (−4.31)	−6.923 (−3.13)	22.1
	翌年	0.630 (0.38)	3.977 (1.64)	4.175 (2.14)	2.664 (1.99)	2.475 (1.41)	0.59
	前年	−5.166 (−3.75)	−9.103 (−4.12)	−14.02 (−5.89)	−15.26 (−7.06)	−8.061 (−3.62)	4.03
パネルB：機関投資家ハーディング							
大型グループ	ハーディング年	−3.681 (−1.54)	−3.882 (−2.09)	−2.116 (−1.17)	3.062 (1.59)	9.844 (4.34)	8.09
	翌年	0.338 (0.20)	2.242 (0.90)	3.088 (1.81)	−1.121 (−0.64)	−3.469 (−2.80)	2.08
	前年	6.697 (2.47)	8.694 (3.39)	4.352 (2.00)	6.272 (3.10)	16.50 (4.61)	3.14
小型グループ	ハーディング年	−3.941 (−1.65)	−6.094 (−3.62)	−3.182 (−1.78)	3.054 (1.57)	21.59 (4.21)	15.3
	翌年	0.781 (0.63)	4.762 (3.36)	6.111 (2.44)	2.898 (1.49)	−0.662 (−0.37)	2.30
	前年	−6.645 (−3.05)	−12.95 (−6.06)	−15.03 (−6.35)	−10.96 (−4.92)	−5.827 (−4.27)	3.63
パネルC：外国人投資家ハーディング							
大型グループ	ハーディング年	−7.758 (−3.69)	−4.755 (−2.37)	−3.397 (−2.86)	3.295 (1.37)	15.74 (4.93)	17.0
	翌年	−1.723 (−0.85)	−1.228 (−0.68)	−1.144 (−0.58)	2.914 (1.10)	2.351 (0.90)	0.98
	前年	17.13 (4.40)	7.136 (3.13)	4.418 (1.81)	7.362 (3.31)	6.914 (2.99)	3.31
小型グループ	ハーディング年	−1.727 (−0.93)	−2.131 (−0.75)	−1.080 (−0.43)	−1.220 (−0.50)	17.32 (5.11)	10.1
	翌年	0.962 (0.52)	2.727 (0.84)	5.191 (1.65)	2.257 (0.94)	2.773 (0.69)	0.26
	前年	−12.48 (−5.17)	−14.90 (−5.21)	−11.37 (−6.42)	−8.097 (−4.40)	−5.134 (−3.69)	3.26

注：( )内は t 値を表す。

強いパフォーマンスがみられるという米国の結果と一致している．外国人投資家に対する結果も，ハーディング年とその翌年に対して，二つのグループ間で異なる結果はみられない．結局，企業規模を考慮しても，これまで得た結果に変わりはないという確証を得た[*20]．

7.1.6　ま　と　め

　本節では，日本の株式市場に関する20年間のデータを使い，特定の投資家による株式保有比率の変化と株式リターンの間の関係を分析した．米国におけるこれまでの研究では，個人投資家と機関投資家のハーディング行動に焦点があてられてきた．本研究ではこれら投資家に加えて，日本の株式市場で重要な役割を果たしていると考えられる外国人投資家を分析対象にした．予想どおり，機関投資家と外国人投資家が個人投資家より株価に強いインパクトを与えるということが確認された．さらに，個人投資家の影響をできる限り排除したうえで，外国人投資家が機関投資家より価格に強い影響を与えることがわかった．この結果は，一年というハーディング期間のなかで機関投資家と外国人投資家が，価格の上昇した銘柄を購入する positive feedback 取引を行っているという仮説とも整合的である．

　ハーディング期間前後の株価の動きをみると大型株式に限定したような positive feedback 取引が，日本の機関投資家には観察される．そして，その後にリターンリバーサルが観察されるということは，機関投資家の取引が株価を不安定にするという見方と一致している．このような現象は，米国では観察されていない．一方，外国人投資家はトレンドを追いかけるような投資行動をとっていないようである．リターンリバーサルが観察されないことから，彼らの取引は情報に基づいていると考えることができる．実際，外国人投資家が買い越した株式は，ハーディング期間後彼らが売り越した株式より良好なパフォーマンスを示している．外国人投資家のハーディング行動は，Nofsinger・Sias (1999) によって示された米国における機関投資家のハーディング行動と似ている．ポートフォリオ構築方法，期首の株式保有比率の水準，分析期間の選択，企業規模など，結果の頑健性についてその他のさまざまな角度から分析を行ったが，結果に変わりはなかった．

[*20]　同様の結果を簿価/時価比率を基準にして行った．結果は企業規模の場合と同じ傾向であった．高い簿価/時価比率の株式に対する結果は小型株に対する結果と類似し，低い簿価/時価比率の株式に対する結果は大型株に対する結果と類似している．

7.2 商品先物市場[*21]

7.2.1 はじめに

欧米を中心とした多くの研究が，異なる資産間の収益率に有意な相関があることを報告している．伝統的ファイナンスの立場に立てば，資産間の共変動はそれら資産の価値を決めるファクターに対するエクスポージャーから生じていると考えられる．しかしながら，いくつかの共通ファクターからの影響を取り除いた後にも，資産間の共変動は存在し，この現象は「超過共変動」と呼ばれるようになっている．たとえば，Pindyck・Rotemberg(1993)，Karolyi・Stulz(1996)は株式価格の共変動について，伝統的ファイナンスが提供する共通ファクターを除いた後にも共変動は存在すると報告している．株式市場においては，小型株，バリュー株，クローズドエンド型投信，業種，レーティングなどが，共変動をするカテゴリーとして報告されている．そこで，Barberis・Shleifer・Wurgler(2001)は，このような超過共変動の生じる原因について，非合理的投資家の投資行動が資産価格に影響を及ぼすとする行動ファイナンスからのアプローチを用いた分析を行っている．また，Barberis・Shleifer・Wurgler(2001)では，このような超過共変動がポートフォリオ構築に与える影響を分析している．

商品市場においても同様の報告がなされている．Pindyck・Rotemberg(1990)は，月次データを用いて一見すると関係のなさそうな七つの商品を取り上げ，商品価格の超過共変動について分析を行った．手法としては，商品価格に影響を与えるファンダメンタルズとして，六つの経済金融指標を採用し，商品価格の変動を説明しようとした．もし市場参加者がこれら経済指標に基づき行動しているなら，このモデルで説明できない残差部分にはもはや相関は存在しないはずである．しかしながら，結果は残差部分にも相関が残るというものだった．Pindyck・Rotemberg(1990)は，このモデルで説明できない超過共変動の原因の一つとして，何らかの理由で投資家が連鎖的に強気になったり，弱気になったりすることをあげている．すなわち，投資家のハーディング行動が価格変動の共通性をもたらしていると考えたのである[*20]．

本節では，Pindyck・Rotemberg(1990)の手法を踏襲しながら，日本の商品先物市場，具体的には，東京工業品取引所と東京穀物商品取引所に上場されている商品先物に焦点をあてて分析を行う．果たして，日本の商品先物価格にも米国でみられるよう

[*21] 本節は飯原・加藤・徳永(2003)に加筆したものである．
[*22] Pindyck・Rotemberg(1990)の手法に基づき，Deb・Trivedi・Varangis(1996)，Cashin・McDermott・Scott(2000)，Garrett・Taylor(2000)らが商品価格の分析を行っている．Shefrin(2000)は，「オレンジジュースの価格が，フロリダの天候やブラジルの供給量とは関係なく，ときにはシカゴの大豆の価格と連動して動くことがある」という証拠を示している．

な超過共変動が存在するのであろうか．商品市場の価格自体が入手困難な反面，先物価格は豊富なデータが利用可能であり，理論的に商品価格と商品先物価格の関係がきわめて強いことを考えれば，日本の商品先物市場に関する分析結果を米国の商品価格の分析結果と比較することは妥当であろう．

まず，米国の先行研究と同じく，月次のデータを用いて分析を進めた．分析を進めるにあたって，輸入商品を対象とした先物価格は為替の影響を大きく受けているので，共通変動要因として為替の効果を除く必要があった．また，経済・金融指標との関係を考慮するために為替以外にも五つのマクロ変数を使い，商品価格の共通変動を取り除くことにした．ただ，日本のデータに関する限り，多くの商品先物において為替以外のマクロ変数は有意に関係していない．このモデルによる誤差項の変動に関する結果は，米国のそれと異なり，同一市場内においては超過共変動が残るものの，異なった市場間では超過共変動がほとんど観察されないことがわかった．

米国と異なる結果が出たことにより，日本における結果の安定性を調べるために，日次データを用いて同様の検証を行った．日次データを使う場合には，データの制約上マクロ変数を使った共通変動の除去はできないが，月次データの分析結果からマクロ要因はあまり関係していないことがわかったので，大きな問題はないと思われる．共通ファクターとしては，輸入商品を対象とした先物価格が，日々の為替変動の影響を受けやすいことから，為替の効果に関しては月次データ同様考慮した．それに加えて日次データの場合には，不均一分散を考慮して分析を進めることにした．Debら(1996)は，ARCH効果を考慮した場合に，Pindyck・Rotemberg(1990)が指摘するほど超過共変動は強くないことをアメリカの月次データを利用して指摘している．しかしながら，日本の日次データを使った分析では，為替の効果とARCH効果を取り除いた後の変動部分の相関は，いくつかの組み合わせに対して有意であることがわかり，Debら(1996)の結果とは異なる結果となった．

7.2.2 データと基本統計量

本節では，日本の商品先物の月次価格変動と日次価格変動に焦点をあてた実証分析を行う．分析対象として取り上げた商品は，東京工業品取引所に上場している金，銀，白金，ゴムの4商品と，東京穀物商品取引所に上場しているコーン，大豆，粗糖，小豆の4商品で，1993年1月から2001年12月までの期間を対象とした[23]．観測数は，月次データが107個，日次データが2,208個である．これら以外にもいくつかの商品が上場されているが，最近上場されているものや取引量が少ないものも多く，これら8商品のように安定した取引が行われ，比較的長期にわたってデータが存在している

---

[23] データは東京工業品取引所と東京穀物商品取引所のホームページよりダウンロードした．

表7.9 基本統計量(1993年1月～2001年12月)

	東京工業品取引所				東京穀物商品取引所			
	貴金属				輸入品			国内産
	銀	白金	金	ゴム	コーン	大豆	粗糖	小豆

パネルA：月次データ（観測数＝107）

		銀	白金	金	ゴム	コーン	大豆	粗糖	小豆
平均(%)		0.182	0.586	-0.117	-1.329	-0.352	-0.287	-0.006	-0.296
標準偏差		6.851	5.853	4.360	8.405	5.494	5.504	7.348	6.839
歪度		-0.005	-0.059	-0.369	0.499	-0.272	0.166	0.187	-0.124
超過尖度		1.098	0.837	1.238	-0.027	0.241	-0.119	1.116	1.100
JB検定		5.38	3.18	*9.27*	4.44	1.58	0.56	6.18	5.66
自己相関	ラグ1	-0.247	0.063	-0.182	-0.137	0.031	-0.013	0.195	0.056
	ラグ2	-0.012	0.080	0.068	0.155	-0.003	-0.050	-0.001	0.007
	ラグ3	0.020	-0.166	-0.033	-0.097	-0.038	-0.037	0.045	-0.171
自乗自己相関	ラグ1	0.183	0.225	0.087	-0.017	-0.057	0.106	0.214	0.022
	ラグ2	0.148	-0.022	0.151	0.110	-0.128	-0.057	0.134	-0.002
	ラグ3	0.171	0.019	-0.107	0.093	-0.142	-0.115	0.037	0.047

パネルB：日次データ（観測数＝2208）

		銀	白金	金	ゴム	コーン	大豆	粗糖	小豆
平均(%)		0.011	0.028	-0.005	-0.055	-0.012	-0.011	-0.001	-0.016
標準偏差		1.471	1.298	0.965	1.914	1.312	1.483	1.517	1.503
歪度		0.019	-0.142	-0.005	-0.019	-0.176	-0.191	-0.151	-0.055
超過尖度		1.802	2.829	2.443	0.820	0.150	0.964	1.483	-0.086
JB検定		*298.85*	*743.93*	*549.09*	*62.01*	*13.53*	*98.87*	*210.62*	1.80
自己相関	ラグ1	*-0.065*	-0.005	-0.007	-0.009	0.022	0.031	0.055	0.001
	ラグ2	0.043	-0.005	0.051	-0.009	-0.020	-0.025	-0.054	0.046
	ラグ3	0.046	-0.045	0.024	0.003	0.005	0.023	0.035	-0.019
自乗自己相関	ラグ1	*0.125*	*0.302*	*0.287*	*0.187*	*0.109*	*0.185*	*0.186*	*0.169*
	ラグ2	*0.108*	*0.278*	*0.190*	*0.172*	*0.161*	*0.160*	*0.166*	*0.210*
	ラグ3	*0.124*	*0.205*	*0.181*	*0.130*	*0.112*	*0.176*	*0.128*	*0.156*

注：斜体の数値は1％水準で統計的に有意であることを表す．

ものはない．先物は同じ商品でも異なる限月のものがいくつか取引されているが，本研究では最も取引高の多い期先物に絞って分析を行うことにする[24]．

表7.9は商品価格の収益率に関する基本統計量を示している．表中の斜体で示され

---

[24] 飯原・加藤・徳永(2000)は1995年から1997年の日米金先物取引の比較を行い，日本では期先物，米国では期近物に取引が集中していることを報告している．原因として考えられることは，「①市場管理のあり方，②市場参加者の構成，③取引コスト，④売買仕法等の違い」(小山・済藤・江尻(1997), pp.206-207)があげられる．

た数字は統計的に1%で有意であることを表す．なお，以下の分析で使用する商品先物収益率の定義は，日次，月次データ共に，対数価格差を100倍した数値（％表示）で表す．全体的に，はっきりした特徴はみられないものの，検定の結果をみると，月次データでは金，日次データでは小豆を除く7系列が正規分布から乖離していることがわかる．一方，自己相関をみると，日次の銀に1次の負に有意な自己相関がみられる以外，1次の自己相関はないと考えられる．また，2次以上のラグ（ラグ2とラグ3）についても大きな自己相関はほとんどみられない．このことは，先物価格がほとんどランダムに動いていることと整合的であろう．自乗の自己相関については，日次データの場合例外なく有意になっている．これは，日次商品先物価格の変化にはARCH効果が存在することを示唆している．月次データについては有意な関係が全くみられないことから，ARCH効果の調整の必要性はなさそうである．

表7.10は，商品間の相関を表し，斜体の数字は統計的に1%水準で有意であることを示している．全体的にみると，月次データ，日次データともに，任意の二つの商品間の相関は高い．特に，輸入品である金・銀・白金の工業品とコーン・大豆の農産物の相関が高い．逆に，国内産の小豆は工業品とはほとんど関係がなく，月次データにおいては同じ農産物である輸入品との相関もほぼゼロになっている．また，異なった取引所で取引されている工業品と農産物との間の相関をみると，多くの組み合わせで統計的に有意な値が計測される．

各パネルの下にある χ^2 の値は，相関行列の非対角要素がゼロであるという帰無仮説に対する統計量である．月次データを使った相関は，全体に対しても，取引所別に対してもこの仮説は1%水準で棄却され，商品間の相関の高さをうかがわせる．一方，日次データを使った相関は，月次以上に大きな値を示しており，商品間，取引所間での相関が高いことがわかる．

表7.10にみられる高い相関は，さまざまな共通の経済要因によってもたらされていると考えられる．特に，市場を越えて輸入品同士の相関が高い原因の一つとして，為替変動の影響は無視することができない．為替以外にも，考慮すべき点がある．月次データを使った分析では，共変動に関する中長期的な関係を把握することが主目的である．したがって，商品価格の変動から経済・金融変数の影響を除く必要がある．ここでは，Pindyckand・Rotemberg(1990)と同様，商品先物収益率を共通ファクターと思われる経済・金融変数に回帰することで，共通変動要因を取り除くことにする．

一方，日次データを使った分析の際には，データの制約からマクロ要因を取り除くことはできないが，日次のデータに対する金融・経済のインパクトはそれほど大きいとは考えられない．それに加えて，後述するように月次データにおいて為替以外のマクロ要因のほとんどは有意ではなかった．そこで，為替以外のファクターの影響を除

表 7.10 クロス相関(1993 年 1 月～2001 年 12 月)

| | 東京工業品取引所 | | | | 東京穀物商品取引所 | | | |
| | 貴金属 | | | ゴム | 輸入品 | | | 国内産 |
	銀	白金	金		コーン	大豆	粗糖	小豆
パネル A：月次データ （観測数=107）								
銀	1.00	−	−	−	−	−	−	−
白金	*0.54*	1.00	−	−	−	−	−	−
金	*0.66*	*0.67*	1.00	−	−	−	−	−
ゴム	0.19	*0.40*	*0.37*	1.00	−	−	−	−
コーン	0.22	*0.29*	*0.34*	*0.26*	1.00	−	−	−
大豆	*0.29*	*0.32*	*0.39*	*0.28*	*0.78*	1.00	−	−
粗糖	0.20	*0.48*	*0.31*	0.24	*0.38*	*0.39*	1.00	−
小豆	−0.12	−0.05	−0.08	0.01	−0.02	0.09	−0.09	1.00

χ^2(全体)=320, χ^2(工業品)=149, χ^2(穀物)=125, χ^2(輸入穀物)=120.

	銀	白金	金	ゴム	コーン	大豆	粗糖	小豆
パネル B：日次データ （観測数=2208）								
銀	1.00	−	−	−	−	−	−	−
白金	*0.49*	1.00	−	−	−	−	−	−
金	*0.64*	*0.49*	1.00	−	−	−	−	−
ゴム	*0.19*	*0.25*	*0.25*	1.00	−	−	−	−
コーン	*0.24*	*0.27*	*0.31*	*0.23*	1.00	−	−	−
大豆	*0.27*	*0.28*	*0.33*	*0.23*	*0.78*	1.00	−	−
粗糖	*0.24*	*0.26*	*0.32*	*0.24*	*0.34*	*0.36*	1.00	−
小豆	0.02	0.05	0.01	*0.07*	*0.16*	*0.13*	*0.07*	1.00

χ^2(全体)=5140, χ^2(工業品)=2143, χ^2(穀物)=2444, χ^2(輸入穀物)=2388.

注：斜体の数値は 1% 水準で統計的に有意であることを表す.

去するのではなく，表7.9 パネル B に示された日次収益率について不均一分散を考慮した分析をここでは行った．Deb ら(1996)は，共通変動要因を除去した後の誤差項系列の ARCH 効果を考慮した超過共変動の検定方法を提案している．彼らの結果は，ARCH 効果を考慮すると Pindyck・Rotemberg(1990)が報告したほど超過共変動は強く現れないことを示している．Deb ら(1996)の方法は誤差項の ARCH 効果を考慮しているものの，共通ファクターが持つ ARCH 効果は考慮していない．実際，共通ファクターである為替についても ARCH 効果がみられるので，本研究では商品価格の変化率の ARCH 効果が，共通ファクターの ARCH 効果によってもたらされることを仮定するモデルを使った検定を提案している[*25]．

[*25] ファクターの ARCH 効果を考慮したモデルについては，Diebold・Nerlove(1989)，Engle・Ng・Rothschild(1990)，Lin(1992)，Ng・Engle・Rothschild(1992)を参照のこと．

表7.11 月次推定結果

パネルA：為替に対する単回帰モデル

$i\,(i=1,\ldots,8)$ 番目の商品先物収益率 $(r_{i,t})$ に対して，
$$r_{i,t} = \alpha_i + \beta z_{e,t} + \varepsilon_{i,t}, \qquad t=1,\ldots,T$$
ここで，$z_{e,t}$ は為替レート（円／ドル）の対数月次変化である．

	東京工業品取引所				東京穀物商品取引所			
	貴金属				輸入品			国内産
	銀	白金	金	ゴム	コーン	大豆	粗糖	小豆
切片 (α)	0.137 (0.23)	0.538 (1.15)	−0.160 (−0.52)	−1.373 (−1.80)	−0.388 (−0.81)	−0.324 (−0.69)	−0.059 (−0.10)	−0.294 (−0.44)
傾き (β)	0.850 (5.18)	0.910 (7.03)	0.828 (9.77)	0.838 (3.99)	0.676 (5.13)	0.713 (5.47)	1.024 (6.02)	−0.024 (−0.13)
R^2	0.203	0.320	0.476	0.132	0.200	0.222	0.257	0.000

7.2.3 分析結果

a. 月次データによる分析結果

最初に，為替レートと商品先物価格の関係をみることにした．表7.11のパネルAは，商品ごとに，対数価格差を対ドルの円レートの対数価格差上に回帰した結果を示している．予想通り，国内産の小豆を除いて，商品価格の動きは非常に強く為替変動の影響を受けていることがわかる．

つぎに，Pindyck・Rotemberg(1990)の分析例に従い，まず各商品の対数価格差を，為替レート（円／ドル），短期金利（現先1か月），株価（東証株価指数），生産（鉱工業生産指数），物価（消費者物価指数），マネー（M2＋CD）の計6変数で回帰する[*26)]．なお，マクロ変数はすべて日本国内の指標である．表7.11のパネルBはその結果を表している．同時点（ラグ0）の為替以外の変数はほとんど有意ではない．わずかに，同時点の株価が貴金属と正の関係にあり，同時点の物価や生産が輸入穀物と正の関係にある程度である．ラグ付き変数との関係はさらに小さい．このことは，為替を除くマクロファクターが商品先物価格の変動にあまり関係していないことを示している．

このモデルによって商品先物価格の共通変動部分が除去できると仮定すれば，この回帰から得られる誤差項 $\varepsilon_{i,t}$ に対して $E[\varepsilon_{i,t}\varepsilon_{j,t}]=0$，$i\neq j$ が成り立つはずである．逆に，$E[\varepsilon_{i,t}\varepsilon_{j,t}]\neq 0$，$i\neq j$ であれば，このモデルは適切でなく，重要なファクターが欠落しているか，商品先物市場への参加者が何らかの理由で必要以上に他市場の影響を受けている可能性が考えられる．

(**表 7.11** つづき)

パネル B：マクロ変数を使った重回帰モデル

$i(i=1, ..., 8)$ 番目の商品先物収益率 ($r_{i,t}$) に対して，

$$r_{i,t} = \alpha_i + \sum_{k=1}^{K} \beta_{ik}^{(\text{lag})} z_{k,t-\text{lag}} + \varepsilon_{i,t}, \quad t=1, ..., T$$

ここで，$z_{k,t-lag}$ はラグ lag か月を持つ k 番目の説明変数である．

ラグ		銀	白金	金	ゴム	コーン	大豆	粗糖	小豆
切片		−0.371	0.869	−0.371	−2.065	0.000	0.441	2.544	−0.907
		(−0.26)	(0.81)	(−0.52)	(−1.16)	(0.00)	(0.41)	(1.79)	(−0.58)
マネー	0	−1.042	−1.604	−2.350	2.337	−2.925	−4.493	−1.434	3.996
		(−0.35)	(−0.71)	(−1.57)	(0.62)	(−1.21)	(−2.00)	(−0.48)	(1.22)
	1	−0.928	−1.360	1.209	−2.897	1.524	0.051	−5.768	−4.558
		(−0.31)	(−0.60)	(0.80)	(−0.77)	(0.62)	(0.02)	(−1.92)	(−1.38)
	2	4.047	2.587	1.991	3.215	−0.298	1.786	−3.186	3.822
		(1.30)	(1.11)	(1.28)	(0.83)	(−0.12)	(0.76)	(−1.03)	(1.12)
物価	0	−0.426	0.119	−0.651	−2.005	1.017	2.238	2.293	1.638
		(−0.28)	(0.10)	(−0.85)	(−1.04)	(0.82)	(1.94)	(1.50)	(0.98)
	1	−0.177	−1.047	−0.216	−0.085	−0.575	−0.404	0.729	−0.051
		(−0.09)	(−0.67)	(−0.21)	(−0.03)	(−0.34)	(−0.26)	(0.35)	(−0.02)
	2	0.967	0.607	0.505	1.734	−0.372	−2.129	−2.452	−2.164
		(0.63)	(0.53)	(0.66)	(0.90)	(−0.30)	(−1.84)	(−1.60)	(−1.29)
生産	0	−0.284	0.437	0.002	0.917	0.298	0.591	0.749	−0.309
		(−0.60)	(1.23)	(0.01)	(1.55)	(0.78)	(1.66)	(1.59)	(−0.60)
	1	0.396	0.073	−0.097	0.243	−0.051	−0.278	0.517	−0.654
		(0.85)	(0.21)	(−0.42)	(0.42)	(−0.13)	(−0.79)	(1.11)	(−1.28)
	2	−0.111	0.465	−0.126	0.548	0.223	−0.238	0.334	0.248
		(−0.24)	(1.31)	(−0.53)	(0.92)	(0.58)	(−0.67)	(0.71)	(0.48)
金利	0	0.011	0.013	−0.008	−0.004	−0.002	0.001	0.006	0.017
		(0.84)	(1.33)	(−1.19)	(−0.23)	(−0.21)	(0.11)	(0.48)	(1.20)
	1	0.011	0.016	−0.003	−0.034	−0.010	−0.008	0.004	−0.001
		(0.88)	(1.61)	(−0.48)	(−2.06)	(−0.94)	(−0.85)	(0.33)	(−0.05)
為替	0	0.822	0.913	0.853	0.892	0.749	0.827	1.066	−0.063
		(4.48)	(6.62)	(9.26)	(3.88)	(5.03)	(5.98)	(5.82)	(−0.31)
	1	0.045	0.032	−0.091	0.025	−0.026	0.058	−0.051	−0.130
		(0.24)	(0.23)	(−0.98)	(0.11)	(−0.18)	(0.41)	(−0.28)	(−0.64)
株価	0	0.105	0.172	0.098	−0.021	−0.028	0.043	−0.149	−0.081
		(0.91)	(1.99)	(1.69)	(−0.14)	(−0.30)	(0.50)	(−1.29)	(−0.64)
	1	−0.124	−0.013	−0.068	0.129	−0.077	−0.094	−0.020	0.007
		(−1.07)	(−0.15)	(−1.17)	(0.89)	(−0.82)	(−1.07)	(−0.17)	(0.05)
R^2		0.269	0.432	0.544	0.234	0.250	0.356	0.365	0.116

注：( ) 内はパラメーターの t 値を表す．

[*26)] この他，Bailey・Warren (1993) が，経済・金融変数と商品価格の関係を分析している．

7.2 商品先物市場

表 7.12 重回帰モデルの誤差の相関

| | 東京工業品取引所 ||| | 東京穀物商品取引所 ||| |
| | 貴金属 ||| | 輸入品 ||| 国内産 |
	銀	白金	金	ゴム	コーン	大豆	粗糖	小豆
銀	1.00	−	−	−	−	−	−	−
白金	0.39	1.00	−	−	−	−	−	−
金	0.55	0.50	1.00	−	−	−	−	−
ゴム	0.07	0.26	0.20	1.00	−	−	−	−
コーン	0.05	0.06	0.04	0.13	1.00	−	−	−
大豆	0.13	0.05	0.06	0.17	0.73	1.00	−	−
粗糖	−0.02	0.30	−0.01	0.07	0.18	0.16	1.00	−
小豆	−0.12	−0.09	−0.09	0.00	−0.02	0.08	−0.15	1.00

χ^2(全体) = 195, χ^2(工業品) = 81, χ^2(穀物) = 90, χ^2(輸入穀物) = 85.

誤差項の相関に関する結果は,表 7.12 に示してある.白金と粗糖の間の有意で高い相関を除くと,工業品と農産物を取り扱う二つの市場間には有意な相関はみられない.全体的に表 7.10 のパネル A にくらべると相関の値がかなり小さくなっている.ただし,表 7.10 のパネル A で非常に高い相関を示していた工業品間や農産物間に関しては,χ^2 の値をみてもわかるように依然として統計的に有意な結果になっている.日本の月次データを利用した検証の結果は米国の結果を必ずしも支持していない.為替の影響を取り除くとほとんどの場合,市場間の相関は有意でなくなってしまうことは,市場価格が歪んでいないという点で好ましい結果とはいえる.また,為替の影響を除去すれば,ほとんどの共通要因は除去できたと考えることもできる.つぎに,日次データを用いて,月次データによる分析の安定性を検証することにしたい.

b. 日次データによる分析結果

月次データを利用した結果,商品価格の動きと為替以外のマクロ変数はほとんど関係がないことがわかった.ただし,表 7.9 の結果から日次データには,ARCH 効果が存在することがわかっているので,その効果を調整して分析を進める必要がある.

まず初めに,Deb ら(1996)の分析に従い,各商品収益率 $r_{i,t}$ を同時点と 1 日前の為替変化率に回帰した誤差項 $\varepsilon_{i,t}$ に対して以下の多変量 ARCH モデルを適用する.

$$V_{t-1}(\varepsilon_t) \equiv H_t = C + A' \varepsilon_{t-1} \varepsilon'_{t-1} A + B' H_{t-1} B \tag{7.1}$$

ここで,$\varepsilon_t \equiv [\varepsilon_{1,t}, ..., \varepsilon_{n,t}]'$,$C, A, B$ は $n \times n$ 行列であり,C は $c_{ij} = c_{ji}$ を満たすパラメーター,$A = \mathrm{diag}(a_i)$,$B = \mathrm{diag}(b_i)$ とする.これは,Engle・Kroner(1995)が提唱したモデルで,BEKK モデルと呼ばれている.このモデルに従うと,無条件の共分散は,

表 7.13 2 変量 GARCH モデルに基づく無条件共分散に関する仮説検定

商品収益率 $r_{i,t}$ を同時点と前日の為替変化率に回帰した誤差項 $\varepsilon_{i,t}$ に対して

$$\begin{bmatrix} h_{ii,t} & h_{ij,t} \\ h_{ji,t} & h_{jj,t} \end{bmatrix} = \begin{bmatrix} c_{ii} & c_{ij} \\ c_{ji} & c_{jj} \end{bmatrix} + \begin{bmatrix} a_i & 0 \\ 0 & a_j \end{bmatrix} \begin{bmatrix} \varepsilon_{i,t-1} \\ \varepsilon_{j,t-1} \end{bmatrix} \begin{bmatrix} \varepsilon_{i,t-1} & \varepsilon_{j,t-1} \end{bmatrix} \begin{bmatrix} a_i & 0 \\ 0 & a_j \end{bmatrix}$$
$$+ \begin{bmatrix} b_i & 0 \\ 0 & b_j \end{bmatrix} \begin{bmatrix} h_{ii,t-1} & h_{ij,t-1} \\ h_{ji,t-1} & h_{jj,t-1} \end{bmatrix} \begin{bmatrix} b_i & 0 \\ 0 & b_j \end{bmatrix}$$

ここで, $h_{ij,t} = E_{t-1}[\varepsilon_{i,t}\varepsilon_{j,t}]$ とする. 帰無仮説は $c_{ij} = 0$ であり, 無条件共分散がゼロを意味する. 表は, パラメーター c_{ij} の t 値を表し, 斜体の数値は 1% 水準で有意であることを示す.

	東京工業品取引所				東京穀物商品取引所			国内産
	貴金属				輸入品			
	銀	白金	金	ゴム	コーン	大豆	粗糖	小豆
銀	–	–	–	–	–	–	–	–
白金	*13.2*	–	–	–	–	–	–	–
金	*8.72*	*12.2*	–	–	–	–	–	–
ゴム	1.56	2.32	1.11	–	–	–	–	–
コーン	2.40	*3.73*	1.89	1.88	–	–	–	–
大豆	*3.94*	*4.12*	*3.69*	2.33	*11.2*	–	–	–
粗糖	2.55	*4.94*	*3.28*	1.85	*3.73*	*4.82*	–	–
小豆	0.06	0.39	−0.49	0.57	2.08	1.12	1.46	–

$c_{ij}/(1 - a_i a_j - b_i b_j)$, $i \neq j$ と表される. したがって, 第 1 段階の回帰において, 為替が商品間の共変動をすべて説明しているなら $c_{ij} = 0$ となる.

表 7.13 は, 2 変量の BEKK モデル ($n = 2$) を 8 商品から全 28 通りの組み合わせに対して推定したときのパラメーター c_{ij} の t 値を表している. Deb ら (1996) はほとんどの組み合わせで無条件共分散がゼロから有意に乖離していないことを示しているが, 表 7.13 の結果は 12 個の組み合わせに対して 1% 水準で有意である. また, 月次データによる分析ではほとんど消滅した貴金属と輸入穀物の関係をみると, 9 個の組み合わせ中 6 個で依然として正に有意な関係を示している.

Deb ら (1996) の方法では, 説明変数が持つ ARCH 効果を考慮していない. そこで, 商品収益率から ARCH 効果を考慮した為替要因を取り除き, 商品先物間の共変動がどうなるか考察する. まず, 以下の ARCH-mean モデルを使って為替の対数日次変化 $z_{e,t}$ の条件付き期待値 $\pi_{e,t}$ と条件付き分散 $h_{e,t}$ を抽出する.

$$z_{e,t} = E_{t-1}[z_{e,t}] + \varepsilon_{e,t}, \qquad \varepsilon_{e,t} \sim N(0, h_{e,t}) \tag{7.2}$$
$$E_{t-1}[z_{e,t}] \equiv \pi_{e,t} = \alpha_e + \lambda_e h_{e,t}$$

$$h_{e,t} = \gamma_0 + \gamma_1 \varepsilon^2_{t-1} + \delta_1 h_{e,t-1}$$

つぎに，商品収益率 r_t に対して，以下のモデルを適用する．

$$r_t = E_{t-1}[r_t] + \varepsilon_t, \qquad \varepsilon_t \sim N(0, h_t) \tag{7.3}$$
$$E_{t-1}[r_t] = \alpha + \beta \pi_{e,t}$$
$$H_t = C + \beta\beta' h_{e,t}$$

これは，Engle・Ng・Rothschild(1990)，Ng・Engle・Rothschild(1992)が提唱した factor ARCH モデルの1ファクターバージョンである．このモデルに従うと，無条件共分散は，$c_{ij} + \beta_i \beta_j E[h_{e,t}]$ となる．ここで，$E[h_{e,t}]$ は為替の無条件分散である．第2項は共通変動要因によってもたらされる二つの商品間の共変動を表すので，ここでは c_{ij} がゼロから有意に乖離しているかを考察する[*27]．

表7.14は，2変量の factor ARCH モデルを全28通りの組み合わせに対して推定したときのパラメーター c_{ij} の t 値を表している[*28]．表7.13の BEKK モデルによる結果とくらべると興味深い結果が示されている．まず，貴金属と輸入穀物の関係をみると，BEKK モデルは9個の組み合わせ中6個が1％水準で有意な値を示しているが，factor ARCH モデルでは有意な組み合わせが2個（白金とコーン・大豆）のみである．この結果は，月次データによる分析において，為替を含む金融・経済変数の動きを考慮すると，貴金属と輸入穀物の超過共変動がほとんど消滅した結果と似た傾向である．ただし，ゴムと輸入穀物の関係は消えない．また，貴金属間と輸入穀物間には依然として正に有意な関係が残る．

日次データによる分析は，依然として10以上の組み合わせに対して超過共変動が存在しており，何らかの短期的な要因が，商品先物価格の超過共変動をもたらしていると考えることができる．商品先物価格を動かしている共通の経済・金融要因が為替以外にないとすれば，Pindyck・Rotemberg(1990)が指摘しているような投資家のハーディング行動もその一つだろう．ハーディング仮説によれば，投資家はすべての商品の売買に対して，強気であったり，弱気であったりするが，それは必ずしもファンダメンタルズに基づいた感覚ではないので，超過共変動は経済要因では説明できないことになる．一方で，為替以外の共通経済要因は存在しているが，それがいまのところ何であるかわからないと主張することもできるだろう．

c. 投資家行動と先物価格変動

超過共変動が投資家のハーディング行動によるものとすれば投資家の売買行動と先物価格の間に有意な関係が存在するはずである．そこで，投資家の売買行動が商品先物価格との関係について，簡単な分析を行ってみた．対象とした商品先物系列は，東

[*27] c_{ij} にはコンスタント分散を持つファクターの影響が含まれる（Ng・Engle・Rothschild(1992)）．

表 7.14　2 変量 factor ARCH モデルに基づく為替要因除去後の無条件共分散に関する仮説検定

商品収益率 $r_{i,t}$ に対して

$$\begin{bmatrix} r_{i,t} \\ r_{j,t} \end{bmatrix} = E_{t-1} \begin{bmatrix} r_{i,t-1} \\ r_{j,t-1} \end{bmatrix} + \begin{bmatrix} \varepsilon_{i,t} \\ \varepsilon_{j,t} \end{bmatrix}$$

$$E_{t-1} \begin{bmatrix} r_{i,t} \\ r_{j,t} \end{bmatrix} = \begin{bmatrix} \alpha_i \\ \alpha_j \end{bmatrix} + \begin{bmatrix} \beta_i \\ \beta_j \end{bmatrix} \pi_{c,t}$$

$$\pi_{c,t} = \alpha_c + \lambda_c h_{c,t} \qquad \varepsilon_{c,t} = z_{c,t} - \pi_{c,t}$$

$$\begin{bmatrix} h_{ii,t} & h_{ij,t} \\ h_{ij,t} & h_{jj,t} \end{bmatrix} = \begin{bmatrix} c_{ii} & c_{ij} \\ c_{ij} & c_{jj} \end{bmatrix} + \begin{bmatrix} \beta_i \\ \beta_j \end{bmatrix} [\beta_i, \beta_j] h_{c,t}$$

$$h_{c,t} = \gamma_0 + \gamma_1 \varepsilon_{c,t-1}^2 + \delta_1 h_{c,t-1}$$

ここで，$h_{ij,t} = E_{t-1}[\varepsilon_{i,t} \varepsilon_{j,t}]$ とし，$z_{c,t}$ は為替レート（円/ドル）の対数日次変化である．帰無仮説は $c_{ij}=0$ であり，為替要因除去後の無条件共分散がゼロを意味する．表は，パラメーター c_{ij} の t 値を表し，斜体の数値は 1% 水準で有意であることを示す．

| | 東京工業品取引所 | | | | 東京穀物商品取引所 | | | |
| | 貴金属 | | | | 輸入品 | | | 国内産 |
	銀	白金	金	ゴム	コーン	大豆	粗糖	小豆
銀	−	−	−	−	−	−	−	−
白金	*4.85*	−	−	−	−	−	−	−
金	*16.8*	*2.75*	−	−	−	−	−	−
ゴム	0.93	*2.10*	−0.32	−	−	−	−	−
コーン	1.32	*3.52*	0.62	*2.90*	−	−	−	−
大豆	1.60	*3.04*	1.40	*2.28*	*14.4*	−	−	−
粗糖	*2.41*	*2.52*	1.35	*3.10*	*5.80*	*5.71*	−	−
小豆	−2.26	−0.73	−2.06	0.61	*3.05*	*2.01*	0.50	−

京穀物商品取引所のコーン，大豆，小豆の 3 種類である[*29]．各商品に対して，毎日の建玉を「自己取引」，「一般委託取引」，「会員委託取引」に分類する[*30]．分析期間は，2000 年 1 月 4 日から 2001 年 12 月 28 日の計 493 日である．

本章の前半では，株式市場における投資家のハーディング行動の証拠を投資家別株式保有比率の変化で代用して考察した．ここでは，商品先物市場における投資家別建玉の変化を通して考察する．具体的には，買い建玉の前日差から売り建玉の前日差を

[*28] 為替要因が商品収益率の条件付き期待値と条件付き分散を同時にうまく説明できているか確認するために，factor ARCH モデルの条件付き期待値の式を $E_{t-1}[r_t] = \alpha + (\beta + d)\pi_{c,t}$ とし，d が統計的にゼロから有意に乖離していないか検定した．結果は，すべてのケースにおいて 5% 水準で帰無仮説を棄却できなかった．

[*29] 前節まで 8 系列を分析対象としてきたが，本節での目的に対して分析可能な形で入手できたデータはこれら 3 系列のみであった．3 系列はすべて東京穀物商品取引所から入手した．

[*30] 元データは取引会員別データであるが，ここでは会員を集計したデータを用いる．

7.2 商品先物市場

表7.15 投資家別建玉変化と日次商品収益率

	期先前限月			期先限月		
	自己	一般委託	会員委託	自己	一般委託	会員委託
パネルA：コーン						
$E[\Delta H_t]$	280	-300	21	-404	424	-21
$\mathrm{Cor}(\Delta H_t, R_{t-1})$	-0.02	0.02	0.04	*-0.18*	*0.18*	*-0.18*
$\mathrm{Cor}(\Delta H_t, R_t)$	*-0.33*	*0.32*	-0.02	*-0.18*	*0.18*	*-0.16*
$\mathrm{Cor}(\Delta H_t, R_{t+1})$	*0.15*	*-0.15*	0.07	0.07	-0.07	0.06
パネルB：大豆						
$E[\Delta H_t]$	65	-66	2	-145	178	-33
$\mathrm{Cor}(\Delta H_t, R_{t-1})$	0.05	0.00	*-0.21*	*-0.11*	*0.18*	*-0.32*
$\mathrm{Cor}(\Delta H_t, R_t)$	*-0.34*	*0.43*	*-0.46*	*-0.31*	*0.40*	*-0.48*
$\mathrm{Cor}(\Delta H_t, R_{t+1})$	0.02	-0.03	0.02	0.02	0.00	-0.06
パネルC：小豆						
$E[\Delta H_t]$	21	-25	4	-68	70	-2
$\mathrm{Cor}(\Delta H_t, R_{t-1})$	0.06	0.00	-0.18	*0.20*	*-0.14*	*-0.17*
$\mathrm{Cor}(\Delta H_t, R_t)$	0.04	0.00	-0.11	-0.02	0.07	*-0.18*
$\mathrm{Cor}(\Delta H_t, R_{t+1})$	0.07	-0.09	0.08	*0.18*	*-0.20*	*0.11*

注：斜体の数値は1％水準で統計的に有意であることを表す．

ひいた値で定義している．すなわち，ある日において商品先物の売り（買い）注文に対する買い（売り）注文が大きくなると，この指標は正（負）に大きくなる[*31]．

表7.15の各パネルに示されている$E[\Delta H_t]$は，建玉変化の平均値である．表中の数値は，二つの特徴的な結果を示している．一つは，商品先物取引会社間の会員委託取引は，商品先物取引会社の自己取引や，個人投資家や商社など事業会社が行う一般委託取引にくらべ，取引頻度が低いという点である．もう一つは，すべての商品に対して，期先限月で一般委託取引が建玉を増やし，自己取引が建玉を減らしているという点である．さらに，時間の経過で考えると，期先限月の商品に対して，つぎの期の先物が上場され，新しい期先限月商品となる．この交代後の系列（期先前限月と呼ぶ）に対して，一般委託取引は，いままで買い増していた商品先物を売りに転じる．これは古い期先限月の商品から新しい期先限月の商品に乗り換えていく投資行動を表している．そして，自己取引は，その相手となっている．

[*31] 取引行動を把握するという点では，取引高データによる定義がより直接的であるが，今回は取引高データを入手することができなかったため建玉データで代用する．

各パネルの Cor は，投資家行動と商品収益率の関係を相関係数で測定した結果であり，三つのことを検証している．斜体の数字は統計的に 5% 水準で有意であることを示す．第一に，$C(\Delta H_t, R_{t-1})$ は，投資家行動が前日の商品収益率と関係があるのかを示している．第二に，$C(\Delta H_t, R_t)$ は，投資家行動が計測された日の商品収益率とどのように関係しているのかを示している．最後に，$C(\Delta H_t, R_{t+1})$ は，投資家行動が翌日の商品収益率と関係があるかを示している．

結果は，前節で考察したように，お互いに代替商品として位置付けられり，価格の動きのなかに超過共変動を持つコーンと大豆がここでも同様の傾向を示している．期先限月，期先前限月とも，一般委託取引が商品先物価格に強いインパクトを持つ．そして，期先限月の商品については，価格が上昇した翌日に一般委託取引が買い行動を強めている．言い換えると，一般委託取引は positive feedback の傾向にある．この傾向は，商品が期先前限月に移行した後では弱まる．一方，投資家行動が，翌日の商品収益率と関係があるかをみると，コーンの期先前限月にのみ有意な関係が存在する．

小豆については，複雑な結果が示されている．まず，コーンや大豆とは反対に，一般委託取引は negative feedback の傾向にある．さらに，どの取引も強い価格インパクトを持っていないにもかかわらず，期先限月については投資行動と翌日の収益率の間の関係は強い．小豆は他の商品と異なる価格変動の傾向にあると考えることができるだろう．この三つの商品については，先物の自己取引による建玉が増えると翌日の収益率が上昇し，委託取引の建玉が増えると翌日の収益率は下がることがわかる．

7.2.4 ま と め

資産価格が共変動をすることはよく知られており，株式市場を含めて多くの研究がなされている．米国では，この問題に関して商品価格を用いた研究がいくつかあるが，統計手法やデータ期間のとり方によって，超過共変動の存在の有無について議論が分かれている．そこで，本節では，日本の主要商品先物取引に焦点をあてて，商品先物間の価格変動の関係を月次データ，日次データを使って包括的に分析し，米国の検証結果との比較を行った．

月次データを使った分析では，Pindyck・Rotemberg(1990)の手法を踏襲した．商品先物価格に影響を与えそうなマクロ変数を選び，それらの要因を除去したうえで，商品先物間の共変動の有無について分析した．日本の商品先物の特色として，輸入商品を対象とした商品が多い．それらは為替の影響を大きく受けているので，為替に関してもその効果を除去した．結果は，為替が商品先物価格に大きく影響を与えている反面，取り上げたマクロ変数が商品先物の価格変動とあまり関係していないことがわ

かった．これらの要因を除いた後の誤差項に関して，共変動があるかどうかの分析を行ったが，有意な結果は得られず，Pindyck・Rotemberg(1990)とは異なる結果となった．結果の安定性を調べるために，日次データを利用した分析をつぎに行った．

月次データにおいて，マクロ変数はあまり説明力がなかったことから，日次データによる分析では，共通要因は為替レートのみに絞った．ただし，日本の日次の商品先物価格にはARCH効果が顕著にみられたので，その効果を調整することにした．ARCH効果を考慮した分析は，Debら(1996)によってなされているが，本節では，特にfactor ARCHモデルによる分析を追加して行った．結果は，輸入物である商品先物において，為替の要因が商品先物価格の平均と分散に強く影響を与えていることがわかった．ARCH効果と為替の効果を考慮したうえでの共変動については，その減少幅が月次データほどではなく，多くの商品間において有意な相関がみられた．取引所が異なり，全く関係のなさそうな工業品と農産物の間にさえ有意な相関が残っている．このことは，日本の商品先物価格の短期の変動に超過共変動が存在することを示している．

そこで，超過共変動と投資家のハーディング行動との関連を簡単に分析した．本章前半で考察したように，日本の株式市場において投資家の一方的な売買行動が，超過収益率を生み出している．したがって，商品先物市場においても，株式市場にみられると同じような投資家行動が，超過共変動を生み出している可能性も考えられる．結果は，コーン，大豆ともに一般委託取引者に似通った投資行動が観察された．商品先物市場における投資家行動をさらに詳しく分析し，株式市場にみられるようなハーディング現象が存在するのかどうか，検証していく必要があるだろう．

8

人 工 市 場
エージェントベースアプローチによる分析

　本章においては，行動ファイナンスに基づく投資家および投資制度が資産価格に与える影響をエージェントベースアプローチ（agent based approach）により分析を行う．コンピュータ上にファンダメンタリストとファンダメンタリストでない投資家の存在する金融市場を構築し，分析を行った結果，① ファンダメンタリストとトレンド予測を行う投資家が市場に同数存在するケースにおいては，取引価格はファンダメンタルズを反映し，ファンダメンタリストが自然選択の原理により生き残ること，② トレンド予測を行う投資家が極端に多い場合やリスク資産への投資比率に制約があるケースにおいては，取引価格がファンダメンタルズから大幅に乖離し，ファンダメンタリストでない投資家が超過収益を獲得するため自然選択の原理によりファンダメンタリストが排除されるケースが頻繁に生じること，を見出した．これらの分析結果は，実際の市場においてもファンダメンタリストでない投資家が取引価格に影響を与え，超過収益を獲得している可能性のあることを示唆するものである．

8.1 はじめに

　CAPM をはじめとする伝統的資産価格理論が，合理的な投資家，完全な市場などを想定したうえで解析的な手法で資産価格を導出しているのと同様に，行動ファイナンスに基づく投資家行動が価格に与える影響を解析的に示す試みもいくつか報告されている（Barberis・Huang・Santos (2001)，Kyle・Wang (1997)）．しかし，行動ファイナンスに基づく投資家行動は一般に期待効用最大化に基づく意思決定などとくらべ意思決定のルールが複雑であるため，投資家行動が価格に対し与える影響を解析的に導出することは困難な場合が多い[1]．

---

[1] 意思決定のバイアスをモデル化したものとしては，De Long et al. (1990a, b)，Barberis・Shleifer・Vishny (1998)，Kyle・Wang (1997)，Hong・Stein (1999) などがあげられる．しばしば行動ファイナンスの報告に対しアドホックなものであるとの指摘が行われるが，ニューロサイエンスの分野において人間の意思決定には感情が重要な役割を果たすとの報告もされており，その意味で行動ファイナンスの指摘はアドホックではない可能性がある (Damasio (1994), LeDoux (1996), Loewenstein (1996))．

8.1 はじめに

近年，複雑系やコンピュータサイエンスの分野において，ミクロのルールとマクロな挙動に相互作用がある場合に，複雑な挙動が生じるとの分析結果が数多く報告されている（合原(1990)，出口(2000)，Arthurら(1997)，Wolfram(1994)）．ミクロなルールとマクロな挙動を金融市場においてそれぞれあてはめると，ミクロなルールは投資家行動，マクロな挙動は資産価格に相当するが，行動ファイナンスに基づく投資家行動が資産価格に与える影響は必ずしも解析的に導出できるわけではないため，複雑な挙動が現れる可能性がある．そのような複雑な挙動が発生しうる系の分析を行うためには，解析的な手法とは異なる新たな分析手法を導入する必要がある[*2]．

コンピュータサイエンスの分野において，ミクロのルールとマクロな挙動を分析する強力な手法としてエージェントベースアプローチ（Axtell(2000)，Russel・Norvig(1995)，生天目(1998)，大内・山本・川村(2002)）と呼ばれる手法が提案されている．これは，局所的なルールから系全体のマクロな挙動を説明しようと試みるアプローチであり，このアプローチを社会科学の分野などに適用し，局所的なミクロなルールからマクロな挙動がボトムアップに創発するとの報告が数多くなされている（出口他(2000)，伊藤(2000)，亀田・村田(1999)，Epstein・Axtell(1996)，Levyら(2000)）．通常のシミュレーションにおいては，マクロな挙動の分布（たとえば価格変動の分布など）をあらかじめ定めておくのが一般的である．しかし，エージェントベースアプローチにおいては，マクロな挙動はミクロなルール（たとえば投資家行動など）およびその相互作用の結果として生じるものであり，あらかじめ外生的に与えるものではない点が通常のシミュレーションと大きく異なる．エージェントベースアプローチを経済・金融の分野に応用したものとして，コンピュータサイエンスの研究者を中心に行われている人工市場に基づく分析があげられる[*3]．これらのアプローチは，価格発生メカニズムをより明示的に取り扱っている点が，従来の金融工学による分析と比較して大きな特徴となっている．

エージェントベースアプローチを経済の分野に適用したものとして Epstein・Axtell(1996)，Arthurら(1997)の報告があげられる．Epstein・Axtell(1996)は，蟻がフィー

[*2] 伝統的資産価格理論の多くは，理想的な市場環境やきわめて合理的な投資家を仮定したうえで資産価格を導出しており，その意味で市場および資産価格のあるべき姿を示したものと位置付けることができる．解析的アプローチにより投資家行動（ミクロなルール）からマクロな挙動（資産価格）を導出するケースにおいては，明示的な解析解が得られているためミクロ-マクロループ（出口他(2000)）により複雑な挙動の現れる可能性はない．ただし，解析解の導出は，当初の問題が固定的な問題であるのならば非常に意義のあることである．しかし，問題の仮定する条件が時間と共に変化する場合や，仮定する条件のわずかな変化が最終的に得ようとする結果に多大な影響を及ぼす可能性のある場合などにおいては，解析解の有効性は半減すると考えられる．

[*3] Hirshleifer(2001)は金融市場の有効な分析手法としてエージェントベースアプローチの簡単な紹介を行っている．

ルド内を移動しながら，近くにいる蟻と砂糖とスパイスの取引を行う人工社会を構築し，その市場における分析において「市場機構という仕掛けに任せておきさえすれば自動的に均衡価格がもたらされる」という自由放任主義的な経済政策の理論的立場は苦しくなるとの報告をしている．この分析は，同一時点における砂糖やスパイスの価格が複数存在するなど，実際の株式市場における条件とは異なるものであるが，示唆に富んだ興味深い結論を導き出している．Arthur ら(1997)は，価格の決定方法をより現実に近づけた分析を行っている．Arthur ら(1997)は人工市場内に適応的に投資行動を変化させる異質な投資家を設定し，価格変動の分析を行っており，そのなかで資産価格のバブルやクラッシュが生じることや，ファンダメンタルズから取引価格が乖離する現象は頑健に生じるとの報告を行っている．従来の人工市場の分析は，投資家行動を記述するミクロなルールを極力簡潔なものにしようとする Axelrod (1997)のいう KISS (Keep it simple, stupid) 原理に基づくもの，もしくは極端に機械的なものとしており，その意味で現実の投資家行動のルールとは異なるものであった．

　本研究は，伝統的ファイナンスの想定している合理的な投資行動および行動ファイナンスなどの示唆する現実に近い投資家行動が，価格に与える影響をエージェントベースアプローチにより分析したものである[*4]．

　エージェントベースアプローチを金融の分野に適用するメリットとして，① 投資家行動を明示的に示した上で分析を行えること，② 投資家行動と価格変動の関連性を明確に把握でき価格変動メカニズムを探ることができること[*5]，③ 解析解で取り扱えなかった範囲の分析をすることができること，などがあげられる[*6]．また，投資家行動およびその相互作用がひき起こす現象などに焦点をあてているという意味で

[*4] Ingersoll らは，完全な投資環境から一歩現実の投資条件に近づけた分析についても行っているが（たとえば，貸し出し金利と借り入れ金利のレベルが異なる場合などにおける最適ポートフォリオ戦略の導出など），解析解の得られる範囲の分析は限定的であるため，現実の投資条件を十分に反映したものとはなっていない．

[*5] 計量経済学や時系列分析などの分析は，経済指標などマクロな指標間の関係に着目した分析であるのに対し，エージェントベースアプローチはミクロなルールからマクロな挙動を説明しようとするものであり，その意味で従来の分析手法とはアプローチの仕方が大きく異なる．また，伝統的ファイナンスのモデルの多くは，「投資家ごとに将来の見通しが異なったとしても，全体としてみれば誤差は打ち消されるので価格に対し影響はない」との仮定のもとモデルを構築しているが，現実の市場参加者の保有する情報は限定的なものであり，そのうえ獲得した情報を必ずしも適切には処理しているとは限らない．そのため，現実の市場参加者の行動には合理性から乖離した共通のバイアスが存在している可能性は十分あり，さらにそのようなケースにおいては，合理性からの乖離は打ち消されることなく価格に対し多大な影響を与える可能性が高い．現実の市場価格変動のメカニズムを解明するために，現実の人間の意思決定と期待効用最大化に基づく意思決定との違いをとらえ，意思決定における合理性からの乖離が価格に与える影響をとらえることはきわめて重要であると考えられるが，このアプローチを通じこれらの事柄の検証を行うことが可能となる．

実験経済学と類似したものとなっており，実験経済学の知見を取り入れることで，より進んだ分析が行われる可能性がある．さらに，金融工学の分野において従来より数多くのモデルが提案されているが，それらの手法の開発過程にエージェントベースアプローチを用いた手法の検証過程を設けることによりロバストな金融工学手法の開発を促進できる可能性がある[*7]．これらの点もこのアプローチのメリットの一つとしてあげられる．本章の分析においては，まずエージェントベースアプローチによって行動ファイナンスに基づく投資家行動（ミクロな挙動）がマクロな挙動を発現させることを示した．さらに発現したマクロな挙動の分析を行い，従来のファイナンス理論において報告されている事柄の検証を行った．本章の主要な成果はこのようなミクロな挙動とマクロな挙動の関連性について分析を行ったことである．

伝統的ファイナンス理論に基づけば，「一握りの合理的な投資家が存在すれば合理的な価格付けがなされる」とされており，さらに「自然選択の原理により合理的でない投資家は排除され合理的な投資家は生き残る」（Friedman(1953)）との報告も行われている．本章においては，簡略化した条件においてこれらの報告の検証を行った[*8]．

8.2 金融市場の設計

本分析における市場は，1,000人の投資家からなるコンピュータ上の仮想市場であり，株式と無リスク資産の2資産が取引可能である．市場には複数のタイプの投資家が存在し，各自の投資ルールに基づき取引を行う．本市場は，企業利益の発生，投資家予測の形成，取引価格の決定の各ステップにより構成される．本節では，金融市場

[*6] Simon(1996)は，①シミュレーションは，そのなかに組み入れられている前提以上のなにものでもない，②コンピュータは，プログラムされたことしか実行できない，ということは認めたうえで，それでも「シミュレーションは，われわれに未知の新しいことを教えることができる」との主張を行っている．

[*7] 金融工学の分野において数多くのモデルが提案されているが，時系列モデルなどの有効性は過去1回のみ起こったデータ系列を基に検証される場合が多い．しかし，実際の市場は必ずしも過去と同様に動くものとは限らないため，過去有効であった手法が将来も有効であるとは限らない．それに対しこのアプローチは，投資家の割合を変更することやパラメータ値を変化させることにより異なった市場環境を作り出すことができ，そのような条件下における実験を通じ，金融工学の手法の検証を行うことが可能となる．これと同様の議論は実験計画法などにおいても行われている．このような検証過程を設けることにより，既存のモデルの検証およびロバストな手法の提案を行うことが可能となる．また，マクロな統計量などから現実の投資家行動に近いパラメータの推定なども行われており，コンピュータ上の市場と現実の整合性をとる試みも行われている．

[*8] 合理的な投資家は，合理的でない投資家行動を考慮したうえで最適な戦略をとるとの報告が行われているが，本章では簡単化のために，自分以外の投資家は考慮せず，投資戦略は常にあらかじめ定めてある一定のルールに従う投資家に基づく分析を行った．

の仕組みについて詳細な説明を行う．また，分析に用いた自然選択の原理のルールやベイズ修正モデルなどの説明については章末に掲載した．

8.2.1 市場において取引可能な資産

本市場には，無リスク資産とリスク資産の2種類が存在し，リスク資産としては，得られた利益のすべてを株主に対し毎期配当として支払う証券が一つ存在するものとする（Arthur ら(1997)，Shleifer(2000)）．企業の利益 y_t は，$y_t = y_{t-1} + \varepsilon_t$, $\varepsilon_t \sim N(0, \sigma^2_y)$ に従い発生するものとし（O'Brien(1988)，Palepu ら(1996)），株式取引は当期利益公表後に行われるものとする．なお，本市場の投資家は原則無限に貸借が可能であり[*9]，初期保有資産額は株式1,000，無リスク資産1,000である（全投資家共通）．

8.2.2 投資家行動のモデル化

a. 投資家行動の共通の枠組み

本市場の投資家は，株式期待収益率に基づき株式投資のベンチマークからの乖離幅を決定する（Black・Litterman(1992)）[*10]．本モデルの投資家は同じベンチマークを採用し，原則としてヒストリカルボラティリティ σ^h_t をボラティリティの推定値 σ^i_t として用いる（$\sigma^i_t = \sigma^h_t$）．以下，株式の期待収益率算出方法について説明する．

b. 株式の予測価格算出方法

ⅰ）ファンダメンタリスト

本章においては，ファンダメンタルズに基づき投資の意思決定を行う投資家をファンダメンタリストと呼ぶものとする．株式のファンダメンタルズの導出モデルについては数多くのモデルが提案されているが，本分析ではそのなかで最も基本的なモデルである配当割引モデルを採用する．ファンダメンタリストは利益がブラウン運動に従い発生していることを知っているものとする．ファンダメンタリストの株式の予測価格 P^f_{t+1} および予測利益 y^f_{t+1} は，当期の利益 y_t と株式の割引率 δ からそれぞれ，

$$P^f_{t+1} = y_t / \delta, \qquad y^f_{t+1} = y_t$$

と算出される．

[*9] 本章においては，リスク資産への投資比率に制約のある場合についても分析を行った(8.4.3項参照のこと)．

[*10] すべての投資家は，初期時点（$t=0$）において CASH 1,000，株式1,000 からなるポートフォリオのバイアンドホールドをベンチマークとして採用する．また，すべての投資家は簡単のため1期間モデルにて投資の意思決定を行うものとした．

8.2 金融市場の設計

ii) トレンド予測をする投資家

伝統的ファイナンス理論 (Sharpe (1964), Ingersoll (1987), Fama (1970)) においては，ファンダメンタルズから資産価格を導くことができるとの考え方が一般的である．しかし Shiller (2000) は，それとは反対「実際のマーケットでは現時点の株価を正当化するように新しい理論が作り出されている」，との指摘を行っている．現実の市場，社会においては価格に関する情報があふれており，Shiller (2000) の指摘の通り現実の市場においては価格それ自体が意味を持ってしまっている可能性がある．さらに，実際の人間を対象とした実験の分析から，人間はランダムな系列に対してトレンドを見出す傾向があるとの報告もされており (Kahneman・Tversky (1982), Bazerman (1998))，ランダムに変動する株式価格に投資家がトレンドを見出してしまう可能性は小さくない．

これらの報告を背景とし，本研究においては日々ランダムに変動する株式価格のなかにトレンドを見出す投資家のモデル化を行った．トレンド予測をする投資家は，直近のトレンドを外挿して次期の株式価格の予測を行う．現実の投資家の投資期間は，日中内というきわめて短期のものから中長期的な投資までさまざまなスパンがあることから，本章の分析においてもトレンドの計測期間が短期 (1日)，中期 (10日)，長期 (20日) と3種類のタイプのものを取り扱った．トレンド予測を行う投資家の予測価格は，$t-1$ 時点におけるトレンド a_{t-1} から，

$$P^f_{t+1} = P_{t-1}(1+a_{t-1})^2, \qquad y^f_{t+1} y_t (1+a_{t-1})$$

と算出される．

iii) プロスペクト理論に基づく投資家

認知心理学の分野において Kahneman・Tversky (1979) らは，人間の意思決定に関しプロスペクト理論と呼ばれる理論を提唱し，人間の意思決定が期待効用最大化に基づく意思決定ではなく，価値関数を最大化する意思決定を行う傾向のあるとの報告を行っている (Kahneman・Tversky (1979), Tversky・Kahneman (1982), Tversky・Kahneman (1992), Kagel・Roth (1995), 繁桝 (1995))．価値関数 $V(x)$ の形状は，参照点 x からの変化が利得の領域にある場合と損失の領域にある場合においてその形状が異なっており，さらに参照点から損失の発生している領域の傾きは，右側の利得の発生している領域の傾きとくらべ約2倍程度傾きが急になっていることが大きな特徴としてあげられる (Tversky・Kahneman (1992))．これは人間は利得に対し損失を2倍程度大きく見積もる傾向のあることを示唆している．

本分析では，プロスペクト理論の指摘する意思決定の特徴のなかから，参照点からの損失の受け取り方が利得に対し2倍程度大きいことを取り上げ，モデル化を行った．本章では，直近の価格 P_{t-1} および予測価格が参照点の価格 P^{ref}_t より低い場合に，当初の予測価格 P^{bef}_t を，$P^f_{t+1} = 2.25 P^{bef}_t - 1.25 P^{ref}_t$ の式により変換し，最終的な予測価

格 P^f_{t+1} を算出するものとした[*11]．参照点の価格 P^{ref}_t については，短期（2 日前の株式価格），中期（10 日），長期（20 日），3 通りのものについて分析を行い，当初の予測価格 P^{int}_t についてはファンダメンタルズに基づく予測とトレンド予測の 2 通りについて取り扱った．

iv) 自信過剰な投資家

人間は自らの能力に対し過剰な自信を持つ傾向があるとの報告がされており（Bazerman(1998)），行動ファイナンスの分野においても過剰な自信を持つ投資行動が市場に対し与える影響を解析的手法により分析した報告も行われている（Kyle・Wang(1997))．現実の市場においても投資家がおのおの異なる将来の見通しを自信を持って説明するという光景は数多くみられることから，程度の差はあれ投資家はある程度自信過剰な傾向はあると考えられる．これらの事柄を背景とし，本分析においても自らの予測に対し過剰な自信を持つ投資家行動のモデル化を行った．本分析では自信過剰な投資家行動を，株式のリスクを小さく見積もる行動としてモデル化を行った．自信過剰な投資家の推定株式リスク σ^s は，ヒストリカルボラティリティ σ^h および自信過剰の程度を決める調整係数（$k: 0<k\le 1$）より，$(\sigma^s)^2 = k(\sigma^h)^2$ と算出される．

c. 株式の期待収益率の算出方法

本市場において取引を行うすべての投資家は，t 期の利益（y_t）および $t-1$ 期以前の価格情報（$P_{t-1}, P_{t-2}, P_{t-3}, \cdots$）をもとに $t+1$ 期の株式価格および利益の予測（P^f_{t+1}, y^f_{t+1}）を行う．本章においては投資家 i（$i=1,2,3,\cdots$）の株式価格および利益の予測値をそれぞれ，$P^{int,i}_{t+1}$, $y^{f,i}_{t+1}$ と記すこととする．投資家 i の株式の期待収益率 $r^{int,i}_{t+1}$ は，

$$r^{int,i}_{t+1} = (r^{im}_t c^{-1}(\sigma^s_{t-1})^{-2} + r^{f,i}_{t+1}(\sigma^s_{t-1})^{-2}) c^{-1}(\sigma^s_{t-1})^{-2} + (\sigma^s_{t-1})^{-2})^{-1}$$

と算出される．ただし，

$$r^{f,i}_{t+1} = \left(\frac{P^{f,i}_{t+1} + y^{f,i}_{t+1}}{P_t} - 1\right)(1+\varepsilon^i), \qquad r^{im}_t = 2\lambda(\sigma^s_{t-1})^2 W_{t-1} + r_f$$

である．投資家は株式期待収益率に基づき株式投資のベンチマークからの乖離幅を決定する．ベイズ修正モデルの詳細については，Black・Litterman(1992)参照のこと[*12]．

d. 取引価格の決定

取引価格は，需要と供給が一致する価格に決定される（Arthur ら(1997))．投資家 i の株式投資数は t 期の株式取引価格の減少関数となっている．本市場においては投

[*11] 直近の価格が参照点の価格より高い場合は，当初の予測価格がそのまま最終的な予測価格となる．
[*12] ベイズ修正モデルの概略を章末に掲載した．

資家の株式保有数（$F_t^i\omega_i/P_t$）の合計（需要）と発行株式数（供給：一定）が一致する価格（P_t）を数値計算により求め，取引価格としている（$\sum_{i=1}^{M}F_t^i\omega_i/P_t=N$）[*13]．

8.3 価格挙動の分析

従来の伝統的ファイナンス理論においては代表的な投資家行動のみを考えて資産価格の分析を行っていたが，本章では異質なタイプの投資家が存在する市場における実験を通じ投資家行動が価格に対し与える影響の分析を行った．前章にて示したように，本金融市場において明示的に記述しているのは，ファンダメンタルズ（利益）の動きと投資家の投資行動ルールのみであり，資産価格は取引の結果としてボトムアップに決定される．現実の市場においても，各投資家が自律的に投資を行った結果として価格は決定されており，その意味で本金融市場は金融工学などのモデルと比較して現実に近い価格決定メカニズムとなっている．

本章では分析を通じ冒頭に述べた「一部でも合理的な投資家が存在すれば合理的な価格付けがなされるのか？」，「合理的でない投資家は自然選択の原理により排除されてしまうのか？」などの点について，前節において説明した簡略化したモデルにおいて検証を行った．この章では，はじめにすべての投資家がファンダメンタルズに基づき予測を行う場合について分析を行った後，トレンド予測を行う投資家が取引を行う場合の影響を分析した．また，実際の投資においてはリスク資産の保有割合に一定の制約があることを考慮し，投資制約が存在する場合の価格変動についても分析を行った．最後に，自信過剰な投資家やプロスペクト理論に基づく投資家など行動ファイナンスにおいて報告されている投資行動が価格に与える影響の分析を行った．

8.3.1 すべての投資家がファンダメンタリストの場合

はじめに，すべての投資家がファンダメンタリストの場合の価格挙動の分析を行った．この条件は，合理的な投資家および完全な市場を仮定しており，その意味で伝統的ファイナンス理論の報告と整合的な結果が期待される．

金融市場において実験により得られた株式価格推移（ファンダメンタルズと取引価格）を図8.1に示す．取引価格の推移を示したグラフよりファンダメンタルズと取引価格は一致することが確認できる[*14]．この条件においては，伝統的ファイナンス理論と整合的な結果を得ることができた．

[*13] 取引価格の決定方法は候補としていくつかのものがあげられるが，本分析ではArthurら（1997）に従い最も簡単な方式を採用した．価格決定方式の精緻化については今後の課題である．

[*14] すべての投資家がファンダメンタリストの場合，資産価格に対する評価はすべての投資家について完全に一致する．そのため株式価格の評価は利益に応じ変動するが，各投資家の保有株数は変化しないため，取引は生じない．

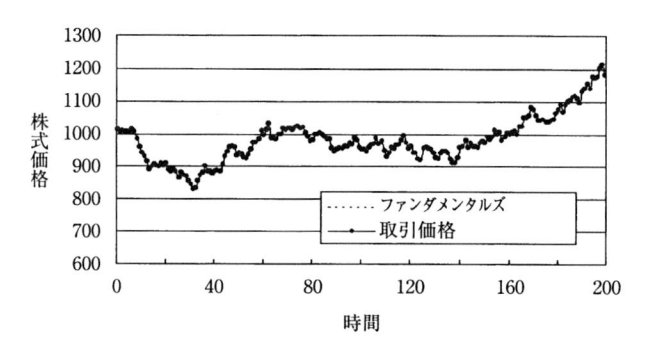

図 8.1　価格推移（ファンダメンタリスト 100%）

8.3.2　トレンド予測を行う投資家がいる場合

ファンダメンタルズに基づき予測を行う投資家とトレンド予測を行う投資家が取引を行う場合の価格変動について分析を行った．伝統的ファイナンス理論によれば，合理的でない投資家は自然選択の原理により市場から排除される運命にあり，その意味でトレンド予測に基づく投資家は排除される可能性が高い．本節においては，市場に自然選択の原理が働く場合の実験を実施し，既存の理論における報告の検証を試みた．

a.　ファンダメンタリスト：トレンド予測＝500：500 の場合

まずはじめに，ファンダメンタリストとトレンド予測を行う投資家が同数市場に存在する場合の価格変動について分析を行った．本条件において得られたファンダメンタルズおよび取引価格の推移を図 8.2 に，各投資家の累積超過収益の推移（一部の投資家）を図 8.3 に示す．この条件においては取引価格（traded price）はファンダメンタルズとほぼ一致し，さらにファンダメンタリストが累積超過収益を獲得している[15]．投資家数の分布を変更し，トレンド予測を行う投資家の割合を 7 割に増やした場合においても同様の結果を得ることができた．これらの結果は伝統的ファイナンス理論の報告と整合的な結果である．この状況において自然選択の原理を働かせると，超過収益を獲得しているファンダメンタリストが生き残ると期待される．

実際に市場に自然選択の原理が働く場合の価格および投資家数の推移を図 8.4，図 8.5 に示す．初期においてはファンダメンタリストとトレンド予測に基づく投資家は，それぞれ同数存在しているが，時間の経過とともにトレンド予測に基づく投資家は市場から排除され，ファンダメンタリストの数が増加していくことを確認できる．

---

[15]　取引価格がファンダメンタルズから乖離しても，ファンダメンタリストにより乖離は修正される．

8.3 価格挙動の分析

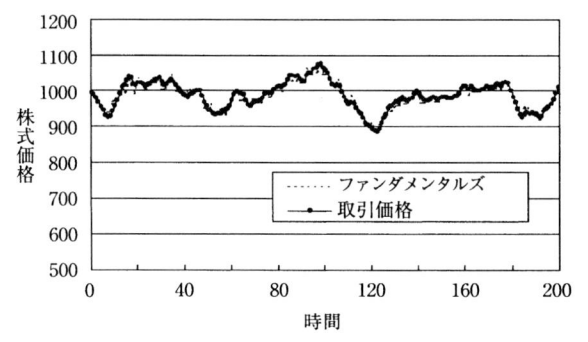

図 8.2
価格推移(ファンダメンタリスト＝500：500)

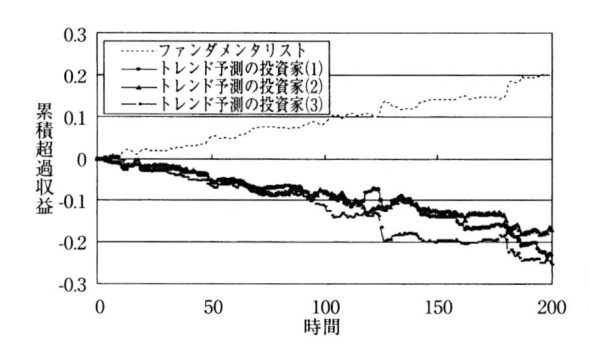

図 8.3
累積超過収益(ファンダメンタリスト：トレンド＝500：500)

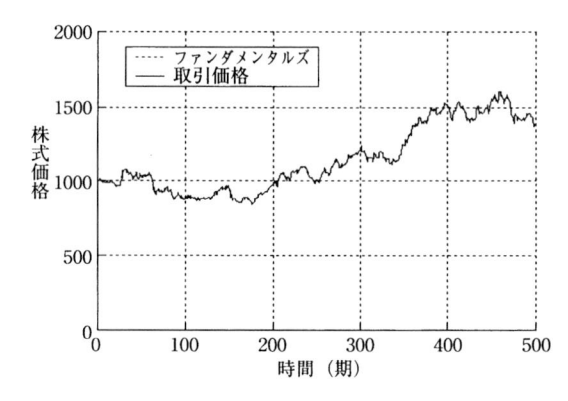

図 8.4
自然選択が働く場合の価格推移(ファンダメンタリスト：トレンド＝500：500)

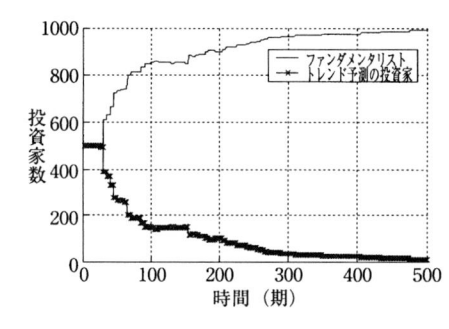

図 8.5 自然選択が働く場合の投資家数推移（ファンダメンタリスト：トレンド＝500：500）

同様の実験を100回繰り返し，各ステップ（200期および500期経過後）におけるファンダメンタリストの数の分布を図8.6，8.7に示す．本条件においてはファンダメンタリストでない投資家が市場から排除され500期間経過後には，ほとんどの投資家がファンダメンタリストとなっている．これらの結果は，従来のファイナンス理論において報告されていた事柄と整合的であり，従来のファイナンス分野における報告の正当性を，エージェントベースアプローチにより裏付けるものである[*16)]．

b. ファンダメンタリスト：トレンド予測＝100：900の場合

投資家数の割合を変化させ，トレンド予測の投資家が極端に多くなった場合の価格変動の分析を行ったところ，従来のファイナンスにおける報告とは異なる挙動を示した．この条件における価格推移および各投資家の累積超過収益の推移を図8.8，8.9に示す．この条件においては，取引価格はファンダメンタルズから大幅に乖離し，さらにトレンド予測に基づく投資家が超過収益を獲得している[*17)]．

各投資家とも無限に無リスク資産を貸借可能であるが，極端にファンダメンタリストが少ないケースにおいては取引価格をファンダメンタルズにもどす力が弱くなるため，ファンダメンタルズからの乖離が大きくなってしまう[*18)]．さらに，このようなケースにおいてはファンダメンタリストでない投資家が正の超過収益を獲得している（図8.9）．このようにトレンド予測の投資家が極端に多いケースにおいては，従来のファイナンス理論における報告とは反対に，ファンダメンタリストが自然選択

[*16)] トレンド予測に基づく投資家が7割の場合においても同様の結果を得ることができた．

[*17)] 初期における価格推移は極端な価格トレンドが発生していないことから，ファンダメンタルズに基づく投資家が価格に与える影響が相対的に強いため，取引価格はファンダメンタルズの周りを変動している．しかし，一定期間経過後においては多くのケースにおいて極端なトレンドが発生してしまうため，取引価格のファンダメンタルズからの大幅な乖離が生じている．

[*18)] 本研究においては初期保有資産はすべての投資家共通としているが，当初の保有額が投資家ごとに異なるケースの分析については今後の課題である．

8.3 価格挙動の分析

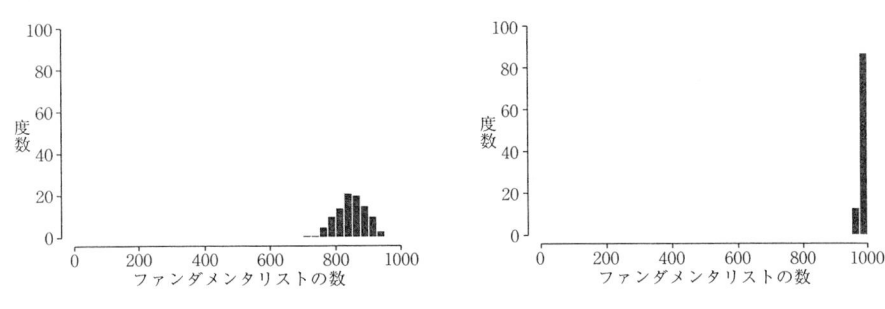

図 8.6 投資家数の分布推移 ($t=200$)

図 8.7 投資家数の分布推移 ($t=500$)

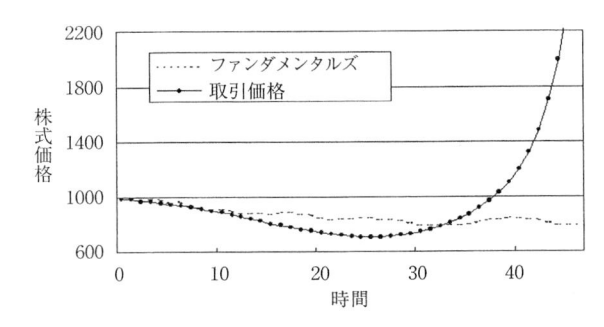

図 8.8 価格推移（ファンダメンタリスト：トレンド＝100：900）

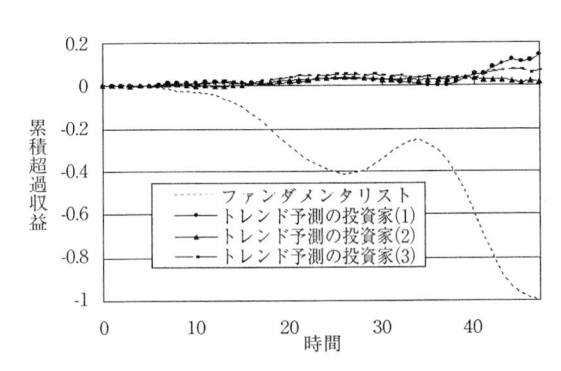

図 8.9 累積超過収益（ファンダメンタリスト：トレンド＝100：900）

の原理により淘汰されてしまう可能性が高い．

そこで，先ほどと同様に市場に自然選択の原理が働く場合の実験を行った．図 8.10，8.11 は，それぞれ価格変動および各投資家数の推移を示すグラフである．このケースにおいては，価格はファンダメンタルズから大幅に乖離し，ファンダメンタリストが市場から排除されている．同様の実験を 100 回行った場合の各ステップ(50 期および 100 期経過後) におけるファンダメンタルズに基づく投資家の分布を，図

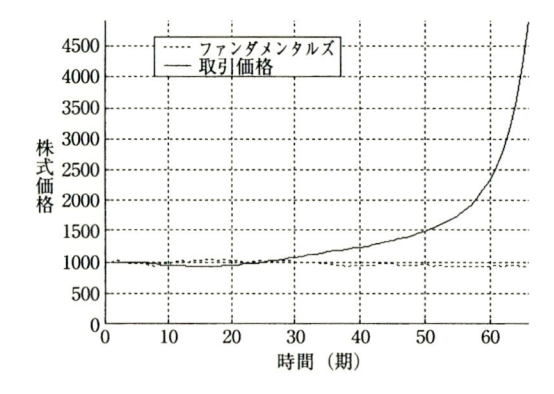

図 8.10
自然選択が働く場合の価格推移（ファンダメンタリスト：トレンド = 100：900）

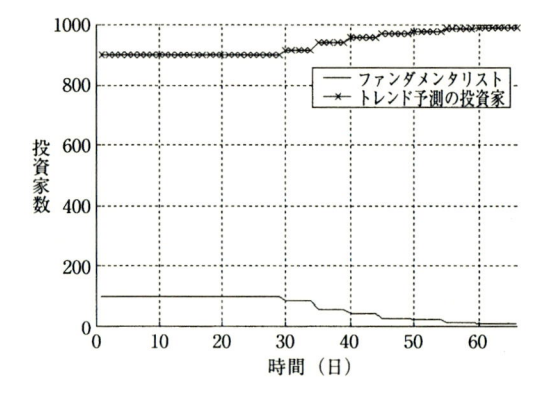

図 8.11
自然選択が働く場合の投資家数の推移（ファンダメンタリスト：トレンド = 100：900）

8.12, 8.13 に示す．これらのグラフからファンダメンタルズに基づく投資家が自然選択の原理により淘汰されるケースが頻繁に生じていることを確認できる[*19]．これらの結果は伝統的ファイナンス理論と整合的なものではないが，合理的でない投資家行動が市場に少なからぬ影響を与えることを示唆している点で非常に興味深い結果である．

[*19] 本分析においてファンダメンタルズに基づく投資家が淘汰されるケースと淘汰されないケース，2 通りのケースがみられる．両者を分ける主な要因は最初に自然選択の原理が働いたときの超過収益の状況である．たとえば，一番最初に自然選択の原理が働いたときにファンダメンタリストでない投資家が超過収益を獲得しているケースは，ファンダメンタリストが排除されそのまま淘汰されていく傾向がある．このように初期の状況のわずかな違いによりその後の挙動が大幅に変わる点も興味深い点である．

図 8.12 投資家数の分布推移 ($t=50$)

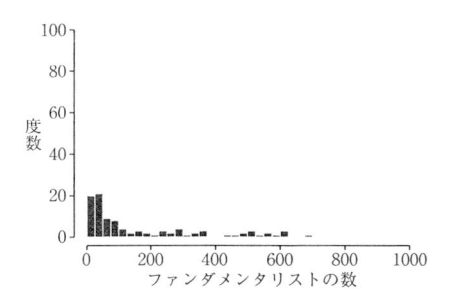

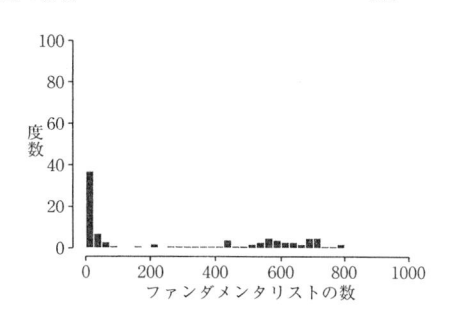

図 8.13 投資家数の分布推移 ($t=100$)

8.3.3 リスク資産への投資比率に制約のある場合

a. すべての投資家に投資制約のある場合

前節における実験において,投資家は理論的にはリスク資産への投資比率は無限に大きくすることが可能であった.しかし,現実の市場参加者は投資を行う際,リスク資産の保有割合に対し一定の制約を設けたうえで投資を行う.そこで,本節の実験においてはそのような実際の市場における投資環境を考慮してリスク資産への投資比率に制約がある場合について実験を行った.投資家の割合は,ファンダメンタリスト:トレンド予測に基づく投資家 = 300:700 とし[20],各投資家には「株式への投資比率が前期の市場における株式比率 ±5%」との投資制約が課せられるものとした[21].

このような投資制約の加わった条件下における実験においても,前節と同様に伝統的ファイナンスとは整合的でない挙動が生じることを確認できた.図 8.14, 8.15 は,それぞれ価格推移,各投資家の累積超過収益(一部)を表示したものである.このケースにおいては,価格支配力を持ったトレンド予測に基づく投資家が超過収益を獲得している(図 8.15).制約のある場合,たとえ投資家がファンダメンタルズに基づく投資を行っていたとしても価格に対する影響が限定的となるため,取引価格がファンダメンタルズから大幅に乖離する現象がみられる.また,このケースにおいてもファンダメンタリストでない投資家が超過収益を獲得していることから,自然選択の原理が働くとファンダメンタリストが排除される可能性が高い.

そこで,本節においても前節と同様に市場に自然選択の原理が働く場合の実験を実施した.図 8.16, 8.17 に 100 回実験を行った際の各ステップ(50 期および 100 期経過後)におけるファンダメンタリストの分布を表示した.この条件においても従来の

---

[20] 前節において行った投資制約ないケースの実験では,同じ条件で従来のファイナンス理論の想定通りの結果が得られている.

[21] たとえば $t-1$ 期の株式の時価総額比率が 50 であるとすると,t 期における株式への投資比率は 50% ± 5% である.

図 8.14 価格推移（投資制約有）

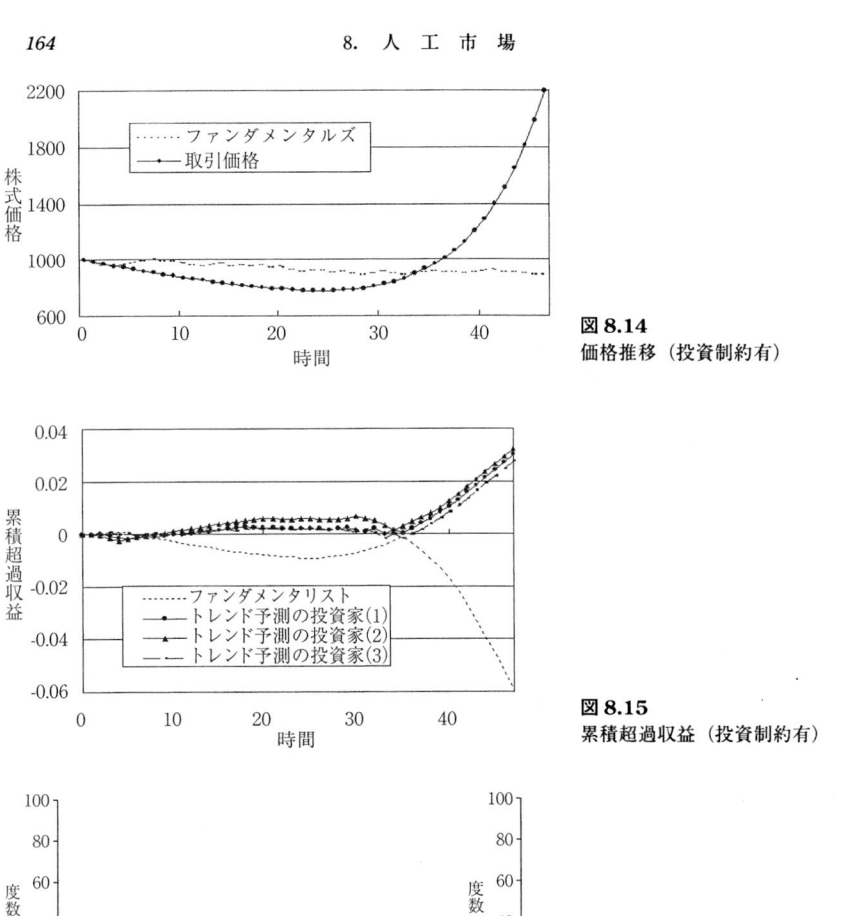

図 8.15 累積超過収益（投資制約有）

図 8.16 投資家数の分布推移
（投資制約有，$t=50$）

図 8.17 投資家数の分布推移
（投資制約有，$t=100$）

ファイナンスにおける報告とは異なり，ファンダメンタリストが淘汰されるケースが発生している．

　実際の市場においてもリスク資産の保有割合に制約を課す投資家は数多くみられるが，この実験により得られた結果は，そのような投資制約が状況によっては資産価格がファンダメンタルズから乖離する一つの要因となっている可能性のあることを示唆

するものである．

　さらに，近年リスク管理の重要性が認識され，各金融機関とも市場リスクをはじめ，信用リスクなど各種リスク指標を用いてリスク管理を行いながら投資を行っている．リスク管理の厳格化は，各個別企業のリスクを限定化する意味では有効に機能すると考えられる．しかし，リスク管理には実質的に投資制約を加える効果もあるため，副作用として取引価格をファンダメンタルズにひきもどす力を弱めている可能性がある．特に，ファンダメンタルズが下落基調にある場合，リスク管理は厳格化される傾向があり，取引価格の下落とリスク管理の強化に正のfeedbackがかかり，ファンダメンタルズからの乖離が大きくなる現象の発生する可能性がある．

b. 一部の投資家に投資制約のない場合

　上記のケースにおいて，ファンダメンタリストのうち10人（全体の1％）だけ無制約にてリスク資産への投資を行わせたところ，市場の挙動に大幅な変化がみられた．この条件においては，前節においてみられた取引価格のファンダメンタルズからの乖離は大幅に低下し，さらにファンダメンタリスト（投資制約無）が大幅な超過収益を獲得するようになった（図8.18，8.19）．これらの結果は，多くの投資家が明示的（または潜在的）な投資制約の下投資を行っている場合においては，多額の投資を行う投資家が市場に多大な影響を与えることを示すものである．実際の市場においても，投資制約の少ないファンダメンタリストが一部だけでも存在することにより，ファンダメンタルズからの乖離が大幅に削減する可能性がある．

c. 自信過剰な投資家およびプロスペクト理論に基づく投資家が存在する場合

　自信過剰な投資家およびプロスペクト理論に基づく投資家が取引を行う場合においても同様の実験を行い，ファンダメンタリストでない投資家が超過収益を獲得するケースのあることを確認した．なお，自信過剰な投資家はトレンド予測を行うものとし，プロスペクト理論に基づく投資家はファンダメンタルズに基づく予測およびトレンド予測の2通りを取り扱った．

　ファンダメンタリスト：自信過剰な投資家（トレンド予測）＝500：500における価格変動および累積超過収益の推移を図8.20，8.21に示す．自信過剰な投資家が取引を行う場合においては，取引価格がファンダメンタルズから大幅に乖離し，自信過剰な投資家が超過収益を獲得するケースがみられる．自信過剰の程度が大きくなるなるとこの傾向はより顕著に現れる．自信過剰な投資家はファンダメンタルズに基づく投資家と比較して極端な投資行動をとる傾向があり，そのため価格に対する影響が大きくなることが価格乖離のおもな要因と考えられる．

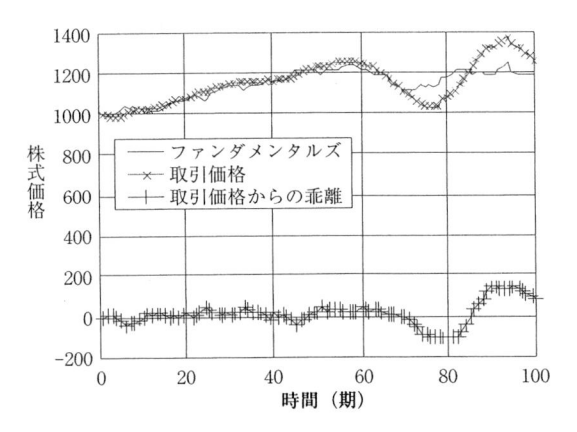

図 8.18 価格推移（一部投資制約無）

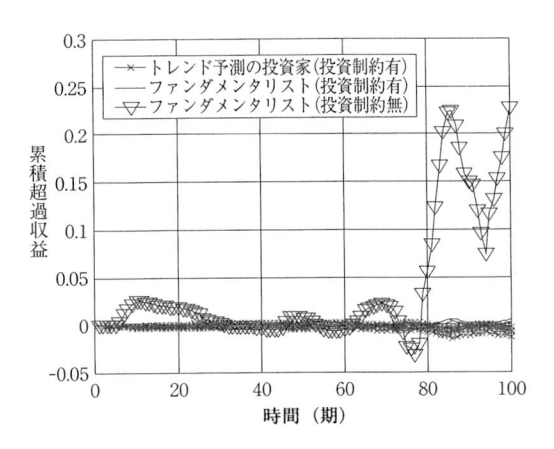

図 8.19 累積超過収益（一部投資制約無）

　ファンダメンタリストとプロスペクト理論に基づく投資家が市場に共存する場合の結果を示す．ファンダメンタルズ：プロスペクト理論（ファンダメンタルズ）＝300：700およびファンダメンタリスト：プロスペクト理論(5日トレンド予測)＝300：700における価格変動の推移を図 8.22, 8.23 に示す．プロスペクト理論に基づく投資家については，ファンダメンタルズに基づく予測を行う場合とトレンド予測を行う場合のそれぞれについて実験を行った．プロスペクト理論に基づく投資家が取引を行う場合については，ファンダメンタルズが下落している場合において取引価格がファンダメンタルズに対し下ぶれしている．とりわけ，後者のトレンド予測を行う場合にこの

8.3 価格挙動の分析

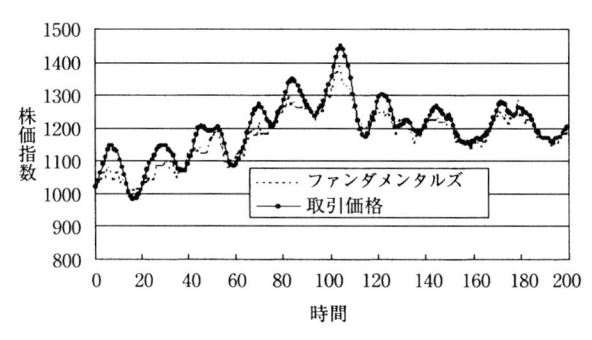

図 8.20
価格推移（ファンダメンタリスト：自信過剰（トレンド予測）＝500：500）

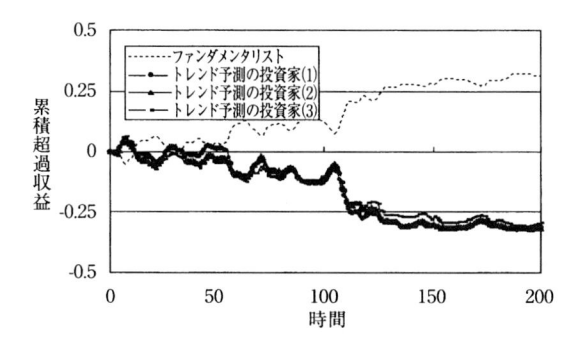

図 8.21
累積超過収益（ファンダメンタリスト：自信過剰（トレンド予測）＝500：500）

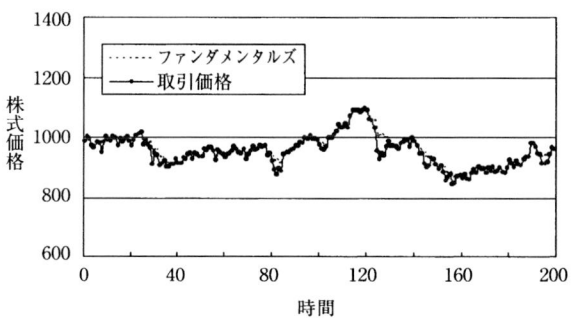

図 8.22
価格推移（ファンダメンタリスト：プロスペクト理論（ファンダメンタルズ）＝300：700）

傾向が顕著に現れる．後者のケースは投資家が，①損失回避，②トレンド予測という二つのバイアスをあわせ持つケースであり，図8.23にみられる実験結果は投資家行動のいくつかの特性が混在することにより，単独の特性から想定される以上の影響を市場に対して与えうることを示唆するものである．実際の市場参加者が，過去のトレンドの影響を受ける予測を行い，損失を過剰に見積もる投資家行動をとる傾向のあ

図 8.23 価格推移（ファンダメンタリスト：プロスペクト理論（ファンダメンタルズ）＝300：700）

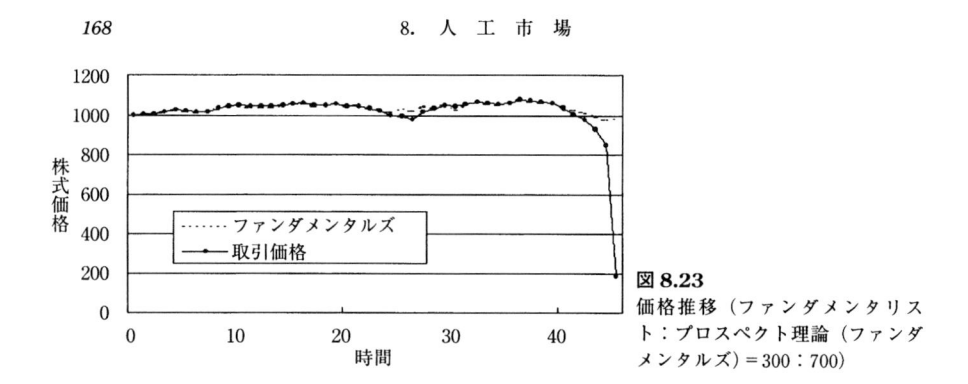

る場合においては，本章の実験にて得られたように，取引価格がファンダメンタルズから大きく乖離する可能性がある．

8.4 ま と め

　本章においては，行動ファイナンスに基づく投資家および投資制度が資産価格に与える影響をエージェントベースアプローチにより分析したものである．コンピュータ上にファンダメンタリストおよびファンダメンタリストでない投資家の存在する金融市場を構築し，分析を行った結果，①ファンダメンタリストとトレンド予測を行う投資家が市場に同数存在するケースにおいては，取引価格はファンダメンタルズと一致し，ファンダメンタリストが自然選択の原理により生き残ること，②トレンド予測を行う投資家が極端に多い場合やリスク資産への投資比率に制約があるケースにおいては，取引価格がファンダメンタルズから大幅に乖離し，ファンダメンタリストでない投資家が超過収益を獲得するため自然選択の原理によりファンダメンタリストが排除されるケースが頻繁に生じること，を見出した．これらの結果は，現実の市場においても価格支配力を持ったファンダメンタリストでない投資家が取引価格をファンダメンタルズから乖離させ超過収益を獲得している可能性を示唆するものである．このように本報告は，伝統的ファイナンスにおける仮定を現実に近いものに拡張した場合に，伝統的ファイナンスにおける理論が成立しない場合のあることをエージェントベースアプローチにより示した点に大きな意義がある[24]．
　本研究において構築したモデルは，現実の意思決定や投資環境のごく一部のモデル化を行った簡単なものであった．今後の課題としては，本分析では取り上げなかった

---

[24] 伝統的ファイナンス理論や，心理学の知見を取り入れた行動ファイナンス，人工知能の分野において進展したエージェントベースアプローチなど数多くの分野の知見を融合することで，今後ファイナンスの分野における議論が活発になることが期待される．

意思決定の合理性からの乖離を取り込んだ分析や資金量の違いを考慮した分析などがあげられる.

8.5 補　足

本章の分析において用いた自然選択の原理のルールおよびベイズ修正モデルの背景と概略について説明を行う.

8.5.1 自然選択の原理のルール

自然選択の原理について説明を行う. 本実験において用いた自然選択の原理は, ①投資戦略を変更する投資家の選定, ②投資戦略の変更方法, の二つのステップにより構成される. 以下各ステップの説明を行う.

a. 投資戦略を変更する投資家の選定

市場取引開始25期経過以降, 各投資家は定期的に(5期間ごと)投資戦略変更の有無を決定する. 戦略変更の有無は直近5期間の累積超過収益をもとに行われ, 累積超過収益の小さいものほど戦略を変更する確率が大きい. 具体的にはマイナスの累積超過収益を獲得した投資家は以下の確率にて投資投資戦略を変更する.

$$P_i = 0.3 - 0.3 e^{r_i^{cum}}$$

P_i: 投資家 i が戦略を変更する確率

r_i^{cum}: 投資家 i の直近5期間の累積超過収益率

b. 新しい投資戦略の選定

新しい投資戦略の選択は, 遺伝的アルゴリズム (Goldberg(1989)) の手法を応用し, 累積超過収益がプラスの投資戦略を選択しやすいものとした[25]. 各投資家の戦略, 累積超過収益をそれぞれ, s_i, r_i^{cum} とすると, 新しい投資戦略としてを選択する確率は以下の式に基づき与えられる.

$$P_i = \frac{e^{r_i^{cum}}}{\sum_{j=1}^{M} e^{r_j^{cum}}}$$

8.5.2 ベイズ修正モデルの背景と概略

実際の市場において投資家は自らの信念に従い行動しており, 投資家の信念は情報端末や新聞などを通じた新しい情報の到達により刻々と更新されている. 実際の市場のメカニズムを探るためには, そのような現実の市場における人間の信念の更新のプ

---

[25] $e^{r_i^{cum}}$ が遺伝的アルゴリズムの適応度に相当する.

ロセスの理解を深める必要がある．従来のファイナンス理論の多くは，新しい情報は瞬時に市場に取り込まれるという仮定のもと，静的な意思決定理論で十分で扱うことのできるものであったため，信念の更新という動的なプロセスについてはあまり取り扱われてこなかった．しかし，近年行動ファイナンスへの注目の高まりと共に，投資家の情報処理におけるバイアスに焦点があてられるようになり，それと並行して「合理的な情報処理のプロセス，信念の更新とはどのようなものか？」という点を確認する必要が生じてきた．Howson・Urbach(1993)は，このような信念の更新を行うケースにおいては，ベイズに基づく方法が合理的な意思決定の基準であるとの報告を行っている（Howson・Urbach(1993)，Berger(1985)，佐伯・松原(2000)）．ファイナンスの分野においてベイズを利用したものとしては，Black・Litterman(1992)の報告したモデル（ベイズ修正モデル）があげられる[*26)]．

ベイズ修正モデルは，株式期待収益率および株式のリスクを基に最適化を行い株式への投資比率を決定するモデルである．本章の分析における株式期待収益率算出は，① implied stock return の算出，② 短期収益率の算出，③ implied stock return と短期期待収益率の統合の3ステップより構成される．

最初のステップとして implied stock return (r_t^{im}) が，株式のリスク σ_{t-1}^s，市場における株式比率 W_{t-1}，投資家のリスク回避度 λ，リスクフリーレート r_f から，$r_t^{im} = 2\lambda (\sigma_{t-1}^s)^2 W_{t-1} + r_f$ と求められる（Black・Litterman(1992)，Sharpe(1987)）．

次のステップにおいて投資家 i の株式の短期期待収益率 $r_{t+1}^{f,i}$ が，株式予測価格 $P_{t+1}^{f,i}$ と現時点の株式価格 P_t などから

$$r_{t+1}^{f,i} = \left(\frac{P_{t+1}^{f,i} + y_{t+1}^{f,i}}{P_t} - 1 \right)(1 + \varepsilon^i)$$

と求められる．ただし，$P_{t+1}^{f,i}, y_{t+1}^{f,i}$ は，それぞれ投資家 i ($i=1,2,3,\cdots$) の株式価格および利益の予測値である．なお，同じ予測タイプの投資家でも詳細な見通しは異なることを反映し，短期期待収益率には誤差項（$\varepsilon^i \sim N(0, \sigma_n^2)$）を含むものとした（Bazerman(1998)）．

最後のステップにおいて株式の期待収益率 $r_{t+1}^{int,i}$ が，

$$r_{t+1}^{int,i} = (r_t^{im} c^{-1} (\sigma_{t-1}^s)^{-2} + r_{t+1}^{f,i} (\sigma_{t-1}^s)^{-2})(c^{-1}(\sigma_{t-1}^s)^{-2} + (\sigma_{t-1}^s)^{-2})^{-1}$$

と算出される．このように，株式の期待収益率（$r_{t+1}^{int,i}$）は，t 期の利益および $t-1$ 期以前に市場で獲得できる情報（価格情報等）に基づき算出される．より詳細なベイズ修正モデルの説明については，Black・Litterman(1992)参照のこと．

[*26)] 一般によく知られた平均分散モデルは従来より「リターンのわずかな違いが資産配分に大きな違いをもたらす」との問題点が指摘されているが，ベイズ修正モデルは，この問題を解決したものとなっており，現実の投資家の行動に近いモデルとなっている．

8.5.3 パラメーター覧

本文にて用いた主要なパラメータの一覧を示す．

- M ：投資家の数(1,000)
- N ：発行株式数(1,000)
- F_t^i ：t 期における第 i 番目の投資家の総資産額（$F_0^i = 2000$：共通）
- W_t ：t 期における市場の株式比率（$W_0 = 0.5$）
- w_t^i ：t 期における第 i 番目の投資家の株式への投資割合（$w_0^i = 0.5$：共通）
- y_t ：t 期に発生した利益
- σ_y ：利益変動の標準偏差($0.2/\sqrt{200}$：一定)
- r_t^{im} ：株式の割引率($0.1/200$：一定)
- r_t^{im} ：t 期における株式の implied stock return
- λ ：投資家のリスク回避度(1.25：共通, 一定)
- c ：分散調整係数(0.01)
- σ_t^h ：株式のヒストリカルボラティリティ（直近 100 期間）
- σ_t^s ：株式変動の標準偏差の期待値
- P_t ：t 期における取引価格
- $P_t^{f(,i)}$ ：(投資家 i の) t 期の取引価格の予測値
- $y_t^{f(,i)}$ ：(投資家 i の) t 期の利益の予測値
- P_t^{bef} ：プロスペクト理論にて変換する前の予測値
- P^{ref} ：参照点となる株式の価格
- $r^{f(,i)}$ ：(投資家 i の) 短期の株式期待収益率
- σ_n ：短期の株式収益率のばらつきの標準偏差
  (0.01：共通．ただし合理的投資家の場合のみ 0 とした.)
- p_i ：投資家 i が戦略を変更する確率
- r_i^{cum} ：投資家 i の直近 5 期間の累積超過収益率
- k ：自信度調整係数(0.5)

9

新しいパラダイムへ向けて

　伝統的ファイナンスと行動ファイナンスでは，手法上に大きな違いがある．伝統的ファイナンスでは，ある仮定のもとでモデルが構築されてから検証されるべき仮説が導かれ，実際のデータを使ってその仮説の妥当性が検証される．行動ファイナンスでは，この道順が全く反対になっている．現実の人間行動を観察することから始まって，その結果に基づいてモデルが構築されていくのである．行動ファイナンスにおいては，認知，評価の不完全性からくる行動パターンを明らかにし，人々がどのようにして意思決定を行っているかを解明しようとしている．現実に即したよいアプローチであると行動ファイナンスを標榜する研究者は主張するが，伝統的ファイナンスを擁護する研究者からは，そのアプローチに対してさまざまな批判が出ている．そこで本章では，二つの立場をもう一度明確にするために，伝統的ファイナンスからの批判についてまとめ，その批判に対する行動ファイナンスからの反論を述べることにする．そして最後に，本書のまとめを述べる．

9.1　行動ファイナンスへの批判と反論

　伝統的ファイナンスのアプローチは単純明快であり，行動ファイナンスのアプローチは複雑でわかりづらいといわれる．その複雑さゆえに実務への適用は困難ではないかという指摘もある．また，行動ファイナンスでは，伝統的ファイナンスのように事前的なモデルが構築されず，事後的な形で説明されるために，一般性，モデルの美しさといったものが失われる．さらに，事後的に説明を加えるというアプローチゆえに，100の異なる事象があれば，100の異なる説明が用意され，それらの説明はそれぞれもっともだが，普遍性に欠けるという批判がある．それゆえ，行動ファイナンスは，アンチ伝統的ファイナンスの

域を出ていないという見方をする研究者もいる．人間行動が非合理的であることを強調する行動ファイナンスだが，人間行動は本当にそれほど非合理的なのかどうかは疑わしい．たとえば，人間が作ったホラー映画をみて怖がったり，事故の確率は明らかに飛行機の方が低いにもかかわらず，飛行機に乗るのが怖いといって車で移動する人は非合理的だと，行動ファイナンスの研究者は主張する．しかし，人間は感情の動物である以上，その効用は感情に大きく支配されるはずだ．感情を考慮に入れた効用を考えることによって，これらの現象は十分に説明可能であると考える研究者がいても不思議ではない．認知のバイアスと感情を考慮にいれた効用との違いは，非合理的行動をしているという指摘を受けた結果，その人自身が自分の行動を変えるかどうかにある．ホラー映画をみる人は，それが作られたものであることは承知のうえで，怖がることを楽しみに出かけるのである以上，映画をみるのをやめたりはしない．飛行機を利用しない人たちも事故の確率が低いことは十分わかっていても乗らないという点で同様であろう．合理性を仮定したうえで，感情を考慮に入れた効用を考えればすむことであるというのが，伝統的ファイナンスの研究者の立場である．

　行動ファイナンスモデルと呼んでいるのは，伝統的ファイナンスモデルで説明できない事象のことを呼んでいるにすぎないという見方をする研究者もいる．実証的に伝統的ファイナンスモデルの欠陥を衝くことは意味のあることだが，それはいまのところ代替的モデルと呼ぶようなものではない．心理学の実験結果に対して異議を唱える研究者達もいる．心理学の実験における被験者の多くは学生であったりして，専門性が排除されているために，専門性の効果が全く無視されてしまっている．たとえば，確率や損得計算が不得手な人はギャンブルをしない，したとしてもすぐに退出を余儀なくされるだろう．きわめて公正で相手を思いやる気持ちの強い人は，競争の激しい仕事，弁護士などをさけるだろうし，将来のキャッシュフローを必要以上に大きく割り引いてしまうハイパーな割引率を使う人は，金融ビジネスには向かない．バイアスを持った人間は退出を余儀なくされるという自然淘汰のメカニズムが働く限り，そのようなバイアスを持った人は不適切な職業に残らないと考えられる．そこで，実際の世界における被験者を使えば，彼らはプロフェッショナルであり，これまでの心理実験で指摘されたバイアスの生まれる可能性は低いのではないかというのが，これら研究者の主張である．基本的に，意思決定における人間のある

べき姿をモデル化して，そのような方向で意思決定がなされるように教育し，訓練することが大切なことであり，最適でない意思決定方法を記述してみても意味がないと伝統的ファイナンスの研究者は考える．合理的モデルに基づく教育や訓練が，非合理的行動を減少させるために大きな役割を果たすだろうし，その過程を通じてこのようなバイアスは消滅する方向にあると考えられる．行動ファイナンスでは，このような教育や訓練の重要性，ならびにその効果を無視している．

　裁定取引を行うファンドマネジャーにお金を預ける投資家は，ファンドのパフォーマンスをもとに預けるお金の額を決めるので，短期間にアノマリーが解消されなければ，裁定取引は悪いパフォーマンスをひき起こし，ファンドから投資家はお金を引き上げてしまうことが，Shleifer・Vishny (1997) によって指摘されたことは第2章ですでに述べた．しかし，いずれもうかることがわかっているならば，なぜファンドマネジャーは投資家達を説得することができないのだろう．ここでの暗黙の仮定は，投資家が資産価格を決めるモデルの構造について完全な情報を持っていないことにある．すなわち，もとになっている構造モデルは，投資家が過去の価格の動きから類推するにはあまりにも不安定で，高次元であること，つまり，投資家は経済を動かしている構造モデルを知りえないというのが前提となっている．投資家とファンドマネジャーの間にある情報の非対称性こそが問題の原点なのだ．このような仮定のもとでは，一時的にせよ悪いパフォーマンスをあげたファンドマネジャーは，市場から退出を余儀なくされるであろう．裁定取引の限界はどこからくるかといえば，行動ファイナンスの依拠する心理学的側面ではなく，経済を動かしている構造の不確実性そのものにあるということも可能であろう．Brav・Heaton (2002) では，行動ファイナンスモデルと合理的構造不確実性モデルとが，ある状況のもとでは，似通った結果を予想すると述べている．すなわち，行動ファイナンスで説明できる価格のパターンは，合理的モデルでも説明できるかもしれないというのだ．

　認知のバイアスが経済構造の不確実性と関連しているとき，市場価格はファンダメンタルズから長期間にわたって乖離するが，その原因は経済構造の不確実性にあると考えられる．インターネット株のブームを考えてみよう．確かにネット株は，非合理的投資家の認知バイアスなどにより過大評価されていたか

9.1 行動ファイナンスへの批判と反論

もしれない．しかし，多くの合理的投資家は資金があるにもかかわらず，過大評価されたネット株の取引をしようとはしなかった．なぜなら，ノイズトレーダーのどのようなバイアスがあるとしても，インターネットの将来についての不確実性はあまりにも大きく，手を出せるような状況ではなかった．これが，従来型の産業である鉄鋼や電気であれば，不確実性は低く話は違っていたであろう．多くのインターネットベンチャーを取り巻く不確実性が，長期間にわたって楽観的観測を生み，合理的投資家は将来成功する企業と失敗する企業を見分けるのに時間がかかったと考えることもできる．

以上，伝統的ファイナンスの立場からの意見を，行動ファイナンスへの疑問という形でまとめてみた．このような意見に対しては，行動ファイナンスからもいくつかの反論がある．

行動ファイナンスは単にアンチ伝統的ファイナンスではないのかという指摘があるが，行動ファイナンスは，伝統的ファイナンスの代替になると主張しているわけではない．行動ファイナンスは伝統的ファイナンスを否定しているのではなく，その非現実的仮定を少し緩めて，現実に近づけたうえで議論しようとしている．実証的なアプローチが主であって，理論が存在しないという指摘もあるがそれも正しくない．本書で紹介したように，いくつかの行動ファイナンスモデルがすでに生まれてきている．また，行動ファイナンスへの批判のなかであげられたような感情を考慮に入れた効用を取り込んだモデルこそ，行動ファイナンスからのアプローチの一つといえるだろう．自然淘汰，あるいは，教育によってこの種のバイアスが完全に消滅すると考えるのは，少しナイーブすぎるかもしれない．Tversky・Kahneman(1992)では，統計的知識に関してさまざまなレベルの被験者を対象に実験を行っている．結果は知識の有無に影響されない．また，高度な知識を持っているとされる科学者達を対象にした分析でも，このようなバイアスは観察されるとKahneman・Tversky(1982)は述べている．さらに，教育，訓練によって専門的になった人達は，過信が生まれやすいことも指摘されている．たとえば，専門的職業の一つ，ファンドマネジャーは新しい情報に対して必ずしも適切に反応しない．あるときは過剰に反応し，またあるときは過小に反応して，最適な投資行動をとれないことがあると言われている．

以上述べたように，アノマリーの存在に対して，行動ファイナンスの研究者

は，ファイナンス理論の基本的枠組みである人間の合理性に対して疑問を投げかけ，一方，伝統的ファイナンスの研究者は，合理的行動は人間のあるべき姿として，経済構造の不確実性や市場の不完全性に答えを見出そうとしている．いずれのアプローチが優れているといった議論は，ここでは意味がないであろう．今後，この二つの流れのなかで，新しい理論が生み出されていくに違いない．Hirshleifer(2001)では，伝統的ファイナンスと行動ファイナンスの比較を，それぞれのアプローチに対する批判という形で表9.1に示すようにまとめている．立場を置き換えてみると同じ現象が全く違ってみえてくることがわかって興味深い．

9.2 まとめと今後に向けて

人間心理が資産価格に影響を及ぼすと考えたのは，行動ファイナンス学者が最初ではない．ファイナンスが学問として認められる以前に存在した著名な経済学者達も，人間心理の重要性を説いている．Keynes(1936)は，株式市場を美人コンテストに例えた心理ゲームであると喝破しているし，ファイナンスの父であるMarkowitz(1952)も参照点からの損得を基準にした人間行動モデルを提案し，損失に対する嫌悪を認めている．ファイナンス学者がこのような流れ

表9.1　二つのアプローチの相互批判　(Hrishleifer(2001))

行動ファイナンスへの批判	伝統的ファイナンスへの批判
主張している心理的バイアスは根拠がない．	合理性はかなりきつい制約である．
心理的バイアスが報告された実験に意味がない．	実証結果は合理的行動を支持しない．
事後的に心理的バイアスにあうような理論を述べているに過ぎない．	事後的にデータにあわせるように市場の不完全性，ファクターの構造を述べているにすぎない．
合理的投資家が裁定取引により価格を是正．	非合理的投資家が効率的価格を妨げる．
合理的投資家がよりよい意思決定をし，お金を稼ぐ．	非合理的投資家がリスクをとって，お金を稼ぐ．
無知な投資家はよい意思決定に向かって，学習していくこともある．	正確な判断のできる投資家は悪い意思決定を学習していくこともある．
リターンの予測可能性は疑わしいので，心理学のモデルの予測力は意味がない．	リターンの予測可能性は疑わしいので，合理的モデルの予測力は意味がない．

を踏襲していれば，効率的市場ではなく，ひょっとしたら人間心理市場仮説が全盛をきわめていたかもしれない．

このように人間の行動が必ずしも合理的ではないことは経済学者もわかっていた．問題はそのような非合理的行動が資産価格に影響を与えるかどうかである．これまで効率的市場では，合理的投資家の投資行動によって，非合理的投資行動の効果は消滅してしまうとされてきた．しかしながら，合理的投資家による裁定取引は，経済学者が考えていたほど万能ではないことがわかった．ミスプライシングが存在したとしても，さまざまなリスクや取引費用を考慮すれば，魅力ある裁定機会は存在しないかもしれないのである．結果として，価格がファンダメンタルズを反映していない場合でも，裁定利益は得られないので，裁定取引が機能せず，価格はファンダメンタルズから乖離したままの非効率な状態に留まってしまう．いわゆるアノマリーの存在である．

そんなわけで，アノマリーは簡単には消滅しない．しかし，アノマリーとして市民権を得ると，その効果は徐々に小さくなっていくようだ．たとえば，80年代初めに報告された規模効果は，90年代にはほとんどみられなくなった[1]．同様に，簿価時価比率の効果も90年代初めに学会で報告されて以来，その効果は小さくなり90年代の後半にはその存在が小さくなっている．これらのことから，アノマリーとして広く知られるようになった時点で，アノマリーではなくなるのかもしれない．いわゆる非合理的投資家もアノマリーの存在を認め，それに対処するようになるからだろう．このことは，現状のアノマリーを説明するために作られたモデルの限界を示している．本書で解説した行動ファイナンスモデルも，アノマリーを学習していく投資家を想定していない．アノマリー情報を用いて利益の上がる投資戦略を求める結果，これまでのアノマリーとは逆のパターンが現れたり，あるいは，消滅したりしてしまう可能性がある．今後は，投資家がどのようにアノマリーを学習していくのか，そのプロセスを考慮に入れたモデルの検討が必要になるだろう．

株価変動に関するアノマリーは，企業経営者の経営政策にも影響を与える．経営者が内部情報に基づいて割安と判断すれば，自社株買いを行ったりするだろうし，割高と考えれば株式発行に踏み切るだろう．企業経営者による裁定取引である．実際，M&Aのブームが起きるのは特定の産業，特定の時期である

---

[1] このアノマリーをあてにして，80年代に多くの小型株ファンドが設定された．

ことが多いし，クローズドエンド型投信もある時期に集中して発行される．また，経営者とすれば，意図的に会計情報を使って株価を操作しようとするだろう．実際，Enron を始めとする米国企業の不祥事は，この可能性の高いことを示唆している．アナリストがこの種の情報に簡単に反応してしまう結果，短期的には株価が過剰反応をし，長期的には修正のために株価が低迷する可能性は高い．さらに，非合理的投資家の取引によるミスプライシングは，企業の投資決定に対して大きな影響を与える可能性がある．

　日本市場における株価の予測可能性に関する実証結果の特徴は，米国市場でみられるモメンタムはみられず，短期のリバーサルが観察されることにある．日本の投資家と米国の投資家の投資行動の違いによるものなのか，あるいは，日米の規制の違いによるのかははっきりしないが，国によって生じるパターンに違いがあることは，この種のアノマリーが投資家のバイアスに基づくものである可能性を示している．日本の実証結果をみる限り，モメンタムを説明しようとして，米国の研究者達が提案している行動ファイナンスモデル（合理的モデルも含めて）は，日本市場にはそのままでは適用できないかもしれない．ただ日本でも，米国と同じように小型株が，この種のアノマリーをひき起こしているようである．小型株は，個人投資家の取引によるセンチメントの影響，高い取引費用，低い流動性，多くの非貸借銘柄など，裁定取引を拒む要因は多い．小型株に関する分析を進めることによって，アノマリーを解明していくのは一つの方向であろう．

　投資家行動についても，日本では米国における検証結果とは異なる結果が得られた．日本の機関投資家は，情報に基づく投資家というよりは，トレンドを追いかける投資家であり，日本では，外国人投資家が情報に基づく投資家として，米国における機関投資家と同じ役目を果たしているようにみえる．日米ともに個人投資家の投資行動は，1年という比較的長期間における所有比率の変化と株価変動の関係においては，受け身的であり株価への影響は限定的であった．

　商品先物市場は，株式市場と異なる投資家が投資を行っている市場といわれている．日本の主要な二つの商品先物取引所で取引されるいくつかの商品先物価格には，共変動が存在することがわかった．また，商品先物価格と取引主体との関係に関しては，商品先物会員による自己取引は一般投資家の取引相手と

しての役割を持ち，結果的に平均してプラスの収益をもたらしている．

　エージェントベースアプローチによる人工市場での実験では，バイアスを持った投資家の数が市場で多くなると，市場価格はファンダメンタルズから乖離してしまうことが明らかになった．ファンダメンタルズを知っている合理的投資家が，非合理的投資家の取引によって，淘汰されてしまう可能性を示唆している．

　20世紀後半に提案されたCAPMを始めとする資産価格理論に限界がみえ始め，21世紀に入り新しい価格理論の構築が待たれるようになってきた．そんななかで，行動ファイナンスは合理性という仮定を緩めて，資産価格理論の領域に新しい切り口を提供しようとしている．いまだ発展途上であり，本書で紹介した理論もまだ完成されたものと呼ぶにはほど遠いかもしれない．行動ファイナンスという領域が，学会で認知されてまだ10年ほどしか経ておらず，研究の蓄積もまだ多くはない．しかし，この分野の研究は現在飛躍的に拡大しており，今後，いろいろなタイプの研究が紹介されることになるだろう．その勢いを後押しするかのように，この分野の代表的研究者のひとりであるKahnemanが，2002年度のノーベル経済学賞に輝いた．共同研究者であったTverskyが存命であれば，共同受賞ということになったはずである．

　今後，この分野における研究の進展は，資産価格理論の発展に大きく寄与し，新しいパラダイムの構築に向けて重要な役割を果たすことが期待される．10年後，行動ファイナンスという名称は消滅し，ファイナンスにおいてこのようなアプローチが一般化していることを期待したい．そのとき，ファイナンスは新たな進化を遂げることになるだろう．

参考文献

[1] Allais, M. (1953), "Le Comportement de l'Homme Rationnel devant le Risque, Critique des Postulates et Axiomes de l'Ecole Americaine," *Econometrica*, **21**, 503-546.

[2] Arthur, W.B., J.H. Holland, B. Lebaron, R.G. Palmer and P. Taylor (1997), "Asset Pricing under Endogenous Expectations in an Artificial Stock Market," *The Economy as an Evolving Complex System II*, Addison-Wesley, 15-44.

[3] Ang, A. and J. Chen (2002), "Asymmetric Correlations of Equity Portfolios," *Journal of Financial Economics*, **63**, 443-494.

[4] Axelrod, R. (1997), *The Complexity of Cooperation-Agent-Based Model of Competition and Collaboration*, Princeton University Press.

[5] Axtell, R. (2000), "Why Agents? On the Varied Motivation For Agent Computing In the Social Sciences," the Brookings Institution Center on Social and Economic Dynamics working paper, November, No.17.

[6] Bailey, W. and K.C. Chan (1993), "Macroecomomic Influences and the Variability of the Commodity Futures Basis," *Journal of Finance*, **48**, 555-573.

[7] Banerjee, A. (1992), "A Simple Model of Herd Behavior," *Quarterly Journal of Economics*, **107**, 797-817.

[8] Banz, R. (1981), "The Relationship between Return and Market Value of Common Stocks," *Journal of Financial Economics*, **9**, 3-18.

[9] Bar-Hillel, M. (1973), "On the Subjective Probability of Compound Events," *Organizational Behavior and Human Performance*, **9**, 396-401.

[10] Barber, B. and J. Lyon (1997), "Detecting Long-run Abnormal Stock Returns: The Empirical Power and Specification of Test Statistics," *Journal of Financial Economics*, **43**, 341-372.

[11] Barber, B. and T. Odean (2000), "Trading is Hazardous to Your Wealth: The Common Stock Investment Performance of Individual Investors," *Journal of Finance*, **55**, 773-806.

[12] Barber, B. and T. Odean (2001), "Boys will Be Boys: Gender, Overconfidence, and Common Stock Investment," *Quarterly Journal of Economics*, **116**, 261-292.

[13] Barber, B. and T. Odean (2002), "Online Investor: Do the Slow Die Fast," *Review of Financial Studies*, **15**, 455-487.

[14] Barberis, N and M. Huang (2001), "Mental Accounting, Loss Aversion, and Individual Stock Returns," *Journal of Finance*, **56**, 1247-1292.
[15] Barberis, N., M. Huang and T. Santos (2001), "Prospect Theory and Asset Prices," *Quarterly Journal of Economics*, **116**, 1-53.
[16] Barberis, N. and A. Shleifer (2000), "Style Investing," unpublished manuscript.
[17] Barberis, N., A. Shleifer and R. Vishny (1998), "A Model of Investor Sentiment," *Journal of Financial Economics*, **49**, 307-345.
[18] Barberis, N., A. Shleifer and J. Wurgler (2001), "Why Do Stocks Comove? Evidence from S&P500 Inclusions," unpublished manuscript.
[19] Barberis, N. and R. Thaler (2003), "A Survey of Behavioral Finance," *Handbook of the Economics and Finance*, Ohio State University.
[20] Berger, J.O. (1985), *Statistical Decision Theory and Bayesian Analysis*, Springer.
[21] Bernard, V. (1992), "Stock Price Reactions to Earnings Announcements," in Thaler (ed.) *Advances in Behavioral Finance*, Ch.11. 303-340, Russel Sage Foundation.
[22] Bernard, V. and J. Thomas (1989), "Post-Earnings-Announcement Drift: Delayed Price Response or Risk Premium," *Journal of Accounting Research*, **27**, 1-36.
[23] Bazerman, M. (1998), *Judgment in Managerial Decision Making*, John Wiley.
[24] Bikhchandani, S., D. Hirshleifer and I. Welch (1992), "A Theory of Fads, Fashion, Custom, and Cultural Change as Informational Cascades," *Journal of Political Economy*, **100**, 992-1026.
[25] Black, R. and R. Litterman (1992), "Global Portfolio Optimization," *Financial Analysts Journal*, September-October, 28-43.
[26] Blanchard, O., C. Rhee and L. Summers (1993), "The Stock Market, Profit and Investment," *Quarterly Journal of Economics*, **108**, 115-336.
[27] Blume, L., D. Easley and M. O'Hara. (1994), "Market Statistics and Technical Analysis: The Role of Volume," *Journal of Finance*, **49**, 307-343.
[28] Brav, A. (2000), "Inference in Long-horizon Event Studies," *Journal of Finance*, **55**, 1979-2016.
[29] Brav, A., C. Geczy and P. Gompers (2000), "Is the Abnormal Return Following Equity Issuances Anomalous?" *Journal of Financial Economics*, **56**, 209-249.
[30] Brav, A. and J.B. Heaton (2002), "Competing Theories of Financial Anomalies," *Review of Financial Studies*, **15**, 575-606.
[31] Bremer, M. and K. Kato (1996), "Trading Volume for the Winners and Losers on the Tokyo Stock Exchange," *Journal of Financial and Quantitative Analysis*, **31**, 127-142.
[32] Bremer, M. and T. Hiraki (1999), "Volume and Individual Security Returns on the Tokyo Stock Exchange," *Pacific Basin Finance Journal*, **7**, 351-370.
[33] Brennan, M. and H. Cao (1997), "International Portfolio Investment Flows," *Journal*

of Finance, **52**, 1851–1880.

[34] Brennan, M., T. Chorda and A. Subrahmanyam (1998), "Alternative Factor Specifications, Security Characteristics, and the Cross-section of Expected Stock Returns," *Journal of Financial Economics*, **49**, 345–373.

[35] Camerer, C., Babcock, L., G. Lowenstein and R. Thaler (1997), "Labor Supply of New York City Cab Drivers: One Day at a Time," *Quarterly Journal of Economics*, **111**, 408–441.

[36] Campbell, J. and J. Cochrane (1998), "Stock Prices, Earnings and Expected Dividends," *Journal of Finance*, **43**, 661–676.

[37] Campbell, J. and J. Cochrane (1999), "By Force of Habit: A Consumption-based Explanation of Aggregate Stock Market Behavior," *Journal of Political Economy*, **107**, 205–251.

[38] Cashin, P., C.J. McDermott and A. Scott (1999), "The Myth of Co-moving Commodity Prices," discussion paper, Reserve Bank of New Zealand.

[39] Chan, L., Y. Hamao and J. Lakonishok (1991), "Fundamentals and Stock Returns in Japan," *Journal of Finance*, **46**, 1739–1789.

[40] Chan, L., N. Jegadeesh and J. Lakonishok (1996), "Momentum Strategies," *Journal of Finance*, **51**, 1681–1713.

[41] Chen, J. and H. Hong (2002), "Discussion of "Momentum and Autocorrelation in Stock Returns," *Review of Financial Studies*, **15**, 565–573.

[42] Chen, J., H. Hong and J. Stein (2002), "Breadth of Ownership and Stock Returns," *Journal of Financial Economics*, forthcoming.

[43] Chen, N., R. Kan and M. Miller (1993), "Are the Discounts on Closed-End Funds a Sentiment Index?" *Journal of Finance*, **48**, 795–800.

[44] Chew, S. (1989), "Axiomatic Utility Theories with the Betweenness Property," *Annals of Operations Research*, **19**, 273–298.

[45] Choe, H., B-C. Kho and R. Stulz (1999), "Do Foreign Investors Destabilize Stock Markets? The Korean Experience in 1997," *Journal of Financial Economics*, **54**, 227–264.

[46] Chopra, N., J. Lakonishok and J. Ritter (1992) "Measuring Abnormal Performance: Do Stocks Overreact?" *Journal of Financial Economics*, **31**, 235–268.

[47] Chopra, N., C. Lee, A. Shleifer and R. Thaler (1993), "Yes, Discounts on Closed-End Funds Are a Sentiment Index," *Journal of Finance*, **48**, 801–808.

[48] Chirinko, R.S. and H. Schaller (2001), "Business Fixed Investment and Bubbles: The Japanese Case," *American Economic Review*, **91**, 663–680.

[49] Chui, A.C.W., S. Titman and K.C.J. Wei (2000), "Momentum, Legal System and Ownership Structure: An Analysis of Asian Stock Markets," unpublished manuscript.

[50] Conrad, J., A. Hameed, and C. Niden (1994), "Volume and Autocorvariances in Short-horizon Individual Security Returns," *Journal of Finance*, **49**, 1305-1330.
[51] Conrad, J. and G. Kaul (1998), "An Anatomy of Trading Strategies," *Review of Financial Studies*, **11**, 489-519.
[52] Constantinides, G. (1990), "Habit Formation: A Resolution of the Equity Premium Puzzle," *Journal of Political Economy*, **98**, 519-543.
[53] Cooney, J., H.K. Kato and J. Schallheim (2003)," Underwriter Certification and Japanese Seasoned Equity Issues," *Review of Financial Studies*, forthcoming.
[54] Damasio, A.R. (1994), *Descartes' Error: Emotion, Reason, and the Human Brain*, G. P. Putnam.
[55] Daniel, K., M. Grinblatt, S. Titman and R. Wermers (1997), "Measuring Mutual Fund Performance with Characteristic Based Benchmarks," *Journal of Finance*, **52**, 1035-1058.
[56] Daniel, K., D. Hirshleifer and A. Subrahmanyam (1998), "Investor Psychology and Security Market Under and Overreactions," *Journal of Finance*, **53**, 1839-1885.
[57] Daniel, K., D. Hirshleifer and A. Subrahmanyam (2001), "Investor Overconfidence, Covariance Risk, and Predictors of Securities Returns," *Journal of Finance*, **56**, 921-965.
[58] Daniel, K., D. Hirshleifer and S.H. Teoh (2002), "Investor Psychology in Capital Markets: Evidence and Policy Implications," *Journal of Monetary Economics*, **49**, 139-209.
[59] Daniel, K. and S. Titman (1997), "Evidence on the Characteristics of Cross-Sectional Variation in Stock Returns," *Journal of Finance*, **52**, 1-33.
[60] Daniel, K. and S. Titman (1999), "Market Efficiency in an Irrational World," *Financial Analysts Journal*, **55**, 28-40.
[61] Daniel, K., S. Titman and J. Wei (2001), "Explaining the Cross-Section of Stock Returns in Japan: Factors or Characteristics?" *Journal of Finance*, **56**, 743-766.
[62] Datar, V., N. Naik and R. Radcliffe (1998), "Liquidity and Asset Returns: An Alternative Test," *Journal of Financial Markets*, **1**, 203-220.
[63] Davis, J., E. Fama and K. French (2000), "Characteristics, Covariances, and Average Returns 1929-1997," *Journal of Finance*, **55**, 389-406.
[64] Deb, P., P.K. Trivedi and P. Varangis (1996), "The Excess Co-movement of Commodity Prices Reconsiderd," *Journal of Applied Econometrics*, **11**, 275-291.
[65] De Bondt, W. and R. Thaler (1985), "Does the Stock Market Overreact?" *Journal of Finance*, **40**, 793-805.
[66] De Bondt, W. and R. Thaler (1987), "Further Evidence on Investor Overreaction and Stock Market Seasonality," *Journal of Finance*, **42**, 793-805.
[67] De Long, B., A. Shleifer, L. Summers and R. Waldmann (1990a), "Noise Trader

Risk in Financial Markets," *Journal of Political Economy*, **98**, 703–738.
[68] De Long, B., A. Shleifer, L. Summers and R. Waldmann (1990b), "Positive Feedback Investment Strategies and Destabilizing Rational Speculation," *Journal of Finance*, **45**, 379–395.
[69] De Long, B., A. Shleifer, L. Summers and R. Waldmann (1991), "The Survival of Noise Traders in Financial Markets," *Journal of Business*, **64**, 1–20.
[70] Dekel, E. (1986), "An Axiomatic Characterization of Preferences Under Uncertainty: Weakening the Independence Axiom," *Journal of Economic Theory*, **40**, 304–318.
[71] Diebold, F. X. and M. Nerlove (1989), "The Dynamics of Exchange Rate Volatility: A Multivariate Latent Facotor ARCH Model," *Journal of Applied Econometrics*, **4**, 1–21.
[72] Diether, K., C. Malloy and A. Scherbina (2003), "Differences of Opinions and the Cross Sections of Stock Returns," *Journal of Finance*, **57**, 2113–2141.
[73] Edwards, W. (1962), "Subjective Probabilities Inferred from Decisions," *Psychological Review*, **69**, 109–135.
[74] Edwards, W. (1982), "Conservatism in Human Information Processing," In D. Kahneman, P. Sovic and A. Tversky (eds.), *Judgment Under Uncertainty: Heuristics and Biases*, Cambridge University Press, 359–369.
[75] Ellsberg, D. (1961), "Risk, Ambiguity and the Savage Axioms," *Quarterly Journal of Economics*, **75**, 643–669.
[76] Engle, R.F. and K. Kroner (1995), "Multivariate Simultaneous Generalized ARCH," *Econometric Theory*, **11**, 122–150.
[77] Engle, R.F., V. Ng and M. Rothschild (1990), "Asset Pricing with a Factor-ARCH Covariance Structure-Empirical Estimates for Treasury Bills-," *Journal of Econometrics*, **45**, 213–237.
[78] Epstein, J.M. and R. Axtell (1996), *Growing Artificial Societies Social Science From The Bottom Up*, MIT Press.
[79] Falkenstein, E.G. (1996), "Preferences for Stock Characteristics as Revealed by Mutual Fund Portfolio Holdings," *Journal of Finance*, **51**, 111–135.
[80] Fama, E. (1970), "Efficient Capital Markets: A Review of Theory and Empirical Work," *Journal of Finance*, **25**, 383–417.
[81] Fama, E. (1998), "Market Efficiency, Long Term Returns and Behavioral Finance," *Journal of Financial Economics*, **49**, 283–307.
[82] Fama, E. and K. French (1992), "The Cross Section of Expected Stock Returns," *Journal of Finance*, **47**, 427–465.
[83] Fama, E. and K. French (1993), "Common Risk Factors in the Returns on Stocks and Bonds," *Journal of Financial Economics*, **33**, 3–56.
[84] Fama, E. and K. French (1996), "Multifactor Explanations of Asset Pricing Anoma-

lies," *Journal of Finance*, **51**, 55-84.

[85] Fama, E. and K. French (1998), "Value versus Growth: The International Evidence," *Journal of Finance*, **53**, 1975-2000.

[86] Fama, E. and K. French (2000), "The Equity Premium," working paper.

[87] French, K. and J. Poterba (1991), "Investor Diversification and International Equity Markets," *American Economic Review*, **81**, 222-226.

[88] Friedman, M. (1953), *Essays in Positive Economics*, University of Chicago Press.

[89] Froot, K. and E. Dabora (1999) "How Are Stock Prices Affected by the Location of Trade," *Journal of Financial Economics*, **53**, 189-216.

[90] Froot, K., D. Scharfstein and J. Stein (1992), "Herd on the Street: Informational Inefficiencies in a Market with Short-Term Speculation," *Journal of Finance*, **47**, 1461-1484.

[91] Garrett, I. and N. Taylor (2000), "Portfolio Diversification and Excess Comovement in Commodity Prices," unpublished manuscript.

[92] Genesove, D. and C. Mayer (2001), "Loss Aversion and Seller Behavior: Evidence from the Housing Market," *Ouarterly Journal of Economics*, **116**, 4.

[93] Gilovich, T., R. Vallone, and A. Tversky (1985), "The Hot Hand in Basketball: On the Misperception of Random Sequences," *Cognitive Psychology*, **17**, 295-314.

[94] Glaser, M. and M. Weber (2002), "Momentum and Turnover: Evidence from the German Stock Market," unpublished manuscript.

[95] Goldberg, D. (1989), *Genetic Algorithms in Search, Optimization, and Machine Learning*, Addison-Wesley.

[96] Golec, J. (1997), "Herding on Noise: The Case of Johnson Redbook's Weekly Retail Sales Data," *Journal of Financial and Quantitative Analysis*, **32**, 367-381.

[97] Grinblatt, M. and M. Keloharju (2001), "How Distance, Launguage, and Culture Influence Stock Holdings and Trade," *Journal of Finance*, **56**, 1053-1073.

[98] Grinblatt, M., S. Titman and R. Wermers (1995), "Momentum Investment Strategies, Portfolio Performance and Hedging: A Study of Mutual Fund Behavior," *American Economic Review*, **85**, 1088-1105.

[99] Greiner, D., A. Kalay and H.K. Kato (2002), "Analysis of Callable Convertible Bonds: Evidence from Japan," *Pacific Basin Finance Journal*, **10**, 1-27.

[100] Grundy, B.D. and J.S. Martin (2001), "Understanding the Nature of the Risks and the Source of the Rewards to Momentum Investing," *Review of Financial Studies*, **14**, 29-78.

[101] Gull, F. (1991), "A Theory of Disappointment in Decision Making under Uncertainty," *Econometrica*, **59**, 667-686.

[102] Haneda, H. and T. Serita (2002), "Price and Volume Effects Associated with a Change in the Nikkei 225 Index List: Evidence from the Tokyo Stock Exchange,"

参　考　文　献

Hitotsubashi University working paper.
[103] Hirshleifer, D. (2001), "Investor Psychology and Asset Pricing," *Journal of Finance*, **56**, 1533-1597.
[104] Hirshleifer, D. and T. Shumway (2003), "Good Day Sunshine : Stock Returns and the Weather," *Journal of Finance*, forthcoming.
[105] Hirshleifer, D., A. Subrahmanyam and S. Titman (1994), "Security Analysis and Trading Patterns When Some Investors Receive Information before Others," *Journal of Finance*, **49**, 65-91.
[106] Hirshleifer, D., and S.H. Teoh (2001), "Herd Behavior and Cascading in Capital Markets : A Review and Synthesis," working paper.
[107] Hong, H., J. Kubik and A. Solomon (2000), "Security Analysts' Career Concerns and Herding of Earning Forecasts," *RAND Journal of Economics*, **31**, 121-144.
[108] Hong, H., T. Lim and J. Stein (2000), "Bad News Travels Slowly : Size, Analyst Coverage and the Profitability of Momentum Strategies," *Journal of Finance*, **55**, 265-295.
[109] Hong, H. and J. Stein (1999), "A Unified Theory of Underreaction, Momentum Trading and Overreaction in Asset Markets," *Journal of Finance*, **54**, 2143-2184.
[110] Howson, C. and P. Urbach (1993), *Scientific Reasoning*, Open Court Publishing Company.
[111] Huberman, G. (2001), "Familiarity Breeds Investment," *Review of Financial Studies*, **14**, 659-680.
[112] Hvidkjaer, S. (2000), "A Trade-based Analysis of Momentum," unpubished manuscript.
[113] Iihara, Y, H.K. Kato and T. Tokunaga (2001), "Investors' Herding on the Tokyo Stock Exchange," *International Review of Finance*, **2**, 51-78.
[114] Iihara, Y, H.K. Kato and T. Tokunaga (2002), "Predictability of Japanese Stock Returns : Contrarian or Momentum?" unpublished manuscript.
[115] Ikkenberry, D. and S. Ramnath (2002), "Underreaction to Self-Selected News Events : The Case of Stock Splits," *Review of Financial Studies*, **15**, 489-526.
[116] Ingersoll, J. (1987), *Theory of Financial Decision Making*, Rowman and Littlefield.
[117] Jegadeesh, N. (2000), "Long-run Performance of Seasoned Equity Offerings : Benchmark Errors and Biases in Expectations," *Financial Management*, **29**-3.
[118] Jegadeesh, N. and S. Titman (1993), "Returns to Buying Winners and Selling Losers : Implications for Stock Market Efficiency," *Journal of Finance*, **48**, 65-91.
[119] Jegadeesh, N. and S. Titman (1995), "Overreaction, Delayed Reaction, and Contrarian Profits," *Review of Financial Studies*, **8**, 973-993.
[120] Jegadeesh, N. and S. Titman (2001a), "Profitability of Momentum Strategies : An Evaluation of Alternative Explanations," *Journal of Finance*, **56**, 699-720.

[121] Jegadeesh, N. and S. Titman (2001b), "Momentum," unpublished manuscript.
[122] Jegadeesh, N. and S. Titman (2002), "Cross-Sectional and Time-Series Determinants of Momentum Returns," *Review of Financial Studies*, **15**, 143-157.
[123] Johnson, T.C. (2002), "Rational Momentum Effects," working paper.
[124] Kagel, J.H. and A.E. Roth. (eds.) (1995), *The Handbook of Experimental Economics*, Princeton University Press.
[125] Kahneman, D., P. Solvic and A. Tversky (1982), *Judgement under Uncertainty: Heuristics and Biases*, Cambridge University Press.
[126] Kahneman, D. and A. Tversky (1979), "Prospect Theory of Decisions under Risk," *Econometrica*, **47**, 263-291.
[127] Kahneman, D. and A. Tversky (1982), "Subjective Probability: A Judgement of Representativeness," in D. Kahneman, P. Slovic and A. Tversky (eds.) *Judgement under Uncertainty: Heuristics and Biases*, Cambridge University Press, 32-47.
[128] Kahneman, D. and A. Tversky (2000), *Choices, Values, and Frames*, Cambridge University Press.
[129] Kamstra, M., L. Kramer and M. Levi (2000), "Losing Sleep at the Market: The Daylight Savings Anomaly," *American Economic Review*, **12**, 1000-1005.
[130] Karolyi, G.A. and R.M. Stulz (1996), "Why Do Markets Move Together? An Investigation of U.S.-Japan Stock Return Comovements," *Journal of Finance*, **51**, 951-986.
[131] Kato, K. and J. Schallheim (1985), "Seasonal and Size Anomalies in the Japanese Stock Markets," *Journal of Financial and Quantitative Analysis*, **20**, 243-260.
[132] Kato, K. (1990a), "Weekly Patterns in Japanese Stock Returns," *Management Science*, **36**, 1031-1043.
[133] Kato, K. (1990b), "Being A Winner in the Tokyo Stock Market: The Case for an Anomaly Fund," *Journal of Portfolio Management*, **16**, 52-56.
[134] Kato, K. and U. Loewenstein (1996), "The Ex-Dividend Day Behavior of Stock Prices: The Case of Japan," *Review of Financial Studies*, **8**, 817-847.
[135] Kang, J. and R. Stulz (1997), "Why is There a Home Bias? An Analysis of Foreign Portfolio Equity Ownership in Japan," *Journal of Financial Economics*, **46**, 3-28.
[136] Keim, D. (1983), "Size Related Anomailes and Stock Return Seasonality: Further Empirical Evidence," *Journal of Financial Economics*, **12**, 13-32.
[137] Kyle, A.S. and A. Wang (1997), "Speculation Duopoly with Agreement to Disagree: Can Overconfidence Survive the Market Test?" *Journal of Finance*, **52**, 2073-2090.
[138] Lakonishok, J., A. Shleifer and R. Vishny (1992), "The Impact of Institutional Trading on Stock Prices," *Journal of Financial Economics*, **32**, 23-43.

[139] Lakonishok, J., A. Shleifer and R. Vishny (1994), "Contrarian Investment, Extrapolation, and Risk," *Journal of Finance*, **49**, 1541–1578.

[140] LeDoux, J. (1996), *The Emotional Brain: The Mysterious Underpinnings of Emotional Life*, Academic Press.

[141] Lee, C., A. Shleifer and R. Thaler (1991), "Investor Sentiment and the Closed-End Fund Puzzle," *Journal of Finance*, **46** 75–109.

[142] Lee, C.M.C. and B. Swaminathan (2000), "Price Momentum and Trading Volume," *Journal of Finance*, **55**, 2017–2069.

[143] Levy, M., H. Levy and S. Solomon (2000), *Microscopic Simulation of Financial Markets*, Academic Press.

[144] Lewellen, J. (2002), "Momentum and Autocorrelation in Stock Returns," *Review of Financial Studies*, **15**, 533–563.

[145] Liew, J. and M. Vassalou (1999), "Can Book-to-market, Size and Momentum Be Risk Factors That Predict Economic Growth?" Columbia University working paper.

[146] Lo, A. and C. MacKinlay (1990), "When Are Contrarian Profits Due to Stock Market Overreaction?" *Review of Financial Studies*, **3**, 175–205.

[147] Loughran, T. and J. Ritter (1995), "The New Issues Puzzle," *Journal of Finance*, **50**, 23–50.

[148] Lourghran, T. and J. Ritter (2000), "Uniformly Least Powerful Tests of Market Efficiency," *Journal of Financial Economics*, **55**, 361–389.

[149] Loewenstein, G. (1996), "Out of Control: Visceral Influences on Behavior," *Organizational Behavior and Human Decision Processes*, **65**, 272–292.

[150] Mankiw, G. and S. Zeldes (1991), "The Consumption of Stockholders and Nonstockholders," *Journal of Financial Economics*, **29**, 97–112.

[151] Markowitz, H. (1952), "The Utility of Wealth," *Journal of Political Economy*, **60**, 151–158.

[152] Mehra, R. (2003), "The Equity Premium: Why Is It a Puzzle?," *Financial Analysts Journal*, forthcoming.

[153] Mehra, R. and E. Prescott (1985), "The Equity Premium: A Puzzle," *Journal of Monetary Economics*, **15**, 145–161.

[154] Mehra, R. and E. Prescott (1988), "The Equity Premium: A Solution?" *Journal of Monetary Economics*, **22**, 133–136.

[155] Miller, E. (1977), "Risk, Uncertainty and Divergence of Opinion," *Journal of Finance*, **32**, 1151–1168.

[156] Miller, M. and F. Modigliani (1961), "Dividend Policy, Growth and the Value of Shares," *Journal of Business*, **34**, 411–433.

[157] Moskowitz, T. and M. Grinblatt (1999), "Do Industries Explain Momentum?" *Journal of Finance*, **54**, 1249–1290.

[158] Ng, V., R.F. Engle and M. Rothschild (1992), "A Multi-Dynamic-Factor Model for Stock Returns," *Journal of Econometrics*, **52**, 245–266.

[159] Nofsinger, J. and R. Sias (1999), "Herding and Feedback Trading by Institutional and Individual Investors," *Journal of Finance*, **54**, 2263–2295.

[160] Nofsinger, J. (2001), *The Psychology of Investing*, Prentice Hall.

[161] Nofsinger, J. (2001), *Investment Madness*, Prentice Hall.

[162] Odean, T. (1998), "Are Investors Reluctant to Realize Their Losses?" *Journal of Finance*, **53**, 1775–1798.

[163] Odean, T. (1999), "Do Investors Trade Too Much?" *American Economic Review*, **89**, 1279–1298.

[164] O'Brien, P. (1988), "Analysts' Forecasts as Earnings Expectations," *Journal of Accounting and Economics*, January, 53–83.

[165] Palepu, K.G., V.L. Bernard and P.M. Healy (1996), *Introduction to Business Analysis Valuation, International*, Thomson Publishing.

[166] Pindyck, R.S. and J.J. Rotemberg (1990), "The Excess Co-movement of Commodity Prices," *The Economic Journal*, **100**, 1173–1189.

[167] Pindyck, R.S. and J.J. Rotemberg (1993), "The Co-movement of Stock Prices," *The Quarterly Journal of Economics*, **108**, 1073–1104.

[168] Quiggin, J. (1982), "A Theory of Anticipated Utility," *Journal of Economic Behavior and Organization*, **3**, 323–343.

[169] Richards, A. (1997), "Winner-Loser Reversals in National Stock Market Indices: Can They Be Explained?" *Journal of Finance*, **52**, 2129–2144.

[170] Ritter, J. and I. Welch (2002), "A Review of IPO Activity, Pricing, and Allocations," *Journal of Finance*, **57**, 1795–1828.

[171] Roll, R. (1986), "The Hubris Theory of Corporate Takeovers," *Journal of Business*, **59**, 197–216.

[172] Rouwenhorst, K.G. (1998), "International Momentum Strategies," *Journal of Finance*, **53**, 267–284.

[173] Russel, S.J. and P. Norvig (1995), *Artificial Intelligence*, Prentice Hall.

[174] Samuelson, W. and R. Zeckhauser (1988), "Status Quo Bais in Decision Making," *Journal of Risk and Uncertainty*, **1**, 7–59.

[175] Saunders, E.M.J. (1993), "Stock Prices and Wall Street Weather," *American Economic Review*, **83**, 1337–1345.

[176] Savage, L. (1964), *The Foundations of Statistics*, John Wiley.

[177] Scharfstein, D. and J. Stein (1990), "Herd Behavior and Investment," *American Economic Review*, **80**, 465–479.

[178] Segal, U. (1989), "Anticipated Utility: A Measure Representation Approach," *Annals of Operations Research*, **19**, 359–373.

[179] Shafir, E. and A. Tversky (1992), "Thinking through Uncertainty: Nonconsequential Reasoning and Choice," *Cognitive Psychology*, **24**, 449–474.

[180] Sharpe, W.F. (1964), "Capital Asset Prices: A Theory of Market Equilibrium under Conditions of Risk," *Journal of Finance*, **19**, 425–442.

[181] Sharpe, W.F. (1987), "Integrated Asset Allocation," *Financial Analysts Journal*, September-October, 25–32.

[182] Shefrin, H. and M. Statman (1985), "The Disposition to Sell Winners Too Early and Ride Losers Too Long: Theory and Evidence," *Journal of Finance*, **40**, 777–792.

[183] Shefrin, H. (1999), *Beyond Greed and Fear*, Harvard Business School Press.

[184] Shiller, R. (1981), "Do Stock Prices Move too Much to be Justified by Subsequent Change in Dividends?" *American Economic Review*, **71**, 421–436.

[185] Shiller, R. (1995), "Conversation, Information and Herd Behavior," *American Economic Review*, **85**, 181–185.

[186] Shiller, R. (2000), *Irrational Exuberance*, Princeton University Press.

[187] Shiller, R., M. Konya and Y. Tsutsui (1996), "Why Did the Nikkei Crash? Expanding the Scope of Expectation Data Collections," *Review of Economics and Statistics*, **78**, 156–164.

[188] Shleifer, A. (1986), "Do Demand Curves for Stocks Slope Down?" *Journal of Finance*, **41**, 579–590.

[189] Shleifer, A. (2000), *Inefficient Markets*, Oxford University Press.

[190] Simon, H.A. (1955), "A Behavioral Model of Rational Choice," *Quarterly Journal of Economics*, **69**, 99–118.

[191] Simon, H.A. (1996), *The Sciences of the Artificial*, MIT Press.

[192] Stein, J. (1995), "Rational Capital Budgeting in an Irrational World," *Journal of Business*, **69**, 429–455.

[193] Teoh, S. and T. Wong (2002), "Why Do New Issues and High Accrual Firms Underperform?" *Review of Financial Studies*, **15**, 869–900.

[194] Teoh, S., I. Welch and T. Wong (1998a), "Earnings Management and the Long-term Market Performance of Initial Public Offerings," *Journal of Finance*, **53**, 1935–1974.

[195] Teoh, S., I. Welch and T. Wong (1998b), "Earnings Management and the Underperformance of Seasoned Equity Offerings," *Journal of Financial Economics*, **50**, 63–99.

[196] Thaler, R. (1992), *The Winner's Curse*, The Free Press.

[197] Tokunaga, T. (1993), "Measuring Cross-Security Predictability with Conditional Variances," *MTEC Journal*, **6**, 41–52.

[198] Tversky, A. and D. Kahneman, (1992), "Advances in Prospect Theory: Cumulative

Representation of Uncertainty," *Journal of Risk and Uncertainty*, **5**, 297-323.
- [199] Wolfram, S. (1994), *Cellular Automata and Complexity*, Addison Wesley.
- [200] 合原一幸(1990),『カオス』, サイエンス社.
- [201] 飯原慶雄, 加藤英明, 徳永俊史(2000),「金先物価格の時系列分析：日米比較」,『先物取引研究』, **8**.
- [202] 飯原慶雄, 加藤英明, 徳永俊史(2003),「商品先物市場における価格連動性」,『経営財務研究』, **23**.
- [203] 伊藤宏司(編)(2000),『知の創発』, NTT 出版.
- [204] 井上光太郎, 加藤英明(2003),「合併比率と株価」, 筑波大学ワーキングペーパー.
- [205] 井上光太郎, 加藤英明(2003),「M&A発表日の株価効果に関する要因分析」,『現代ファイナンス』, **13**.
- [206] 市川伸一(1997),『考えることの科学』, 中公新書.
- [207] 市川伸一(1998),『確率の理解を探る』, 共立出版.
- [208] 大内 東, 山本雅人, 川村秀憲(2002),『マルチエージェントシステムの基礎と応用』, コロナ社.
- [209] 角田康夫(2001),『行動ファイナンス』, 金融財政事情研究会.
- [210] 加藤 清(1990),『株価変動とアノマリー』, 日本経済新聞社.
- [211] 亀田達也, 村田光二(1999),『複雑さに挑む社会心理学 適応エージェントとしての人間』, 有斐閣アルマ.
- [212] 小林孝雄(1997),「スタイル・マネジメントの理論的基礎」,『証券アナリストジャーナル』, 5月号, 31-63.
- [213] 小林孝雄, 山田浩之(2000),「親子上場は市場にゆがみをもたらすか」,『証券アナリストジャーナル』, 11月号, 40-54.
- [214] 小山 良, 済藤友明, 江尻行男(1997),『日本の商品先物市場』, 東洋経済新報社.
- [215] 齋藤 誠, 大西雅彦(2001),「日経平均株価の銘柄入れ替えが個別銘柄の流動性に与えた影響について」,『現代ファイナンス』, **9**, 67-82.
- [216] 徳永俊史(2002),「小型株と株価の短期リバーサル」, 南山大学ワーキングペーパー.
- [217] 佐伯胖, 松原 望(編)(2000),『実践としての統計学』, 東京大学出版会.
- [218] 繁桝算男(1995),『意思決定の認知統計学』, 朝倉書店.
- [219] 出口 弘(2000),『複雑系としての経済学：自律的エージェント集団の科学としての経済学を目指して』, 日科技連出版社.
- [220] 出口 弘他(2000),「人工市場を研究する社会的および学問的意義」,『人工知能』, **15**, 982-990.
- [221] 生天目 章(1998),『マルチエージェントと複雑系』, 森北出版.
- [222] 加藤英明, 高橋大志(2003),「天気晴朗ならば株高し」, 筑波大学ワーキングペーパー.

参考文献追補

[223] Basu, S. (1977), "Investment Performance of Common Stocks in Relation to Their Price-Earnings Ratios: A Test of the Efficient Market Hypothesis," *Journal of Finance*, **32**, 663–682.

[224] Benartzi, S., Thaler, R. (1995), "Myopic Loss Aversion and the Equity Premium Puzzle," *Quarterly Journal of Economics*, **110**, 73–92.

[225] Eckbo, E., Masulis, R. and Norli, O. (2000), "Seasonedpublic Offerings: Resolution of the 'New Issues Puzzle' ", *Journal of Financial Economics*, **56**, 251–291.

[226] Ikenberry, D., Lakonishok, J. and Vermaelen, T (1995), "Market under Reaction to Open Market Share Repurchases," *Journal of Financial Economics*, **39**, 181–208.

[227] Kahneman, D. and Tversky, A. (1974), "Judgement under Uncertainty: Heuristics and Biases," *Science*, **185**, 1124–1130.

[228] Keynes, J. (1936), *The General Theory of Employment, Interest and Money*, Macmillan Cambridge University Press.

[229] Lamont, O. and Thaler, R. (2001), "Can the Market Add and Subtract? Mispricing in Tech Stock Carve-Outs," NBER Working Papers 8302.

[230] Lin, W. (1992), "Alternative Estimators for Factor GARCH Models? A Monte Carlo Comparison," *Journal of Applied Econometrics*, **7**, 259–279.

[231] Michaely, R., Thaler, R. and Womack, K. (1995), "Price Reactions to Dividend Initiations and Omissions: Overreaction or Drift?," *Journal of Finance*, **50**, 573–608.

[232] Shleifer, A. and Vishny, R. (1997), "The Limits of Arbitrage," *Journal of Finance*, **52**, 35–55.

索　引

ARCH 効果　137
bid-ask spread　18
B/M 効果　88
break even 効果　57
CAPM　3, 6, 18, 97
Edwards の問題　49, 50
feedback 取引　114, 133
free lunch　13, 18
hedonic framing　63
HML ファクター　68
house money 効果　56, 70
IPO　22, 77
IPO ブーム仮説　78
KISS 原理　152
M&A　80
Mkt ファクター　68
out-of-sample テスト　30
PACAP データベース　89
P/E　24
positive feedback トレーダー　53, 71
Royal Dutch Shell　20
SEO　78
SMB ファクター　68

1 月効果　24
1 ファクターモデル　97
2 段階分類法　93
3 ファクターモデル　23, 67, 89, 95
3 月決算　93, 102, 112
4 ファクターモデル　68

ア　行

曖昧性の回避　54
熱い手の錯誤　44
アナウンスメント効果　78
アノマリー　4, 10, 19
意思の限界　8
一物一価の法則　12, 22
遺伝的アルゴリズム　169
イベントスタディ　14, 24
インターネット取引　81
インデックス運用　21

ウイナー　87, 89, 104
ウイナーポートフォリオ　89
ウエイト関数　63
受け身的な投資家　15
売りハーディング　116

エクイティプレミアムパズル　27, 73
エージェントベースアプローチ　150

オープンエンド型投信　26
親子上場　21

カ　行

会計指標　67
会計情報　80
外国株　81
外国人投資家　113, 125
外挿テスト　30
買いハーディング　116
外部効果　51
確実性効果　62
過去のパフォーマンス　67
過小反応　107, 114
過剰反応　101
過信バイアス　8
価値関数　63, 155
合併化率　21
株価指数　21
株価収益率　75, 83
株式　20
　──の平均リターン　27
株式期待収益率　23, 154, 170
株式市場　19
株式収益率　67, 74, 87
　──の分布の正規性　3
株式発行　75
株式保有比率の変化と超過収益率　120
株式保有割合　115
空売り　12, 17
空売り規制　83
為替の効果　137
完全資本市場　4
感応度分析　128

機関投資家　113, 123
　──と外国人投資家の関係　127
企業規模　67, 68, 87, 110, 132
企業業績　13
危険資産価格　73
期首保有比率　121, 131
基準率の無視　41
期先限月　147
期待効用　6, 61
期待効用最大化　5, 8, 68
期待的願望　35
希薄効果　77
規模　106
規模効果　68
逆日歩　17
客観的確率　38, 55
キャッシュフロー/時価比率　87
キャピタルゲイン課税　27
業種効果　118
業種指数　99
業種の過剰反応　98
業種内効果　99
共通ファクター　108
近視眼的損失回避　73

索　引

均等加重収益率　97, 99
均等加重ポートフォリオ　89, 109

グルーピングバイアス　93
グロース株　23, 24
クロスセクション平均　121
クローズドエンド型投信　26, 31

経済・金融変数　139, 142
結果論的バイアス　37
決算情報　24, 67
決定論的な方法　33
限定された合理性　7

後悔回避　59
公正　9
行動経済学　6
行動ファイナンスモデル　173
紅白玉問題　40
公募増資　78
傲慢仮説　80
効用関数　6
効率的市場　11, 19
合理的構造不確実性モデル　174
合理的選択　5, 7, 57
合理的投資家　11, 15, 71
小型株　24, 69, 127, 133
心の会計　8, 56
個人投資家　114, 121
個別株式勘定モデル　74
コントラリアン　99
コントラリアン戦略　87, 104, 106
コントラリアンポートフォリオ　89

サ　行

裁定取引　10, 12, 15, 16, 21
　　——の限界　174
裁定ポートフォリオ　16
サマータイム　28
参考値　47
参照基準点　63, 155

時価加重　121
時間安定性　129
資金調達　79
事後確率　40, 44
自己帰因バイアス　36
市場　11
　　——の効率性　11, 14, 18
　　——の非効率性　18, 23
　　——の不完全性　31
市場価格　18, 26
自信過剰　34, 81
　　——な投資家　156, 165
事前確率　40
自然選択の原理　150, 169
実験経済学　153
実験心理学　41
支配の錯覚　38
資本資産評価モデル　3
住宅市場　82
主観的確率　38
主観的期待効用　54
順バリ　71
ジョイント仮説　18
子会社株の暴騰　21
条件付き確率　40
勝者の呪い　80
小数の法則　43, 70, 101
消費型モデル　28, 73
商品先物収益率　139
商品先物市場　136
情報の非対称性　16, 80
処分効果　60, 82
所有効果　59
人工市場　17, 150

スーパーファンド法　46
スピード違反　8

税金仮説　24
想像力のバイアス　46
属性モデル　68, 89, 92
損失回避　59, 73
損と得の非対称性　59

タ　行

大数の法則　43
代替的証券　17
代表性　39

代表性バイアス　8
代表的ヒューリスティック　41
代理変数　84, 115
タクシー問題　42
建玉　146
多変量 ARCH モデル　143
短期コントラリアン戦略　104
短期モメンタム　104

遅行反応効果　107
知識の錯覚　38, 83
超過共変動　136
超過収益率　96, 100-102
超過簿価/時価　120
超過保有比率　120
調和への指向　51

月次回転率　100

敵対的買収　80
データ　137
　　——によるバイアス　30
データマイニング　30
天気と株価　29
伝統的ファイナンス　3, 6, 15

投資家行動と先物価格変動　145
投資信託の比率　84
投資制約　163
独裁者による制裁　51
賭博者の錯誤　43
取引高　100
　　——の過剰反応　98
取引のランダム性　12
トレンド　70, 108
トレンド追随戦略　125
トレンド予測　155, 167

ナ　行

南海泡沫事件　53

ニュースウォッチャー　72
認識　7
　　——のバイアス　14, 33,

70

ネットバブル 15, 23, 53

ノイズトレーダー 15, 17, 31

ノイズトレーダーリスク 15, 20

ハ 行

バイアス 33, 67
 過信—— 8
 結果論的—— 37
 自己帰因—— 36
 選択における評価の—— 46, 54, 73
 想像力の—— 46
 代表性—— 8
 データによる—— 30
 認識の—— 14, 33, 70
 利便性—— 8
 連続的—— 48
配当 55
配当情報 74
発見的な方法 33
ハーディング行動 50, 113, 147
ハーディング年 120
パフォーマンス要因分解 107
バリュー株 24, 69
バリュー株効果 24, 68, 74, 88
反射効果 62
非合理的投資家 12, 15, 79, 83, 136
ヒストリカルボラティリティ 154
評価 7
 ——のバイアス 73
標準から乖離の回避 51
標本サイズの無視 42

ファクターローディング 97
ファンダメンタルズ 11, 15, 16, 19, 32, 71, 98, 114
ファンドマネージャー 16,

60, 84
不確実性 5
 ——の回避 81
 経済構造の—— 30
不均一分散 112, 141
ブックビルディング 77
プレミアム 27, 31, 73
フレーム効果 55, 73
プロスペクト理論 8, 61, 74, 77, 155, 165
 ——に基づく投資家 155
分散投資 81

平均回帰 71
平均収益率 108
平均超過収益率 121
平均月次収益率 90, 94
平均パフォーマンス 107
ベイズ修正モデル 156, 169
ベイズの定理 17, 39
変形3囚人問題 44
ベンチマーク 1, 8, 19
法的規制 17

簿価/時価 68, 87
保守主義 49, 71
ポートフォリオ 21, 109
 ——の属性 120
ポートフォリオ勘定モデル 74
ポートフォリオ収益率 91
ボラティリティ 27
 ——の推定値 154
ボラティリティパズル 28, 73
本源的価値 15

マ 行

埋没費用 57
マルチファクターモデル 67

未確認リスクファクター 67
ミスプライシング 19, 78

ムードと株価 29

モメンタム 23, 30, 68, 71, 87

モメンタム効果 105
モメンタム戦略 87
モメンタムトレーダー 72
モメンタムポートフォリオ 99
モダンポートフォリオ理論 81

ヤ 行

要因分解 98, 110
横並び行動 50, 77, 114
予測可能性 22, 67, 73, 74, 87
予想範囲の誤差 34

ラ 行

ラグ付きパフォーマンス 133
楽観主義 35
ランダムウォーク 24, 70

利己主義者 9
リスク 13, 17, 18, 67
リスク愛好的 8
リスク回避的 8
 ——で合理的な投資家 3
リスク許容度 74
リスクゼロ 15, 18
リスクプレミアム 69, 73
リターンリバーサル 23, 87, 108
リバーサル 71, 74, 83
利便性 45
利便性バイアス 8
流動性 27
流動性仮説 100
流動性リスク 23

累積超過収益 158
ルーザー 87, 89, 104
ルーザーポートフォリオ 89

連続的バイアス 48

ロールオーバー 18

著者略歴

加 藤 英 明（清）（かとう ひであき）

1950年　愛知県に生まれる
1985年　ユタ大学経営大学院博士課程修了，Ph.D.
現　在　名古屋大学大学院経済学研究科教授
　　　　大阪大学社会経済研究所行動経済学研究センター客員教授

主　著
『株価変動とアノマリー』日本経済新聞社
『天気と株価の不思議な関係』東洋経済新聞社

ファイナンス・ライブラリー5
行動ファイナンス　　　　　　　　　　　定価はカバーに表示

2003年4月10日　初版第1刷
2006年9月30日　　　第5刷

著　者　加　藤　英　明
発行者　朝　倉　邦　造
発行所　株式会社　朝　倉　書　店
　　　　東京都新宿区新小川町6-29
　　　　郵便番号　162-8707
　　　　電話　03(3260)0141
　　　　FAX　03(3260)0180
　　　　http://www.asakura.co.jp

〈検印省略〉

© 2003〈無断複写・転載を禁ず〉　　　　　壮光舎印刷・渡辺製本

ISBN 4-254-29535-9　C 3350　　　　　　　Printed in Japan

S.N.ネフツィ著　投資工学研究会訳
ファイナンスへの数学（第2版）
―金融デリバティブの基礎―
29001-2 C3050　　　A5判 528頁 本体7800円

世界中でベストセラーになった"An Introduction to the Mathematics of Financial Derivatives"原著第2版の翻訳。デリバティブ評価で用いられる数学を直感的に理解できるように解説。新たに金利デリバティブ、そして章末演習問題を追加

J.スタンプフリ/V.グッドマン著
米村　浩・神山直樹・桑原善太郎訳
ファイナンス数学入門
―モデリングとヘッジング―
29004-7 C3050　　　A5判 304頁 本体5200円

実際の市場データを織り交ぜ現実感を伝えながら解説。〔内容〕金融市場／2項ツリー、ポートフォリオの複製、裁定取引／ツリーモデル／連続モデルとブラック-ショールズ公式、解析的アプローチ／ヘッジング／債券モデルと金利オプション／他

J.D.フィナーティ著　法大浦谷　規訳
プロジェクト・ファイナンス
―ベンチャーのための金融工学―
29003-9 C3050　　　A5判 296頁 本体5200円

効率的なプロジェクト資金調達方法を明示する。〔内容〕理論／成立条件／契約担保／商法上の組織／資金調達／割引のキャッシュフロー分析／モデルと評価／資金源／ホスト政府の役割／ケーススタディ（ユーロディズニー、ユーロトンネル等）

◆ ファイナンス・ライブラリー ◆
実務者の抱える様々な問題と関心・欲求に応えるシリーズ

日銀金融研　小田信之著
ファイナンス・ライブラリー1
金融デリバティブズ
29531-6 C3350　　　A5判 184頁 本体3600円

抽象的な方法論だけでなく、具体的なデリバティブズの商品例や応用計算例等も盛り込んで解説した"理論と実務を橋渡しする"書。〔内容〕プライシングとリスク・ヘッジ／イールドカーブ・モデル／信用リスクのある金融商品のプライシング

日銀金融研　小田信之著
ファイナンス・ライブラリー2
金融リスクの計量分析
29532-4 C3350　　　A5判 192頁 本体3600円

金融取引に付随するリスクを計量的に評価・分析するために習得すべき知識について、"理論と実務のバランスをとって"体系的に整理して解説。〔内容〕マーケット・リスク／信用リスク／デリバティブズ価格に基づく市場分析とリスク管理

日銀金融研　家田　明著
ファイナンス・ライブラリー3
リスク計量とプライシング
29533-2 C3350　　　A5判 180頁 本体3300円

〔内容〕政策保有株式のリスク管理／与信ポートフォリオの信用リスクおよび銀行勘定の金利リスクの把握手法／オプション商品の非線型リスクの計量化／モンテカルロ法によるオプション商品のプライシング／有限差分法を用いた数値計算手法

慶大・小暮厚之・東北大 照井伸彦著
ファイナンス・ライブラリー4
計量ファイナンス分析の基礎
29534-0 C3350　　　A5判 264頁 本体3800円

ファイナンスで用いられる確率・統計について、その数理的理解に配慮して解説。〔内容〕金融資産の価値と収益率／統計的推測／ポートフォリオ分析／資産価格評価モデル／派生資産の評価／回帰分析／時系列分析／データ／微分・積分

慶大　森平爽一郎監修
ファイナンス・ライブラリー6
金融リスクの理論
―経済物理からのアプローチ―
29536-7 C3350　　　A5判 260頁 本体4800円

"Theory of Financial Risks:From Statistical Physics to Risk Management"の和訳。〔内容〕確率理論：基礎概念／実際の価格の統計／最大リスクと最適ポートフォリオ／先物とオプション：基本概念／オプション：特殊問題／金融用語集

早大　葛山康典著
ファイナンス・ライブラリー7
企業財務のための金融工学
29537-5 C3350　　　A5判 176頁 本体3400円

〔内容〕危険回避的な投資家と効用／ポートフォリオ選択理論／資本資産評価モデル／市場モデルと裁定価格理論／投資意思決定の理論／デリバティブズ／離散時間でのオプションの評価／Black-Scholesモデル／信用リスクと社債の評価／他

上記価格（税別）は2006年8月現在